企业财务审计

Qiye Caiwu Shenji

马西牛／编著

图书在版编目(CIP)数据

企业财务审计 / 马西牛编著. —上海：立信会计出版社，2013.1

高职高专“十二五”规划教材

ISBN 978-7-5429-3804-6

Ⅰ.①企… Ⅱ.①马… Ⅲ.①企业管理—财务审计—高等职业教育—教材 Ⅳ.①F239.6

中国版本图书馆 CIP 数据核字(2013)第 019722 号

策划编辑 陈岗伟
责任编辑 洪梅春 陈 昕
封面设计 周崇文

企业财务审计

出版发行 立信会计出版社
地 址 上海市中山西路 2230 号 邮政编码 200235
电 话 (021)64411389 传 真 (021)64411325
网 址 www.lixinaph.com 电子邮箱 lxaph@sh163.net
网上书店 www.shlx.net 电 话 (021)64411071
经 销 各地新华书店

印 刷 上海天地海设计印刷有限公司
开 本 787 毫米×1092 毫米 1/16
印 张 16
字 数 313 千字
版 次 2013 年 1 月第 1 版
印 次 2017 年 2 月第 4 次
印 数 8 301—9 800
书 号 ISBN 978-7-5429-3804-6/F
定 价 32.00 元

前　言

随着社会经济的健康发展，各类市场经济的参与者对企业财务信息的关注程度越来越高。审计作为市场经济监督的重要手段，担负着维护国家、投资者、债权人以及其他市场经济参与者经济利益的重要职责。为了适应经济发展和社会信息需求，编著者根据教育部“十二五”国家级规划教材的有关要求，编写了适应高职高专经管专业的《企业财务审计》教材，旨在为培养高端技能型审计专门人才服务。

教育部2006年11月16日颁布了教高[2006]16号《关于全面提高高等职业教育教学质量的若干意见》文件，文件指出应改革教学方法和手段，融“教、学、做”为一体，强化学生能力的培养。本教材以《企业会计准则》和《中国注册会计师独立审计准则》、《中华人民共和国国家审计准则》为依据，突破传统财务审计教材的理论局限；以“理论够用为度、注重实践技能培养”为思想，充分考虑高等职业教育的特点，注重过程与方法并行、知识与能力同步；以示范性院校建设为依托，结合专业和课程改革的要求，努力体现能力培养的原则，具有理论知识范围准确、能力要求恰当、密切联系审计岗位和职业的特点。与此同时，本教材结合审计工作岗位要求和教学的实际情况，充分利用大量模拟案例和真实资料，引导学生在用中学、在学中用、学用结合，满足审计职业岗位的需求。

本教材主要内容包括企业财务审计理论和企业财务项目审计两个部分：第一部分主要介绍企业财务审计的基础知识、基本内容、工作程序、工作方法等基础理论，要求学生熟悉企业财务审计基本知识；第二部分主要介绍货币资金业务审计、筹资与投资业务循环审计、采购与付款业务循环审计、生产与存货业务循环审计、销售与收款业务循环审计、薪酬业务循环审计、财务报告审计等企业财务项目审计，要求学生掌握企业财务项目审计业务循环的各项技能。

本教材由陕西财经职业技术学院马西牛编著。在编写过程中，吸收了其他财务审计教材的精华，参阅了许多专家、学者的论文及论著，也得到了立信会计出版社领导和专家的大力支持，在此一并表示感谢。本教材力求简洁明了，深入浅出，通俗易懂，是示范性高职高专院校经济管理类核心课程教改项目成果的结晶。

疏漏之处，敬请广大读者提出宝贵意见，以便不断完善。

马西牛

2013年1月

目　录

第一部分　企业财务审计理论

项目一　企业财务审计基础理论

项目二　企业财务审计的工作程序和工作方法

第二部分　企业财务项目审计

项目一　货币资金业务审计

项目二　筹资与投资业务循环审计

项目三　采购与付款业务循环审计

项目四　生产与存货业务循环审计

项目五　销售与收款业务循环审计

项目六　薪酬业务循环审计

项目七　财务报告审计

第一部分

企业财务审计理论

项目一 企业财务审计基础理论

模块一　企业财务审计基础知识

企业财务审计是现代社会经济发展的必然产物。企业财务审计是审计工作的重要组成部分，也是审计实务的基础，在审计工作中具有十分重要的地位。

任务一　企业财务审计含义

审计是由专职机构和人员，依法对被审计单位的财政、财务收支及其有关经济活动的真实性、合法性和效益性进行审查，评价经济责任，用以维护财经法纪，改善经营管理，提高经济效益，促进宏观调控的独立性的经济监督活动。财务审计是审计的重要基础和分支。根据审计的含义，企业财务审计概括为：企业财务审计是在现代企业环境和现代审计环境下，由国家审计机关、社会审计组织和内部审计机构及其专职审计人员，依照审计准则和相关法律、法规，并采用现代审计技术依法独立地对企业的资产、负债、所有者权益和损益等会计信息的真实性，财务收支业务和相关经济活动的合法性、合理性、效益性，以及对企业经营管理者应承担的经济责任进行审查、监督、鉴证与评价，借以揭示错弊，维护财经法纪，提高企业经济效益并促进宏观调控的审查监督体系。

企业财务审计概念包括以下几个基本含义：

(1) 企业财务审计是现代企业环境和现代审计环境相结合的产物，企业财务审计是一个发展的概念。

(2) 企业财务审计主体不仅是社会审计组织，而且包括国家审计机关和企业内部审计机构，以及这些专门审计组织的专职审计人员。

(3) 依法审计是企业财务审计的重要特征，“依法”不仅是对审计对象的要求，而且也是对审计组织和审计人员自身的要求。

(4) 独立性是审计区别于其他专业监督的根本特征，依法独立监督是各国法律赋予审计的特别权力，也是国际审计惯例的基本要求。不能独立行使审计监督，企业财务审计也就无须存在。

(5) 现代审计技术是相对于传统的企业财务审计手工操作技术而言的,比如运用计算机审计技术是现代审计工作的一项突出要求。

(6) 企业财务审计的对象不仅是企业的会计信息,还应包括企业的财务收支业务、相关经济活动和评价内部控制制度,评价厂长、经理应承担的经济责任等。

(7) 企业财务审计职能不仅包括传统财务审计的监督、鉴证,而且包括评价职能,评价职能是现代经济环境对企业财务审计的客观需要。

(8) 企业财务审计的最终目的是为提高企业经济效益和促进宏观调控服务。

知识拓展 社会经济特征对企业财务审计的影响

审计是社会经济发展到一定阶段的必然产物,审计产生和发展的社会基础是“两权分离”(所有权和经营权分离)所形成的经济责任关系。不同的社会经济时期,“两权分离”的形式和内容是不同的,由此产生的经济责任关系也不同,这就决定了不同社会经济时期的审计特征也不一样。企业财务审计作为现代审计的重要分支,其基本特征主要是由现代的社会经济制度和经济管理体制所决定的。例如,财政审计与财务审计历来是泾渭分明的两条审计分支,这主要是根据审计对象的性质不同分类的。一般来说,财政审计依存的经济责任关系是纵向分权的结果,具有明显的行政隶属关系,从而使财政审计具有明显的强制性特征;财务审计在公营企业尚未诞生的漫长岁月里,所依存的经济责任关系则是横向分权的结果,是以经济利益为纽带建立的责任关系,通常不可能具备强制性。再如国家审计、内部审计和民间审计,作为审计组织体系的三大分支,从表面上看是审计主体的分工不同,实质上这是由所有者权力的主体不同与分权方式不同,以及由此产生的经济责任关系不同所决定的。这就说明:一种审计概念及其特征,主要取决于“两权分离”的性质和由此形成的经济责任关系的性质。而这种“分权”与“责任关系”,完全体现了一定社会经济阶段的经济制度特征,体现了这一阶段的生产力和生产关系所构成的生产方式的特征。

对财务审计的历史演进过程,人们通常把它划分为三个阶段:查错防弊审计阶段、资产负债表审计阶段和以损益表为核心的会计报表审计阶段。这种划分的依据,正好说明一定社会经济阶段的基本特征对财务审计特征的决定性影响。

查错防弊审计又称为账簿审计、交易基础审计或详细审计,是早期的财务审计。这一阶段从内容上看,体现了以查错防弊为主要目标的特点;从方法上看,又体现了按经济业务逐项详细查账的特点。这一阶段延续的时间很长,是由这段历史时期经济发展缓慢,生产力水平低下,经济业务比较简单,“两权分离”的形式及其经济责任关系比较单纯的社会经济特征所决定的。

从18世纪产业革命到20世纪初叶,是财务审计进入到资产负债表审计阶段的历史时期。这是近代资本主义商品经济特别是股份制经济得以迅速发展的时期,也是资本相对高度集聚与集中的时期,为了满足生产经营规模急剧发展的需要,筹措资金成为企业的当务之急，产业资本家不仅要求助于银行，而且还要通过发行的股票与债券，通过贴现、透支、押汇与拆借等方式筹措资金。于是债权人成为企业的头号利害关系人，通过资产负债表审计以评价企业偿债能力就成为这一阶段财务审计的核心内容与基本特征。在审计方法上，由于这一阶段经济业务的错纵复杂，逐项详细审计客观上已不可能，于是产生了制度基础审计，这种方法一直沿用到今天，是这一历史阶段的突出贡献。

随着资本主义商品经济的快速发展，市场经济也迅速形成，由于市场的价格机制、供求机制、竞争机制和风险机制的作用，资本主义初期单纯依靠资金的实力可以开拓和占领市场份额并获取暴利的局面被迅速取代。此外，由于资本主义生产社会化和生产资料私有制之间的矛盾，使市场的资源配置功能、经济调节功能和信息导向功能只能自发地发挥作用，这就不可避免地产生剧烈的经济竞争并导致广泛的经济危机。20 世纪 30 年代源于美国的世界性经济危机，使大批企业破产倒闭，广大投资者蒙受了极大损失，美国政府为了维护投资者的利益，分别于 1933 年和 1934 年先后颁布了《证券法》和《证券交易法》，规定凡有股票和债券上市的公司，必须公布由注册会计师签证的资产负债表和损益表，以便于投资人和债权人对企业财务状况、财务成果和经营情况作全面了解。至此，财务审计进入了以损益表为核心的会计报表审计阶段。这一演进过程再一次证明了经济特征对企业财务审计特征的决定性作用。

任务二　企业财务审计基本特征

20 世纪末期，为了适应现代经济环境发展的需要，企业财务审计从传统的企业财务审计发展到现代企业财务审计。现代企业财务审计具有以下基本特征。

一、审计范围国际化

传统的企业财务审计，由于企业规模较小、业务空间不大，一般都局限在国内市场中。随着跨国公司和国际经济垄断组织的涌现，企业生产经营活动的空间越来越大，彻底打破了行业、部门、地区、国界的局限，形成全球经济一体化格局，从而也促使企业财务审计业务范围的国际化。

二、审计领域扩大化

随着企业财务审计职能的扩展，审计领域也日益扩大。传统的企业财务审计，一般只对会计信息审查鉴证，而现代企业财务审计则逐渐将审计领域延伸到经营管理、绩效与经济责任的审查与评价等方面，并进而衍生出经营审计、管理审计、绩效审计和经济责任审计等一系列崭新的审计领域。

三、审计层次立体化

现代企业规模的急剧扩大与所有制结构的日益复杂，必然导致权力让渡及其形成的经济责任关系复杂化，这是现代企业财务审计的又一特征。

四、审计主体多元化

在早期资本主义和近代资本主义的经济活动中，企业的财务审计工作主要由注册会计师承担，审计主体比较单一，随着国家资本向企业的渗透和公营企业的产生与发展，国家审计机关的审计业务也迅速扩大到企业财务审计领域；由于20世纪40年代内部审计的异军突起，企业财务审计主体中又增加了内部审计机构，形成了国家审计、内部审计和民间审计三足鼎立的多元化审计主体。

五、审计行为规范化和审计技术科学化

竞争的剧烈性愈高，审计的风险愈大，对审计人员的素质和行为规范的要求愈严格。20世纪30年代的世界性“诉讼爆炸”，使审计界业内人士受到极大震撼，于是各国的审计组织都制定了各自的审计准则体系。到20世纪末，国际审计实务委员会颁布了《国际审计准则》，同时，最高审计机关国际组织还先后公布了著名的《关于绩效审计、公营企业审计和审计质量的总声明》（即《悉尼总声明》）和《利马宣言》。一方面，这些经典性文告对世界各国审计人员素质的提高和行为的规范发生了极大的影响。另一方面，随着现代科学技术的高速发展，会计信息的电算化、网络化、数码化进程的加快也极大地鼓舞和要求企业财务审计技术的相应发展。

知识拓展　**企业财务审计发展历史**

20世纪中叶到现在，是世界资本主义经济发展的鼎盛时期，也是企业财务审计作为独立的监控体系得到极大发展的时期。

20世纪60年代，国家垄断资本得到迅速发展并掀起了所谓国有化热潮，使国家控制了大量私人垄断资本的经营活动，大大有利于国家进行宏观上的经济调节和部门结构的调整。当然，国家垄断资本主义毕竟是代表垄断资本家的利益，不可能改变资本主义私有制的性质，更不可能从根本上改变资本主义社会经济运行的无政府状态和克服日益加剧的经济危机。但是，这种“国有化”、“经济计划化”和“福利国家制度”在一定程度上缓解了资本主义经济矛盾，代表着资本主义世界对宏观调控的愿望和需要。国内垄断的高速发展，必然使生产高度社会化与国内市场相对狭小的矛盾日趋尖锐，也必然造成资本输出与商品产品输出并驾齐驱的新局面。于是，垄断资本主义国家在争夺世界投资市场、原料产地市场和商品市场的激烈斗争中逐渐组成了国际垄断同盟：一方面是垄断性跨国公司，如卡特尔、辛迪加、托拉斯、康采恩的迅速形成与发展，到20世纪90年代，这种垄断性跨国公司已达到2万多家，他们的“子公司”、分公司、“孙公司”遍布世界各国；另一方面是国际性经济组织，如“国际货币基金组织”、“世界银行”、“世界贸易组织”和国际区域性经济一体化集团，如“欧洲经济共同体”、“欧洲自由贸易联盟”、“北美自由贸易协定”等不断涌现。垄断组织的迅速发

展，在各主要资本主义国家的经济领域里占据了统治地位，成为了这些国家全部经济生活的基础。

以垄断为特征的现代资本主义，没有也不可能解决生产资料私人占有和生产社会化程度极大发展的根本矛盾，而是沿着个人资本股份化、私人资本国家化乃至国际化的轨迹，使资本向更大规模、更高程度集聚与集中，不仅极大地改变了现代企业的所有制结构，而且也极大地改变了“两权分离”的单一模式。在一个庞大的跨国公司和国际经营组织中，以原始形态表现的个人所有权、国家所有权和不同部门、行业、地区与国际区域性经济组织形式出现的集体所有权或外资所有权，按照企业经营管理的需要，统统都转化为“法人所有权”，这种原始所有权向“法人所有权”的转化，构成了“两权分离”的第一层次分离；然后是“法人所有权”向“经营管理权”让渡，构成了“两权分离”的第二层次分离；再后是“母公司”向“子公司”、分公司乃至“孙公司”进行内部管理分权，构成了“两权分离”的第三层次、第四层次的分离。这种纵横交错的所有制结构和多层次的分权模式，势必形成比以往任何经济时代更为错综复杂的经济责任关系，也势必铸成了传统企业财务审计向现代财务审计的发展转化的内在条件。

在竞争的强烈压力下，无论是企业集团、各种经济垄断组织，还是发达或不发达的资本主义国家，都必须通过强化内部的经营管理或加强国民经济的宏观调控以达到提高经济实力，求得生存发展的目的，于是企业财务审计又获得了进一步发展的外在动力和社会空间。

任务三　企业财务审计作用

企业财务审计的作用主要体现在以下几个方面。

一、保证企业资产的安全完整性和企业经营活动的合规性与合法性

企业是国家社会经济的重要组成部分，其财产安全与否，直接关系到企业的生存与发展。随着改革开放的深入，企业财产物资的安全日益显得重要。在近几年的企业改革中，出现了股份制改造、租赁、承包、兼并、分立等多种形式的企业组织变化，一些企业在这个过程中，由于种种原因，导致资产流失极为严重。同时，相当多的企业，由于转换经营机制不力，管理松弛，即使账簿上反映其拥有的资产依然完整，但其实际生产能力、创造经济效益的能力却在下降。因此，必须通过对企业进行财务审计，保证其财产物资的安全、完整，促使这些企业充分挖掘其财产物资的经营活力。

企业生产经营活动首先应遵守国家方针、政策、法律、法规及有关的行业政策，为社会提供各项服务。对企业进行财务审计，能够有效制止各种违法违纪现象的发生，从而维护社会经济秩序，使国民经济向着健康、有序的方向发展，保证社会经济稳定快速地增长。

二、有助于正确评价经营业绩，确保企业履行各项经营责任和实现经济目标

企业是社会经济的重要组成部分，其经营业绩是否良好，关系到企业的生存与未来的发展。企业要立足于市场，必须参与市场竞争，优胜劣汰。有良好的业绩，企业才有生存的可能。这种业绩包括两种含义：一是指企业通过自身的经营取得较好的经济效益，确保资产不被侵蚀，保证原来的生产能力或者在扩大生产能力的基础上持续经营，从而不断壮大自身的实力；二是企业的经营业绩不直接表现为一定的经济利益，而是表现为一定的社会效益，这种对企业的评价应以最少的投入提供最好的服务或社会效益为标准。通过对企业经营业绩的评价，鼓励先进，鞭策落后，形成一个良好的激励机制。

经营责任是企业在所有权和经营权相分离的基础上形成的，即经营者对所有者承担相应的经济责任，这些经营责任又具体体现在各项经济目标的实现上，没有一个个具体经济目标的实现，经营者的经济责任就难以如约履行。当然，经营责任的履行还应有其相应权力和利益作为基础，这种以"责"为核心，以"权"作保证的机制，能够有效保证经营目标的实现，它在一定程度上也有赖于对企业的财务审计。

通过对企业的财务审计，能从法律上确认经营者对经济责任的履行情况。当企业的所有权和经营权分开时，所有权人有权了解经营者对经济责任的履行情况，审计正是基于这一基础而产生、发展起来的。在所有权和经营权相分离的前提下，所有者难以及时全面了解经营者对经济责任的履行情况，而经营者自己也难以证明自己的经营责任和财务责任。只有通过审计，通过独立的第三者，以一定的技术和手段，通过审查其经济业务及有关记录，来确认其经济责任的履行情况。

三、促使完善内部控制制度，加强管理，提高经济效益

审计是一项独立性的经济监督活动，一方面要依据国家有关政策、经济法律、经济法规的规定，对企业各项经济业务进行合法性审查；另一方面又要依据《企业会计准则》和《企业会计制度》对企业资产、负债、所有者权益、收入、成本费用、利润等项目的真实性、公允性以及会计处理方法的一致性进行审查鉴证。通过审计可以及时发现各种不符合国家法规政策的行为；同时，也可以发现各种违反《企业会计准则》和《企业会计制度》的财务核算，使国家利益、公有财产不受损失。当今社会，随着经济繁荣，市场竞争日趋激烈，出现了各种各样的经济犯罪。从企业角度来看，有的进行非法交易，从事不符合国家政策、法律、法规的经济事项或者超越法律的限制非法经营；有的在经济交往中，故意损害国家或其他经济组织的利益；有的在财务会计信息的反映过程中，损害其他经济组织；有的在财务会计信息的反映过程中，人为地调整、弄虚作假、损公肥私、欺骗上级、捞取个人好处等。各种经济犯罪都会造成国有资产的流失，给国家造成很大的经济损失，严重的还会影响国家声誉。所有这些可能存在的隐患，如果不能及时纠正，将会给国家造成极大的危害。所以，对企业的财务进行

审计是防患于未然的必然手段。

企业效益的来源有两个方面：一是向生产要效益，二是向管理要效益。没有一个完善的内部控制机制，没有一套严密的组织管理机制，处于混乱之中的企业是难以生存和发展的。对企业的财务审计，能及时发现企业管理中存在的缺陷，并根据其具体情况，有的放矢地提出建议，解决问题，能全面提高企业的经营管理水平。

四、及时了解和掌握审计信息，满足国家宏观经济管理和调控的需要

企业是国家经济的细胞和支柱，其运转状况直接影响到国民经济的发展，也关系到社会稳定。随着经济体制改革的深入和政府职能的转变，国家对企业控制主要是通过间接方式进行的。对企业的了解也是通过有关统计资料、财务报告及其他资料的逐级上报来实现的。这些数量庞大，又经多道程序加工、演绎、汇总的资料，一方面由于对各项数据处理方法、处理工具、处理政策的不同而产生差异；另一方面也存在各种人为因素的影响，例如指导思想、个人观点、技术能力以及各种人为调节等。所以，这些经过多道程序而形成的信息的真实性、可靠性、合法性，需要有一个专门的监督机构来验证。对企业进行财务审计可以及时验证各种间接信息的可靠性、真实性和合法性，为国家全面掌握企业的生产经营运转状况提供了可信的依据，从而保证依据该信息所作出的各种决策具有可行性和有效性，保证国家宏观调控落到实处。

随着这些年来经济体制改革的不断深入，市场在资源配置中正在逐步发挥基础性作用，但政府仍然需要通过一定的调控和管理措施对国民经济运行情况进行调节。国家需要通过对企业生产经营情况进行了解，然后作出合理判断，以便于制定正确、有效的调控和管理措施，保证国民经济协调发展。而其所需的一切信息是否真实可靠，在很大程度上取决于企业财务审计的结果。

五、确保会计信息及其他经济信息真实、可靠，为各方正确决策提供可靠的依据

会计信息及其他经济信息是各方面利害关系人全面了解企业，正确评价过去，科学预测未来，进行正确决策的依据。企业的发展，不仅需要内部努力，而且也一定和外部各方面存在利害关系。企业的利害关系人要通过对投入资本运行情况的了解，正确确定下一步的投资和经营方针；通过对企业经济状况的了解，来增加与之往来的可靠性，规范企业之间的交易行为。在实际工作中，可能会出现某些企业为满足眼前利益或局部利益，改变经济业务的会计处理程序和方法，以致会计报表所反映的信息严重失实，诸如高估资产、低报负债、虚盈实亏、贪污舞弊等行为，严重损害了国家和社会公众的利益。而这些信息的需要者，因各种原因不能直接参与企业的生产经营活动，他们对企业资产的保管、使用情况及其经济效益，只有通过以会计核算信息为主的经济信息来得到满足。所以，满足社会各方面对企业信息全面了解的需求，是企业财务审计的一个基本目的。

模块二　企业财务审计基本内容

任务一　企业财务审计的目标

审计目标是指审计人员根据审计授权或委托人的要求，执行审计任务时需要达到的结果，分为总目标和具体目标。总目标是审计授权人或委托人对某项审计活动的总体要求，具体目标则是对总目标或审计目的的具体化。一般地说，总目标是用以衡量某项审计业务最终结果的总体要求，而具体目标则是用以鉴证某方面经济活动是否符合这一总体要求的衡量标尺。总目标随着审计授权人或委托人的总体要求而变化，一般审计事项的具体审计目标包括以下内容。

一、真实性

真实性是指审查经济业务是否确实发生，会计信息是否真实可靠。应该说明的是，真实性虽然是企业财务审计中最主要的目标，但真实性这个概念不是绝对的，不仅被审计单位的会计信息不可能百分之百的准确，而且从审计的角度来看，不可能也不要求对审计事项的真实性作出百分之百的担保，特别是会计报表审计，往往只是要求达到公允的程度。换言之，审计人员对会计报表信息的审计意见，只要不导致报表使用者作出错误的判断和错误的决策就可以了。

二、存在性

存在性是指审查披露的信息是否客观存在，通常用以衡量有余额的资产、负债、所有者权益的报表项目或会计科目。

三、所有权

所有权是指审查会计信息中的资产、负债与所有者权益确实为被审计单位所有。

四、计价

计价是指审查企业资产计价，计价在资产审计中是一个非常重要且比较复杂的问题，通常要考虑购进计价、发出计价、余额计价、折旧、摊销价值转移等问题，有经验的审计人员往往有“资产审计、重在计价”的说法。

五、合理性

合理性是指评价经济业务的发生、处理、结果是否合理，评价的主要对象通常是投资、筹资、存货、应收或预付款项。合理性是内部审计中一项极为重要的审计标准。

六、完整性

完整性是指审查经济业务是否全部入账并在报表上完整反映。

七、正确性

正确性是指审查企业账务处理、报表编制是否合规、合法，计算是否准确。

八、报表披露

根据《企业会计准则》的要求，应将会计变更、会计估计等重大事项在报表上披露，以方便报表使用者对报表信息的理解。

九、合法性

合法性是指审查企业经济业务是否符合法律、法规规定。

由于国家审计、内部审计和社会审计各自承担的任务不同，它们的审计侧重点也不一样。一般地说，国家审计机关在进行企业财务审计时，主要侧重于查错防弊、维护财经法纪、维护国有资产安全完整、改善经营管理、提高经济效益和加强宏观调控方面，因此，合法性往往是审计的首要目标；社会审计主要向投资人、债权人及企业其他利害关系人提供会计信息的鉴证，因此，会计信息的真实性往往是审计的首要目标；内部审计是为强化企业管理服务的，因此审查经济业务的合理性往往是审计的首要目标。

任务二　企业财务审计的内容

企业财务审计的内容是企业资金运动在各环节上的会计反映及其内在联系。从这个意义上说，企业财务审计的内容就是会计核算和反映的内容，即会计资料及其有关经济资料所反映的财务收支及有关的经济活动，在企业中具体表现为资产、负债、所有者权益、收入、费用和利润六大要素及其载体会计报表。

一、企业资产审计的内容

资产是指企业过去的交易或事项形成的、由企业拥有或者控制的、预期会给企业带来经济利益的资源。企业资产是企业生产经营的基础和前提，也是企业资金运用的具体体现。企业资产审计的内容主要包括流动资产、长期股权投资、固定资产、无形资产及长期待摊费用。其中，流动资产又可分为货币资金、应收账款、交易性金融资产、存货等。企业资产审计的目标为：①审查企业有关资金的内部控制制度等是否健全、有效；②审查证实资产是否确实存在；③审查企业资产的所有权是否归企业拥有；④审查各项资产的计价是否合理；⑤审查各项资产是否已在会计报表上充分披露。

二、企业负债审计的内容

负债是指企业过去的交易或者事项形成的、预期会导致经济利益流出企业的现时义务。企业负债审计的内容主要包括流动负债和非流动负债。流动负债是指一年内或超过一年的一个营业周期内应偿还的债务，主要包括短期借款、应付票据、应付账款、应付职工薪酬、应交税费、应付股利等。非流动负债是指偿还期在一年以上或超过一年的一个营业周期以上的债务，主要包括长期借款、应付债券、长期应付款。长期负债项目虽少但其发生额却很大，是企业融资的重要手段。企业负债审计的目标为：①审查企业有关负债的内部控制制度是否健全、有效；②审查企业所列各项负债是否确实存在；③审查各项负债记录是否完整，有无漏列；④审查企业负债的会计计量是否准确；⑤审查与负债有关的费用的会计处理是否正确；⑥审查各项负债在会计报表上是否充分披露。

三、企业所有者权益审计的内容

所有者权益是指企业资产扣除负债后由所有者享有的剩余权益。企业所有者权益审计的内容主要包括所有者对企业的资本投入，以及在生产经营过程中形成的资本增值部分。资本增值部分内容主要有资本本身带来的资本公积；生产经营的盈余公积和未分配利润。企业所有者权益审计的目标为：①审查企业有关所有者权益的内部控制制度是否健全、有效；②确定各项所有者权益的增减变动是否符合国家法律、法规及企业章程的规定；③审查各项所有者权益记录是否完整，有无遗漏；④审查各项所有者权益的余额是否正确；⑤审查各项所有者权益项目是否已在会计报表中充分披露。

四、企业收入的审计内容

收入是指企业在日常活动中形成的、会导致所有者权益增加的、与所有者投入资本无关的经济利益的总流入。企业收入审计的内容主要包括基本业务收入和其他业务收入。基本业务收入包括产品销售收入和工业性劳务所得，它们是企业收入的最主要来源，故基本业务收入又叫主营业务收入。其他业务收入是指除销售产品、提供劳务或让渡资产使用权等主营业务收入以外的其他业务收入，主要包括销售材料、无形资产转让，以及非工业性劳务收入等。企业收入审计的目标为：①审查企业有关收入的内部控制制度是否健全、有效；②审查各项收入的记录是否完整；③审查各项收入的会计处理是否正确；④确定各项收入是否与相应的费用配比；⑤审查确定各项收入是否已在会计报表上充分披露。

五、企业费用的审计内容

费用是指企业在日常活动中发生的、会导致所有者权益减少的、与向所有者分配利润无关的经济利益的总流出。企业费用审计的内容主要包括直接费用、间接费用和期间费用。直接费用是指企业生产产品或提供劳务等而发生的直接材料、直接人工和其他直接制造费用。这部分费用是构成生产经营成本的主要内容。间接费用是指企业为生产商品和提供劳务等而发生的各项间接费用，一般称为制造费用。这部分费用应当按照一定的标准合理分配计入生产经营成本。期间费用是指与企业产品生产没有直接关系，不参加成本计算而计入某一会计期间的费用。其主要包括销售费用、管理费用和财务费用。企业费用审计的目标为:①审查与各项费用支出有关的内部控制制度是否健全、有效;②审查确认各项费用的发生是否真实,记录是否完整;③审查各项费用的会计处理是否正确;④审查各项费用是否与收入相配比;⑤确认各项费用是否已在会计报表中适当揭示。

六、企业利润的审计内容

利润是指企业在一定期间的经营成果。利润包括收入减去费用后的净额、直接计入当期利润的利得和损失等。企业利润审计的内容主要包括利润形成的审计和利润分配的审计。企业利润审计的目标为:①审查企业利润的各项目内容是否真实;②审查企业利润计算是否正确;③审查企业各项应交国家的税收及利润分配是否按规定及时足额缴纳;④审查企业利润分配及其余额是否已在会计报表上充分揭示。

七、企业会计报表的审计内容

会计报表审计是企业财务审计的起点和归宿。对企业会计报表进行审计,即对以资产负债表、利润表及现金流量表为核心的一系列会计报表内容的真实性、合法性进行审查。会计报表集中反映了企业财务信息,是国家有关部门正确评价企业,作出投资和宏观调控决策的主要依据。同时,会计报表能为各级管理部门了解企业财务状况和经营业绩,完善企业内部控制制度,改善经营管理,提高经济效益,更好地服务于社会提供可靠的依据。企业会计报表审计的内容主要包括以下几个方面。

(1) 审查会计报表完整性。审查会计报表完整性包括会计表本身的完整性和会计报表应揭示内容的充分性,前者包括资产负债表、利润表、现金流量表、会计报表附注及相关附表,对于需要编制合并会计报表的企业,还应该包括合并会计报表;后者包括上述会计报表应填报的项目和内容是否完整。要审查会计报表是否全面、充分地反映企业财务状况和经营成果,对于重要的经济业务,是否单独列示。

(2) 审查会计报表及时性。审查会计报表及时性就是审查企业的会计报表能否在规定的期限向社会公布,以保证报表使用者及时获得所需的财务信息并不失时机地作出相应决策。

(3) 审查会计报表真实性。审查会计报表真实性主要是审查会计报表所反映的财务状况、经营成果,包括资产、负债、损益的各项数据是否真实存在、账实是否相符、归类是否正确、所有权的归属是否真实、计算是否准确等。特别应注意有无故意高估资产、少列负债、明盈实亏等情况的存在。

(4) 审查会计报表合规性、合法性。审查会计报表合规性、合法性主要是审查企业的各项财务收支活动及其相关的会计处理和报表,揭示其是否符合国家的法令、法规、制度、章程。例如,收入的确认、成本的核算、税金的计算与缴纳、利益的分配、公积金的提取等,审查是否严格执行国家规定。

(5) 审查会计报表正确性。审查会计报表正确性主要是审查企业对会计政策的执行和说明、会计方法的选用与变更、会计记录、计算与财务处理是否正确。例如,企业对于会计主体、会计分类、持续经营、货币计量的遵循情况;企业对于会计核算的一般原则,包括可靠性、相关性、可理解性、可比性、实质重于形式、重要性、谨慎性和及时性等的执行情况。企业对于编报会计报表时所采用的原则、基础、惯例、规则、程序、截止日期、期后会计事项、重要会计政策变更的影响是否在报表中予以充分揭示等。

知识拓展

会计报表审计目标

根据《独立审计准则第 1 号——会计报表审计》第 6 条规定,会计报表审计目标有 3 个方面:①会计报表的编制是否符合《企业会计准则》及国家其他有关财务会计法规的规定;②会计报表在所有重大方面是否充分地反映了被审计单位的财务状况、经营成果和资金变动情况;③会计处理方法的选用是否符合一致性原则。

表 1-1　　业务循环与主要会计报表项目对照表

业务循环	资产负债表项目	利润表项目
筹资与投资循环	交易性金融资产、应收股利、应收利息、其他应收款、长期股权投资、无形资产、长期待摊费用、短期借款、应付利息、应付股利、其他应付款、预计负债、长期借款、应付债券、长期应付款、专项应付款、递延所得税资产、递延所得税负债、股本、实收资本、资本公积、盈余公积、未分配利润	管理费用 财务费用 投资收益 营业外收入 所得税费用 营业外支出
购货与付款循环	预付款项、固定资产、工程物资、在建工程、固定资产清理、应付票据、应付账款	
生产循环	存货(包括在途物资或物资采购、原材料、周转材料、材料成本差异、自制半成品、库存商品、商品进销差价、委托加工物资、发出商品、生产成本、制造费用、劳务成本、存货跌价准备、代销商品款)预付款项、应付职工薪酬、应付利息	营业成本
销售与收款循环	应收票据、应收款项、预收账款、应交税费	营业收入 营业税金及附加 销售费用

企业财务审计的内容通常根据审计授权人或委托人对某方面财务信息的需要进行安排。项目涉及财务审计的内容有多有少,完全根据审计授权人或委托人的需要来决定。例如,国有资产管理部门对国有或者国有控股企业国有资产流失的调查,授权人需要了解的是国有资产是否流失,流失了多少,主要在哪些环节上发生流失,原因是什么,主要责任人是谁。审计人员就是根据这些要求来确定需要审查的内容。一般来说,这方面的审计通常只涉及资产方面的审计内容,但也可能存在因经营亏损或利润分配环节发生问题,审计的内容有必要向成本、费用、收入、支出和利润分配等损益类科目延伸的情况。有些审计项目涉及的内容比较复杂,例如,会计报表公证、股票上市,企业改组等项目,则有可能涉及企业全部的资产、负债和所有者权益及损

益类科目，甚至有时还必须涉及几个审计主体，对不同的经济业务进行鉴证，例如，企业改组时就需要进行资产评估、资本验证等。

总之，具体的审计项目决定具体的审计内容，有些审计内容是相对固定的，有些审计内容却必须根据审计中的具体情况由审计人员临时酌情处理，是否需要扩大范围，是否需要延伸审查内容。

工作能力测试

1. 什么是财务审计？财务审计具有哪些基本特征？
2. 财务审计的作用有哪些？
3. 企业资产审计的内容包括哪些？
4. 企业负债审计的内容包括哪些？
5. 企业所有者权益审计的内容包括哪些？
6. 企业收入审计的内容包括哪些？
7. 企业费用审计的内容包括哪些？
8. 企业利润审计的内容包括哪些？
9. 企业会计报表的审计内容包括哪些？

项目二

企业财务审计的工作程序和工作方法

企业财务审计程序是实现财务审计工作规范化，使审计监督有条不紊地顺利进行的重要保证。企业财务审计方法既是完成审计任务的重要手段，同时也是降低成本，提高审计工作效率的重要手段。企业财务审计的程序分为几个阶段，各阶段要做好什么工作？国家审计、社会审计在财务审计的程序上有何异同？企业财务审计要运用什么方法？如何进行审计？什么是制度基础审计？如何评审内部控制制度？应采取什么步骤、运用什么方法？本项目主要阐述企业财务审计工作程序和工作方法。

模块一　企业财务审计工作程序

任务一　企业财务审计程序综述

审计作为一种独立的经济监督活动，是由各种存在着内在逻辑关系的工作所组成的一个完整的工作过程。在对任何一个审计项目的完整审计过程中，先做什么，后做什么工作，必须按照一定的顺序进行。

一、企业财务审计程序含义

企业财务审计程序是指在审查被审计单位财务收支活动中，审计机关和被审计单位双方必须遵循的顺序、形式和期限等。企业财务审计程序是实现审计规范化，使审计监督有条不紊地顺利进行的重要保证，也是审计原则和独立审计原则的基本要求。由权威权机构制定出的规范而科学的审计程序，不仅是审计工作的具体依据，也是控制审计工作质量的有效工具。

二、企业财务审计程序作用

企业财务审计程序的作用有以下几个方面。

（一）有利于保证审计质量

审计程序规定了为实现目的所必须实施的各项具体步骤，不仅可使审计负责人随时掌握审计工作的进度，还可以保证审计人员不忽略重要的审计步骤和主要事项，从审计程序的角度，保证审计工作质量。

（二）有利于提高工作效率

严格而灵活的审计程序，保证审计人员在较短的时间内，取得充分有效的审计证据，从而正确表达意见，作出恰当的结论，避免可能发生的失误。

（三）有助于提高熟练程度

规范而科学的审计程序，可以使审计工作有条不紊地进行，这对审计工作经验不多的审计人员来说，可以较好地把握审计工作的基本环节；对审计工作经验较多的审计人员来说，可以腾出更多的时间，考虑审计中随时可能遇到的更为复杂的问题。

（四）有利于审计工作规范化

规范而科学的审计程序，也是使审计工作逐步实现规范化、制度化、法制化的一项重要内容。法定的审计工作程序，是审计法律关系主体正确地行使权利、承担义务的基本保证，是贯彻审计原则的主要形式，审计人员和被审计单位必须严格遵循；自律性的行业规范确认的审计程序，是保证审计业务工作按照公认的规则正常开展的基本步骤。正确地实施审计程序，是保证审计工作质量，提高审计工作信誉的前提条件，是社会审计工作者依法执业的具体表现。

任务二　国家审计程序

按照《中华人民共和国审计法》(以下简称《审计法》)规定的基本原则和《中华人民共和国审计法实施条例》(以下简称《审计法实施条例》)第 36 条至第 48 条的具体规定，国家审计机关和审计人员在实施项目审计时，应当遵循的审计程序主要分审计准备阶段、实施阶段、审计组提出报告阶段和审计机关审定审计报告，作出处理、处罚阶段。

一、审计准备阶段

审计的准备阶段，是指审计机关从确定审计项目开始到发出审计通知书为止的这一段时间。准备阶段是整个审计过程的起点和基础，准备阶段的工作做得是否充分细致，对整个项目审计工作都会产生很大的影响。准备阶段一般可分为审计机关的准备工作和审计组的准备工作两个方面。

（一）审计机关的准备工作

1. 编制审计项目计划，确定审计事项

审计机关应当根据法律、法规和国家其他有关规定，按照本级人民政府和上级审计机关要求，确定年度审计工作重点，对审计对象进行预测和分类，科学地编制审计计划，并确定审计事项。审计项目计划一般是年度计划，也就是审计机关本年度对辖区内哪些部门、单位进行审计监督的安排。审计事项是指审计项目计划中确定的具体审计事项。

2. 委派审计人员组成审计组

审计组是审计机关特派的实施审计活动的工作小组。审计事项确定以后，审计机关应根据审计事项的特点和要求，组织一定数量的审计人员组成审计组。审计组实行组长负责制，其他组员在组长领导和协调下开展工作，并对分担的工作各负其责。审计组长对审计组工作全面负责，包括制订审计方案和具体实施审计检查、组织撰写审计报告等。

3. 签发审计通知书

审计机关签发的“审计通知书”就是审计指令，不仅是对被审计单位进行的书面通知，而且也是审计组进驻被审计单位执行审计任务、行使国家审计监督的凭据和证件。根据《审计法》和《审计法实施条例》的规定，审计机关在实施审计 3 日前，向被审计单位送达“审计通知书”。审计机关发送“审计通知书”时，应附“审计文书送达回证”。被审计单位收到“审计通知书”后，填好“审计文书送达回证”送(寄)审计机关。直接送达的，以被审计单位在回执上注明的签收日期为送达日期；邮寄送达的，以回执上注明的收件日期为送达日期。审计机关发送“审计通知书”时附的“审计文书送达回证”，是为了适应《审计法》关于审计程序中有关时限的规定以及行政复议的要求而设的。它主要适用于审计机关发送“审计通知书”、“审计报告征求意见”和“复议决定书”等审计文书时使用。“审计文书送达回证”应写明受送达人、送达地点、发送单位、事由和文书名称。受送达人是指被审计单位、有关单位和个人，送达地点是指接受审计文书的地点，发送单位是指审计机关，事由是指发送文书的原因。“审计通知书”的内容包括：被审计单位名称；审计的依据、审计范围、内容和时间；审计组长及其他成员的名单；对被审计单位配合审计工作的要求。“审计通知书”在发送被审计单位的同时，还应抄送被审计单位的上级主管部门和有关部门。

（二）审计组的准备工作

1. 明确审计任务，学习法规，熟悉标准

审计小组组长接到任务后，应召集全组审计人员，说明该次审计的主要任务、目的和要求，提出自己的认识和打算，引导大家思考，集思广益。审计组成员还要组织学习完成审计任务可能涉及的财经法纪、审计法规及审计工作纪律，准确掌握审计法规标准，以便恰如其分地评价被审计单位的经济活动。

2. 进行初步调查，了解被审计单位情况

审计组成员在其负责人的组织下，根据审计任务的要求，通过收集查阅被审计单位平时上报的资料，走访有关部门，特别是主管部门以及财税、工商、银行、物价等部门，听取各方面情况介绍，初步了解审计单位的业务性质、生产经营特点、组织机构设置等。如果是再次审计，可以通过查阅原来的审计工作底稿、审计报告、审计决定等档案资料，了解被审计单位过去的经济情况，发生过哪些问题，处理结果如何。

3. 拟订审计工作方案

审计工作方案是实施审计的总体安排，是保证审计工作取得预期效果的有效措施，也是审计机关据以检查、控制审计工作质量、进度的依据。审计工作方案是在综合已经取得的资料和掌握的情况，以及明确审计的重要问题的基础上形成，主要内容包括审计项目、名称，被审计单位名称，审计目标，审计方式，编制依据，审计的范围和内容，审计要点、步骤和方法，时间进度和人员分工等。审计工作方案在制订时还应留有适当余地，以便实际情况发生变化时，作出相应的调整，审计工作方案应报请审计机关领导批准后执行。另外，审计组成员需准备好审计时所必需的各种物品，如审计工作记录、计算工具等。

二、审计实施阶段

审计实施阶段是审计组进驻被审计单位，就地审查会计凭证、会计账簿、会计报表，查阅与审计事项有关的文件、资料，检查现金、实物、有价证券，并向有关单位和人员调查，以取得证明材料的过程。审计实施阶段是将审计工作方案付诸实施，化为实际行动的阶段，是审计全过程的最主要阶段。实施阶段主要应做好以下几项工作。

（一）深入调查研究，调整审计方案

审计组实施审计时，首先应深入了解被审计单位的管理体制、机构设置、职责或经营范围、业务规模、资产状况等。其次对内部控制制度进行评估，根据评估结果，确定审计范围和采用的方法。必要时，修改原来制订的审计方案。其主要步骤如下所示。

1. 听取被审计单位情况介绍

审计组进驻被审计单位后，应与被审计单位领导取得联系，说明本次审计的范围、内容、目的和要求，争取他们的支持；约请被审计单位领导和有关部门负责人共同研究工作部署、确定与审计组的联系人和提供必要的资料等问题，听取被审计单位负责人及有关职能部门对单位情况的介绍；采用适当方式，使被审计单位职工了解审计目的、内容，以取得支持和协助。

2. 索取或收集必要的资料

审计组应当根据情况介绍和审计工作需要，向被审计单位索取有关资料，要求提供银行存款账户，进行必要的资料收集工作。常规审计一般需要索取或收集的资料主要包括被审计单位有关的规章、制度、文件、计划、合同文本；被审查期间的各种审计资料、分析资料，上年度会计报表、分析资料以及以往接受各种检查、审计的资料；各种自制原始凭证的存根，未粘附在记账凭证上的各种支票、发票、收据等存根，以及银行账户、银行收账单、备查簿等相关的经济信息资料。在索取或收集资料时，一定要做好登记、清点、移交工作。收集的资料要当场清点，注意残缺页码，并列表登记资料来源。移交与接收双方，都要在移交表或调阅单上签名。

3. 深入调查研究，评审内部控制制度

为了全面地了解被审计单位业务活动的一些具体规定、手续以及内部控制制度的执行情况，审计组在收集资料以后，应当通过查阅资料、观察、咨询等方式了解被审计单位有关情况。特别是了解被审计单位的各项业务处理手续、有关财务会计业务处理和现金、物资管理方面的内部控制制度建立的完善情况和实际贯彻执行情况。

必要时,应对内部控制制度的执行情况和有效性进行符合性测试,并进行评价,以便发现被审计单位管理上的漏洞和薄弱环节,进一步确定审计的范围、重点内容以及方式、方法。

4. 调整审计方案

在深入调查研究的基础上,审计组应复核原来拟订的审计方案,例如,发现原方案确定的审计范围、重点、具体实施步骤和方法等与实际情况相差甚远,必须修改审计方案。必须修改审计方案时,应按规定的程序进行修改,经派出审计的审计机关主管领导同意后组织实施。

(二) 评审内部控制制度

现代审计的最大特征是以评价内部控制制度为基础的抽样审计,实行的是制度基础审计。因此,在审计实施阶段,首先必须全面了解被审计单位的内部控制制度,并进行评价。其目的是进一步确定审计的范围、内容重点以及有效的方法。

评审内部控制制度,一是进行内部控制制度健全性调查,二是进行内部控制制度符合性测试,三是对内部控制制度的有效性进行综合评价,从中发现内部控制制度的强点和弱点,并分析原因。根据内部控制的强弱点,对审计方案进行适当调整。将审查重点放在内部控制制度的弱点上,对强点则进行一般审查,以尽可能高效高质量地取得审计证明材料,提高审计工作效率。

(三) 实施审计工作,搜集审计证据

1. 分析经济业务特点

为了把有限的审计力量放在更有价值的审计内容上,审计人员先要对经济业务进行一般分析。

(1) 经济业务的重要性分析。通过对被审计单位经济活动全过程的了解,审计人员可以确定各类业务的重要程度,以便在审计中提高对重要业务的关注度。

(2) 业务处理复杂程度分析。一般情况下,业务处理比较复杂的环节更容易发生错误,审计人员更应该关注对业务处理比较复杂环节的审查。

(3) 业务发生频率分析。业务发生越频繁,发生错误的可能性就越大,审计人员应关注发生频率高的业务。

(4) 业务处理人员素质分析。业务素质不高的人员所经手的业务较易发生问题,它也应是审计人员审查的重点。

2. 审查相关的会计资料和经济活动,收集、鉴定审计证据

《审计法》第39条规定:"审计人员通过审查会计凭证、会计账簿、财务会计报告,查阅与审计事项有关的文件、资料,检查现金、实物、有价证券,向有关单位和个人调查等方式进行审计,并取得证明材料。"根据以上规定,审计人员应做好以下工作。

1) 审查分析会计资料

对会计资料的审查分析,包括对会计凭证、账簿和报表的分析,主要包含以下

内容。

（1）审查分析会计报表。一是要对其外观形式进行审查，查看被审计单位所编制的各种会计报表是否符合规定和要求，表页、表内项目、指标是否齐全；二是要审阅各报表之间勾稽关系；三是要审查各报表内相关数字间的勾稽关系。

（2）审查分析各类账户。一是判断容易发生差错或易于弄虚作假的账户；二是审查分析相关账户记录的增减变动情况，判断业务的真实性和数据的真实性。例如，材料账户的记录长期无变动，审计人员则应审查材料是否确实存在或是否能利用；三是核实账户余额，包括总账和明细账，特别是结算类账户和跨期摊配账户。

（3）抽查有关凭证，以确定账簿记录的真实性，以及数据所反映的经济业务是否合理、合法。

（4）复算。审计人员要对被审计单位所计算的结果进行复算，以确定是否有故意歪曲计算结果的弊端或无意造成的计算差错。

（5）询证。审计人员在审查中，可以向有关单位和个人以函询或面询的方式进行调查。审计人员向有关单位和个人进行调查时，应当出示审计人员的工作证件和审计通知书副本，审计人员不少于两人。

2）盘点实物与清查资产

审计人员在审查分析有关书面资料后，还应对有关盘存的账户所记录的内容进行实物盘点，以取得实物证据。例如，库存现金盘点、库存材料盘点、低值易耗品盘点、在产品盘点、产成品盘点、固定资产盘点等。如实物较多，审计人员应按可能性、必要性、重要性的原则，有选择地进行重点盘点。

审计人员实施审计时，应当按照下列规定办理：第一，搜集、取证能够证明审计事项的原始资料、有关文件和实物等；不能取得原始资料、有关文件和实物的，可以采取复制、拍照等方法取得证明材料。第二，对与审计事项有关的会议和谈话内容要作出记录或者根据审计工作需要，要求提供会议记录。第三，审计人员向有关单位和个人调查取得的证明材料，应当有提供者的签名或者盖章。未取得提供者签名或者盖章的，审计人员应当注明原因。

（四）编制审计工作底稿

在审计过程中，审计人员对审计中发生的问题，作出详细、准确的记录，并注明资料来源，以便反映出审计工作的全部过程。这些记录，有些可以直接作为正式的审计工作底稿，有些则要重新编写。审计工作底稿是审计证明材料的汇集，在汇集证明材料时，应注明证明材料的来源。审计工作底稿是撰写审计报告的基础，是检查审计工作质量的依据，也是进行复议乃至再度审计时需要审阅的重要资料。

三、审计报告阶段

审计的报告阶段，也叫审计的终结阶段，是审计工作的总结阶段，这一阶段的工作主要是编制审计报告，作出审计决定，其主要步骤如下所示。

（一）整理和分析审计工作底稿

审计组长应当对审计人员的审计工作底稿进行必要的检查和复核，对审计组成员的工作质量和审计工作目标完成情况进行监督。审计工作就是不断搜集审计证据，整理分析证据，运用审计证据的过程。通过检查、复核和整理审计工作底稿，对汇集的审计证据进行认真审查。鉴定证明材料的客观性、相关性和合法性，能检查审计组是否已经收集到足以证明审计事实真相的证明材料，以便及时采取补救措施，保证审计组收集的证明材料的充分性。

（二）审计组编写审计报告

按照《审计法》第 40 条规定，审计组对审计事项实施审计后，应当向审计机关提出审计报告。审计组编写的审计报告征求被审计单位的意见后，连同被审计单位的书面意见等一同报送审计机关。

四、审计机关审定审计报告阶段

按照《审计法》及《审计法实施条例》的规定，审计机关审定审计报告阶段的主要工作有四个方面：

(1) 审定审计报告，对审计事项作出评价。

(2) 出具审计意见书。

(3) 对违反国家规定的财政收支、财务收支行为，需要依法给予处理、处罚的，在法定职权范围内作出审计决定或者向有关主管机关提出处理、处罚意见。

(4) 提出审计结果报告和审计工作报告。

在完成审计报告审定工作后，要进行资料处理和审计小结工作。例如，归还借阅的全部资料，整理审计过程中形成的资料。将永久保存的资料、长期保存的资料、短期保存的资料立卷归档，移交档案部门管理；将无保存价值的资料造册登记后销毁。所有工作结束后，审计组应及时进行总结，以利于工作水平不断地提高。

任务三　社会审计程序

社会审计组织进行财务审计的程序与国家审计程序基本相同。社会审计组织在审计的准备阶段、实施阶段、报告阶段的主要工作包括：签订审计业务约定书，编制审计计划；内部控制测评，运用审计方法获得审计证据，编制审计工作底稿，完成审计外勤工作和出具审计报告等。

一、签订审计业务约定书

注册会计师应当在了解被审计单位基本情况的基础上，由会计师事务所接受委托，签订审计业务约定书。审计业务约定书是由会计师事务所与委托人共同签订，据以确认审计业务的委托与受托关系，明确委托的目的、审计范围及双方责任与义务等事项，最终形成书面合约的活动。审计业务约定书一旦签订便具有法定的约束力，因此签约活动必须按下列程序和要求进行。

（一）签约前业务洽谈

在签订审计业务约定书之前，会计师事务所应当委派注册会计师了解被审计单位的基础情况，初步评价审计风险。会计师事务所接受委托之前应当了解被审计单位的业务性质、经营规模和组织结构，经营情况及经营风险，以前年度接受审计的情况，财务会计机构及工作组织以及其他与签订业务约定书相关的基本情况。在初步了解情况、评价审计风险并充分考虑自己承受委托能力的基础上，与委托人就约定事项进行商谈。例如，洽谈审计的目的与范围、审计中所采用的程序与方法，完成的工作量与工作时限，要求客户提供的工作条件和配合的方式、程度，双方的权利与义务，收费标准和收费方式等。商谈双方就约定事项达成一致意见后，会计师事务所可以接受委托，正式签订审计业务约定书。

（二）签订审计业务约定书

提出业务委托与社会审计组织签订审计业务约定书的可以是单位，也可以是个人。签订审计业务约定书应由会计师事务所和委托人双方的法定代表人，或其授权的代表来办理，并加盖委托人和会计师事务所的印章。审计业务约定书应当包括签约双方的名称、委托目的、审计范围、会计责任与审计责任、签约双方的义务、出具审计报告的时间要求、审计报告的使用责任、审计收费、审计业务约定书的有效时间、违约责任、签约时间以及签约双方认为应当约定的其他事项等内容。

二、编制审计计划

审计计划是指注册会计师为了完成年度会计报表审计业务，达到预期的审计目的，在具体执行审计程序之前编制的工作计划。审计计划包括总体审计计划和具体审计计划。总体审计计划是对审计的预期范围和实施方式所作的规划，是注册会计师从接受审计委托到出具审计报告整个过程基本工作内容的综合计划。具体审计计划是依据总体审计计划规定的，对实施总体审计计划所需要的审计程序的性质、时间和范围所作的详细规划与说明。注册会计师在整个审计过程中，应当按照审计计划执行审计业务。

（一）编制审计计划的准备工作

在编制审计计划前，注册会计师应当了解被审计单位的年度会计报表，合同、协议、章程、营业执照，重要会议记录，相关内部控制制度，财务会计机构及工作组织、厂房、设备及办公场所，宏观经济形势对所在行业的影响以及其他与编制审计计划相关的重要情况。在编制审计计划前，注册会计师还应当查阅上一年度审计档案，关注上一年度的审计意见类型、审计计划及审计总结，重要的审计调整事项、重点的管理建议，上一年度的或有损失以及其他有关重要事项。如果属于首次接受委托，注册会计师可以同被审计单位有关人员就总体审计计划的要点和相关审计程序进行讨论，并使审计程序与被审计单位有关人员的工作协调。总之，注册会计师在编制审计计划之前，应当尽可能多地了解被审计单位的有关情况，并充分考虑其对本期审计工作的影响。

（二）编制审计计划

审计计划的繁简程度取决于被审计单位的经营规模和预定审计工作的复杂程度。因此在编制审计计划时，注册会计师应当对审计的重要性和审计风险进行适当评估。在编制计划时，要特别考虑一些基本因素，例如委托的目的、审计范围及审计责任，被审计单位的经营规模及其业务复杂程度，被审计单位以前年度的审计情况，被审计单位在审计年度内经营环境、内部管理的变化及其对审计的影响，被审计单位的持续经营能力，经济形势及行业自身的变化对被审计单位的影响，关联者及其交易，国家新近颁发的有关法律、法规对审计工作产生的影响，被审计单位会计政策及其变更，对专家、内部审计人员及其他审计人员工作的利用，审计小组成员业务能力、审计经历和被审计单位情况的了解程度等。

总体审计计划的基本内容包括被审计单位的整体情况，审计目的、审计范围及审计策略，重要会计问题及重点审计领域，审计工作进度及时间、费用预算，审计小组组成及人员分工，审计重要性的确定及审计风险的评估，对专家、内部审计人员及其他审计人员工作的利用以及其他有关内容等；具体审计计划包括各具体审计项目的一些基本内容，例如审计目标、审计程序，执行人及执行日期，审计工作底稿的索引号以及其他有关内容。

（三）审核审计计划

审计计划应当经会计师事务所的有关业务负责人审核和批准。审核总体审计计划的内容包括审核审计目的、审计范围及重点审计领域的确定是否恰当，对被审计单位的内部控制制度的依赖程度是否恰当，对审计重要性的确定及审计风险的评估是否恰当，对专家、内部审计人员及其他审计人员工作的利用是否恰当；审核具体审计计划的内容包括审核审计程序能否达到审计目的，审计程序是否适合审计项目的具体情况，重点审计领域中审计项目的审计程序是否恰当，重点审计程序的制订是否恰当等。

审计计划经会计师事务所的有关业务负责人审核后，将审核和批准的意见记录于审计工作底稿。审计计划在具体实施前下达到审计小组的全体成员，注册会计师在执行中根据审计情况的变化及时对审计计划进行修改、补充，审计计划的修改、补充意见，应经会计师事务所的有关业务负责人同意，并记录于审计工作底稿。

三、测评内部控制制度

注册会计师对被审计单位进行审计时，应当研究和评价被审计单位的相关内部控制制度，据以确定实质性测试的性质、时间和范围。针对审计过程中发现的内部控制制度的重大缺陷，应当向被审计单位报告，出具管理建议书。注册会计师对会计控制制度进行测试，主要对控制环境、会计制度和控制程序等方面进行测试，然后据以确定内部控制可依赖的程度。为了取得满意的测试效果，注册会计师应当正确地进行抽样和对抽样结果进行评价。

四、审查

注册会计师在审计时，除运用审计抽样的方法进行符合性测试和实质性测试获取审计证据外，还可以运用检查、监盘、观察、查询及函证、计算、分析性复核等方法获取充分、适当的审计证据。检查是指注册会计师对会计记录和其他书面文件可靠程度的审阅与复核。监盘是指注册会计师现场监督被审计单位各种实物资产及现金、有价证券等的盘点，并进行适当的抽查。注册会计师监盘实物资产时，应对其质量及所有权予以关注。观察是指注册会计师对被审计单位的经营场所、实物资产和有关业务活动及内部控制的执行情况等所进行的实地察看；查询是指注册会计师对有关人员进行的书面或口头的询问。函证是指注册会计师为印证被审计单位会计记录所载事项而向第三者发函询证，如果不能通过函证获取很必要的审计证据，应实施替代审计程序。计算是指注册会计师对被审计单位原始凭证及审计记录中的数据所进行的验算或另行计算。分析性复核是指注册会计师对被审计单位重要的比率或趋势进行的分析，包括调查异常变动以及这些重要比率或趋势与预期数据和相关信息的差异。

对于异常变动项目，注册会计师应当重新考虑其所采用的审计程序是否恰当；必要时，应当追加适当的审计程序。注册会计师在获取证据时，可以同时采用上述方法。

注册会计师应当对所获取的审计证据进行分析和评价，以形成相应的审计结论。对所获得的审计证据在审计工作底稿中予以清晰、完整地记录。对审计过程中发现的、尚有疑虑的重要事项，应进一步获取审计证据，以证实或消除疑虑；如果在实施必要的审计程序后，仍不能获取所需要的审计证据，或无法实施必要的审计程序，注册会计师应出具保留意见或拒绝表示意见的审计报告。

五、编制审计工作底稿

审计工作底稿是注册会计师在审计过程中形成的审计工作记录和获取的资料。审计工作底稿必须如实反映审计计划的制订及实施情况，包括与形成和发表审计意见有关的所有重要事项，以及注册会计师的专业判断。

（一）编制与复核

注册会计师必须认真负责地编制审计工作底稿。审计工作底稿应当包括被审计单位名称，审计项目时点或期间，审计过程记录，审计标识及其说明，审计结论，索引号及页次，编制者姓名以及编制日期，复核者姓名及复核日期以及其他应说明事项。审计工作底稿中由被审计单位、其他第三者提供或代为编制的资料，注册会计师除应注明资料来源外，还应实施必要的审计程序，形成相应的审计记录。

（二）所有权和保管

审计工作底稿的所有权属于接受委托进行审计的会计师事务所。审计工作底稿一般分为综合类工作底稿、业务类工作底稿和备查类工作底稿。注册会计师应对审计工作底稿进行分类整理，形成审计档案。审计档案分为永久性档案和当期档案。会计师事务所应当建立审计档案保管制度，以确保审计档案的安全、完整。

（三）保密与查阅

会计师事务所应当建立审计工作底稿保密制度，对审计工作底稿中涉及的商业秘密保密。法院、检察院以及其他部门依法查阅，并按规定办理了必要手续的不属于泄密。注册会计师协会对执行情况进行检查时查阅审计工作底稿也不属于泄密。因审计工作需要，并经委托人同意，不同会计师事务所的注册会计师可以按照规定要求查阅审计工作底稿，拥有审计工作底稿的会计师事务所，应当对要求查阅者提供适当的协助，并根据审计工作底稿的内容及性质，决定是否允许要求查阅者阅览及复印或摘录有关内容。

六、撰写审计总结

在审计报告编制之前，注册会计师向被审计单位介绍审计情况，如果有必要，以书面形式向其提出调整会计报表等建议。注册会计师根据审计外勤工作获取的审计证据撰写审计总结，概括地说明审计计划的执行情况以及审计目标是否实现。

七、出具审计报告

注册会计师实施必要的审计程序后，以经过核实的审计证据为依据，形成审计意见，出具审计报告。审计报告应当说明审计范围、会计责任与审计责任、审计依据和已实施的主要审计程序等事项。审计报告应当说明被单位会计报表的编制是否符合国家有关财务会计法规定，在所有重大方面是否公允地反映了其财务状况、经营成果和资金变动情况，以及所采用的会计处理方法是否遵循了一贯性原则。注册会计师可以根据情况，出具无保留意见、保留意见、否定意见和拒绝表示意见，并明确说明理由。

任务四　内部审计程序

内部审计部门进行财务审计的程序既不同于社会审计程序，也与国家审计程序存在着一定的区别。从形式上看，内部审计工作程序的几个基本阶段同国家审计程序大体相同，但其工作程序的具体繁简程度，则主要取决于单位内部管理层根据需要作出的具体规定。

一、审计准备阶段

部门、单位内部审计机构所进行的内部审计，在准备阶段的工作内容与国家审计大体相同，但审计项目的确定，审计计划制订的依据，更多的是根据本部门、本单位实际经济情况，以及本部门、本单位领导交办的案件。内部审计人员一般熟悉本部门、本单位的内部情况，因此可以不需要做很多的准备工作，便能迅速地转入实施阶段。同时，因内部审计人员是本部门、本单位内部的成员，所以审计工作方案可以比较机动灵活，并且可以随时补充修改。

二、审计实施阶段

内部审计实施具体的审计工作，一般应事先通知被审计单位或部门，但无须初步调查，也无须对内部控制制度进行健全性调查、符合性测试和有效性评价。审计人员依靠自己对本部门、本单位的了解，已经积累了对审计环境的认识，一般足以使他们于实施阶段一开始便径直着手深入的审计检查工作。即便有些一般情况需要了解，亦可与审核检查工作结合进行。对审计中发现的问题，可随时向有关单位和人员提出改进的建议。

三、审计终结阶段

内部审计的审计报告需由经办内部审计的审计人员提出后，征求被审计单位或部门意见，并报送本部门、本单位领导审批。经批准的审计意见和审计决定，送达被审计单位或部门。被审计单位或部门必须执行审计决定。对重大项目要进行后续审计，检查采纳审计意见后执行审计决定的情况，被审计单位或部门对审计意见书和审计决定如有异议，可以向内部审计机构所在单位或部门负责人提出，该负责人应当及时处理。国家审计机关派驻部门的审计机构代行所驻部门内部审计机构的职能，其作出的审计报告还应报送派出的审计机关。

模块二　企业财务审计工作方法

知识拓展　**企业财务审计工作方法的发展**

财务审计工作方法是指为了取得充分有效的依据，以便最终作出审计结论、提出意见和建议而采取的各种技术手段的总称。财务审计工作方法既是进行审计、完成任务的重要手段，同时也是降低成本、提高审计效率的重要手段。采用科学合理的审计工作方法对整个审计工作至关重要。

财务审计工作方法是在长期的工作实践中总结积累和完善起来的，它的发展水平是衡量审计工作的重要尺度。随着长期实践经验的积累和科学技术的进步，由于被审计单位环境的不同，收集证据的基础、种类和数量随之不同，审计工作方法随之逐步发展完善。财务审计工作方法大体经历了以下几个阶段。

1. 以经济业务为基础的审计工作方法

以经济业务为基础的审计工作方法，是指以全部经济业务或会计事项、账目为基础，从直接依据会计资料进行审计入手收集有关证据，并主要依据此类证据形成审计意见和结论的一种审计工作方法。这种方法被使用于审计初期。应用此法时，一般又结合使用顺向审计法、详细审计法。随着被审计单位账目的日益繁多，凭证数量的日趋庞大，审计成本也愈来愈高。

由于经济的发展，被审计单位的规模日益扩大，经济业务数量急剧增多，经营管理日趋完善，特别是内部控制系统和会计制度的逐步建立和健全，出现了以审计评价内部控制系统为基础的审计工作方法。

2. 以内部控制制度为基础的审计工作方法

以内部控制制度为基础的审计工作方法，是指首先对被审计单位内部控制系统进行调查，并在评价内部控制系统的基础上决定审计的范围和重点，进而进行实质性审计的一种审计方法，其可以节省审计的时间和费用，提高审计工作效率。

随着经济的发展，风险和机遇并存。经过审计的企业，在激烈的竞争中仍不免会破产倒闭，而社会对于审计质量的要求越来越高。这样，行之有效的以内部控制为基础的审计工作方法就遇到了挑战，从而就产生了以风险为基础的审计工作方法。

3. 以风险为基础的审计工作方法

以风险为基础的审计工作方法，是指审计人员在审计风险分析的基础上，统筹使用各种审计方法，综合各种证据，以形成合理审计意见的一种审计工作方法。以风险为基础的审计工作方法并不是对以内部控制制度为基础的审计工作方法的否定，而是对以内部控制制度为基础的审计工作方法以及分析性审计、抽样技术的深化、发展和更高层次的统一。以风险为基础的审计工作方法的优点在于：①以风险为基础的审计工作方法以审计风险的确定为出发点，促使审计人员更加重视社会需要的研究，使有限的资源发挥更充分的社会效益。②以风险为基础的审计工作方法在保证审计质量要求的前提下，统筹符合性测试、实质性审计、分析性审计和具体业务细节审计方法的运用，尽可能地灵活运用各种审计手段，以提高审计工作效率。③以风险为基础的审计工作方法以统一的模式，依据事物的内在逻辑关系，统筹决策中的主要因素，其考虑的因素较以内部控制制度为基础的审计工作方法更为全面，这就进一步提高了审计工作科学化、规范化水平。

4. 以计算机为工具的审计工作方法的发展

20世纪60年代以后，电子计算机的应用有了极为迅速的发展，计算机已经进入现代社会生活的各个角落，“计算机时代”的出现给审计工作带来了具有时代意义的巨大影响，电子数据处理程序的变化，改变了审计工作方法，扩大了审计范围。审计线索的变化，使审计内容更为复杂，也增加了审计的难度，系统组织结构的变化，使得电子处理系统审计相对集中于某一部门；内部控制管理方式的变化，使得电子数据处理系统内部控制制度更为重要。计算机审计的方法主要有绕过计算机的方法、通过计算机的方法和利用计算机的方法等。

任务一　企业财务审计的顺序审查方法

企业财务审计方法一般可分为三个层次:第一层次是确定审计顺序的方法,即顺序审查方法;第二层次是确定审查范围、规模的方法,即范围审查方法;第三层次是审查的具体方法,即审计必须采用的审阅法、复核法、核对法、函证法、盘点法、观察法、调节法和分析法等实质性审查方法。

在进行企业财务审计时,我们首先必须考虑从哪里查起,按什么顺序去审计,这就是顺序审计方法所要解决的问题。所谓顺序方法是指,按照什么样的顺序依次进行审计的方法,主要包括顺向审计法、逆向审计法和制度审计法等。

一、顺向审计法

顺向审计法是指根据会计记账程序的相同方向,按照会计凭证到会计账簿、会计报表这样一种顺序审计的方法。首先,审查经济业务的发生原因和事实经过,判断真伪及其方法的合理性;其次,核对记账凭证是否一致,审查其中科目运用、借贷方向和数量金额是否正确,然后依次进行账证、账账、账实、账表的核对,以验证会计报表编制的真实性、可靠性;最后,分析报表。顺向审计法具体步骤为:

(1) 审阅和分析原始凭证。这是顺向审计法的关键步骤,该步骤的准确程度,将对审计结论产生至关重要的影响,因此应特别注意。

(2) 根据原始凭证审阅和审核日记账、明细账。如果有必要,还应将原始凭证与记账凭证进行核对,查明证证是否相符。

(3) 根据记账凭证审阅和核对日记账、明细账。如果有必要,还应将记账凭证与汇总记账凭证进行核对,查明账证是否相符。

(4) 将总账与明细账、日记账余额进行核对,以验证账账是否相符。

(5) 根据有关总账和明细账,审阅和核对会计报表。此步核对,旨在查明账表是否相符,报表与报表是否相符,报表有关项目是否正常。

(6) 审阅和分析报表,抽查盘点实物和核对债权债务,以验证债项是否确实存在,财物是否完整。

顺向审计法的最大特点是审计顺序与会计记账程序一致,其还具有以下特点:①起步于原始凭证的审查,从小处着手,由点到面;②着重于账表单证之间的机械核对;③审计的重点在于原始凭证的审计,用以确定经济业务的真实性、合法性;注重记账凭证的审计,用以确定数字计算的正确性和科目运用的适当性。

顺向审计法的优点在于审计初期,从检验原始凭证入手,然后逐一顺序核对,方法简单,易于查对,账目上的细微错弊,均能揭露无遗,故其审计结果比较准确。其缺点包括:①这种审计方法不从大处着眼,只看小处,机械繁琐,费时费力,易于使人感到枯燥乏味,思路闭塞,掌握不住主攻方向,容易忽视重点。②原始凭证一般是粘附于记账凭证之后，而记账凭证又大都是按照时间顺序，依次编号装订保管，因此在顺向审计时对于凭证就无法按照业务类别，而只能按其时间顺序编号逐一审计。这样，就会因遇到不同业务，而需要随时查找不同科目的明细账。其必然导致：审计人员不便系统研究各类业务，分散审计的注意力；不便了解个别会计事项与其项目整体之间的联系；不便按业务进行审计分工；不便按同类业务实行抽样审计的结果。

由于顺向审计法应用中存在缺点，所以只能适用于一些业务规模不大或凭证较少的单位。如果大中型企业的会计凭证能按业务科目分类装订，或者虽不分类装订，但设有各种特别日记账目，也可采用顺向审计法。我国有不少单位采用分割式的记账凭证，将收款、付款、转账等三种凭证分开，单独编号，分别装订，因此对于现金、银行存款的收付业务，如果有必要，则有可能运用顺向审计法，并能针对收付凭证直接实施抽样审计，而其余大量业务则无这种可能性。可见，顺向审计法的应用范围是比较有限的。一般来说，富有审计经验的审计人员都善于运用逆向审计法。

二、逆向审计法

所谓逆向审计法，是指按照会计记账程序的相反方向，由会计报表、会计账簿到会计凭证这样一种顺序进行审计的方法。即先通过会计报表分析，揭示财务经济活动中的薄弱环节和反常现象，发现线索，掌握重点，再据以溯源查对总分类账户及其明细分类账户，然后核对记账凭证，最后审计原始凭证，以了解其发生原因和经过。具体步骤为：

(1) 查阅和分析会计报表。此步是逆向审计法的关键步骤。报表审阅与分析的正确与否，直接关系到审计工作的质量，甚至关系到审计工作成败，因此应特别注意该步骤工作。

(2) 根据会计报表核对总账和相关明细账及日记账。

(3) 核对总账及其所属明细账。若有必要，应将总账同汇总记账凭证进行核对。

(4) 审阅、分析有关明细账、日记账，并抽查核对有关记账凭证及所附原始凭证。

(5) 审阅、分析原始凭证。

(6) 根据报表的审阅，分析相关记录，对存有疑问的财物进行盘点，核对债务，以验证债项是否确实存在，财物是否完整。

逆向审计法的最大特点是查账顺序与会计记账程序相反，其还具有以下特点：①起步于会计报表分析，从大处着手，由表及里，由面到点。②着重于“面”的观察分析，根据分析结果，再据以确定审计的重点对象。③重点凸显容易出问题的账项。例如，数额较大的收支；增收节支潜力较大的开支；内部控制制度不够健全的收支；对成本、盈亏影响较大的收支；容易发生错误、舞弊和违法违纪行为的收支；增减变化异常的项目；内容不符的可疑账项等。

根据我国会计核算形式和凭证装订保管办法，逆向审计法是一种比较合理的审计工作方法。从审计实践来看，逆向审计法远比顺向审计法要好，这是因为：①逆向审计法能够先从整体上了解企业生产经营活动或某类业务的基本状况，有利于发现问题、掌握线索，明确主攻方向，较快地弄清问题症结所在，提高审计效率。②逆向审计法能够按照同类业务，实行抽样审计。在通常情况下，它能密切结合判断抽样法，选择重点项目或账项详加审核。对其他无关紧要的部分，则可少量抽查或不查，因而既能节约人力、时间，又能提高审计效率。

逆向审计法因着重于分析审计，能够根据已经掌握的线索，进行重点审计，揭露会计账目上的种种错误弊端和违法违纪行为。但其缺点在于如果缺乏审计经验，就不易收到全面效果。但应指出，逆向审计法并不是不查全部凭证，只是在必要的情况下才实行详细审计。只要判断正确，掌握得好，这种缺点是可以避免的。

由于逆向审计法具有以上优点，所以在审计中被广泛应用。对我国的大中型企业和行政事业单位，都必须而且也只能采用逆向审计法。但要注意，在实际应用中，逆向审计法仍然要结合顺向审计法、详细审计法、抽样审计法进行。

三、制度审计法

所谓制度审计法，是指审计人员通过对内部控制制度的调查、测试与评价，来确定进一步审计的范围、重点以及程序，进而进行实质性审计的一种方法。它与其他审计方法不同，一开始不是直接面向有关数据资料，而是面向赖以产生会计数据的有关制度，因此也称为制度基础审计法。采用制度审计法的根本目的不在于审计制度本身，而是要通过对被审计单位有关制度的研究和评价，确定进一步审计的范围、重点及程序。

制度审计法的优点是，便于抓住重点，并能减少工作量，从而提高工作效率。但由于该方法是建立在制度测试的基础之上，使得审计结论的可信性受测试质量的影响。由于在制度测试中采用抽查的办法，疏漏之处也就在所难免，因而建立在此基础上的审计所获的结论，也并非十分准确。一般来说，具有良好的内部控制制度的单位均可采用此法。

制度审计方法的工作步骤为：首先，对内部控制制度进行调查了解，并通过文字说明法、调查表法和流程图法将其描述出来；其次，对内部控制制度进行符合性测试；再次，对内部控制制度的健全性、有效性进行总体评估，并确定进一步审计的程序、重点和范围，实施实质性审计。具体地说，应做好以下几项工作。

（一）调查内部控制制度的健全性

1．调查和描述内部控制制度

调查和描述内部控制制度，是对内部控制制度进行审计和评价的前提。调查的目的是为了对被审计单位现行的内部控制制度有一个明确的了解，以便正确地研究和评价它的功能与效力。调查方法一般主要包括查阅有关的规章制度、方针政策等文件，查看组织机构系统图，与有关人员座谈、询问以及实地观察等。需要调查了解的内容主要有：

(1) 调查控制环境，一个单位的有效控制，在很大程度上需依赖于它的控制环境。因此，审计人员在对内部控制制度进行评审时，需要首先了解被审计单位的控制环境如何。它包括各级管理人员的控制意识、各级管理组织的设置、各级人员的素质、预算或财务计划、各种管理措施等。

(2) 调查控制制度，主要包括查阅组织系统图，各种会计处理规程和业务流程图，了解各类业务从发生到完成的整体业务处理过程，包括批准执行、记录等手续的执行情况等。调查工作是以书面形式、详尽而正确地将内部控制制度的实际描绘出来。其常用的方法有文字说明法、调查表法和流程图法。

2. 对内部控制制度进行初步评价

审计人员在完成了内部控制制度的调查以后，就要对其可依赖程度作出初步评价，确定内部控制制度能否作为实质性审计时实行抽查的基础。它主要包括对内部控制制度的健全性评价和合理性评价。

(1) 对于健全性评价，一是要分析在内部控制制度关键点上是否都建立了强有力的内部控制，即内部控制的强点；二是要分析内部控制制度中是否存在薄弱环节，即内部控制的弱点。

(2) 对于合理性评价，主要是分析内部控制制度的布局是否合理，有无多余的不必要的控制；有无把一般控制点误作为关键控制部位；控制职能是否划分清楚；人员间的分工和牵制是否恰当，既不分工过细，又能起到牵制作用。而且，要考虑内部控制的成本和效益情况。

(二) 测试内部控制制度的符合性

符合性测试是对内部控制制度的实施情况和有效程度进行的测试，也称为遵循性测试，它是基于正确评价内部控制制度可靠性的需要而产生的。

内部控制制度的制订是一回事，而执行又是另一回事。设置了内部控制制度，并不意味着它在运用中能达到预期的目的。如果工作人员有章不循，或遵守不严，或素质太低，都会影响控制效果。因此，符合性测试的根本目的就在于：查明被审计单位的各项控制措施是否都真实地存在于生产经营、财务等各项管理活动中；各类工作人员是否确确实实、始终如一地遵守了制度规定的全部要求；是否真正发挥了作用；其遵循程度如何，有无失控和不完善之处。

符合性测试一般可以采取两种方式：一种是业务测试，或称纵向测试。即选择若干具体典型业务，沿着它所规定的处理程序进行审计，考察有关的控制点是否符合规定并得到认真执行，借以判断各项控制措施的遵循情况。另一种是功能测试，或称横向测试。即针对某项控制的某个控制环节，选择若干时期的同类业务进行审计，查明该控制环节的处理程序，在被审计期内是否按规定发挥了作用。以材料采购为例，可以选择不同时期发生的几项材料采购业务，审计其是否办理过“请购”、“审批”、“合同”、“验收”、“付款”、“记账”等项手续，在各个业务程序中是否认真执行。

（三）评价内部控制制度的有效性

对内部控制制度的有效性评价，是在初评的基础上，根据符合性测试的结果作出的进一步评价。其目的在于评价内部控制制度的可信赖程度，确定其对于实质性审计的可靠性。

内部控制制度的可信赖程度一般分为高、一般、低三个层次。可信赖程度高的标志是内部控制制度健全、合理，且在测试审计有关业务活动时，未发现任何差错或仅发现极少的差错。可信赖程度低的标志是虽然设计了良好的内部控制制度，但在测试审计有关业务活动时，差错发生率很高。

由于符合性测试只能查证内部控制制度的功能和可靠性，却不能直接查证由某项内部控制程序所产生的数据的真实性和正确性，因此在确定了内部控制制度可靠性程度后，就应据以确定实质性审计的范围、重点及采用的方法，以取得判断审计事项所需的充分有力的证据，以便最终作出审计结论。

任务二　企业财务审计的范围审查方法

在确定了审计顺序后，接下来的问题就是要考虑审计哪些内容，在多大范围内进行审计，这就是范围审计法所要解决的问题。所谓范围审计法，是指采用什么样的手续在多大范围内进行审计的方法，主要包括详细审计法和抽样审计法两种。

一、详细审计法

详细审计法是指对被审计单位在被查期限内所有凭证、账簿、报表无一遗漏地进行全面详细审计的方法。详细审计法在具体做法上，通常采取逐笔审计核对的方法，与顺向审计法有很多类似之处。详细审计法的特点在于审计会计资料的规模上，其要求对整个企业或某个业务期内会计记录和凭证的全部进行逐一验证，即审计全部会计资料。

详细审计法可以发现会计账目中的一切差错，是早期使用的审计方法。这种方法对于会计账目中所存在的一切差错，特别是营私舞弊、违法违纪行为，只要以认真负责的工作态度，不厌其烦地细心核对审阅，是能够最大限度地保证审计质量。但也正因为要审计全部账表单证，所以工作量较大，几乎相当于重复一次全面的会计核算工作，费时费力，成本太高，且不易抓住重点。

正因为详细审计法存在上述缺点，所以对那些规模较大、经济业务繁杂的大中型企业，一般不宜采用。此法只适用于经济业务比较简单的小型企业和一般行政事业单位。然而，对于某些内部控制制度和会计工作比较混乱的大中型企业，或已发生重大贪污盗窃或严重违反财经法纪的单位，应当使用详细审计法。

二、抽样审计法

抽样审计法是指从被审计的对象中抽出一部分进行审计，借以推断总体有无错误和弊端的一种方法。采用抽样审计法，如果经过抽样审计没有发现问题，则对其余部分也不再进行审计。反之，在抽样审计中发现了问题，则需根据具体情况，适当扩大抽样规模，以便把全部问题彻底查清。

根据使用抽样审计法确定样本所依据的原理不同，抽样审计法可以分为任意抽查法、判断抽查法和统计抽查法。

（一）任意抽查法

任意抽查法应用于抽查法的早期。审计人员从审计的总体中随意抽取样本，既无规律可循，又无合理的根据，因而抽查结果使审计人员承担较大的风险。可以说，任意抽查法仅仅是为了减少审计工作量以适应经济发展的要求而采用的权宜之计。

（二）判断抽查法

判断抽查法是在总结自身经验的基础上形成的。审计人员在抽取样本时，并非随意，而是根据长期积累的实践经验，结合审计的具体要求以及进入被审计单位所观察了解到的情况，通过主要判断，从特定的审查总体中有选择、有重点地抽查部分项目进行审计，并据此来推断总体情况的一种抽查方法。判断抽查法同任意抽查法相比，前进了一大步。但由于在这种方法下，样本项目的选取依赖于审计人员的经验和分析判断能力，因此审计结论的可信性存在较大的问题。

判断抽查法的抽样技术，是根据审计人员经验判断进行重点选样。因此，确定抽查重点是决定抽查成败的关键。抽查重点的确定，取决于审计人员的判断力，而正确的判断则来自对具体情况的深入调查和分析研究。确定抽查重点的依据包括：①依据内部控制制度和会计工作的情况进行判断，找出薄弱环节作为抽查重点。②依据会计人员的品德和能力状况进行判断，应把那些有贪污舞弊嫌疑、工作粗枝大叶的会计人员所经办的账目作为抽查重点。③依据账户或账项的性质进行判断，选择那些比较重要的和容易产生错弊的部分账户或账项作为抽查重点。④依据账项的金额进行判断，选择那些金额较大的会计事项作为抽查重点。⑤依据报表分析和账户分析发现的可疑事项或异常现象进行重点抽查。⑥依据揭发材料或专案调查提供的线索，对有舞弊嫌疑的人和事进行重点抽查。⑦依据季节情况判断，选定业务活动或会计工作比较繁忙、容易出现错弊的时期作为抽查重点。

判断抽查法的抽查规模通常由审计人员根据经验加以判断确定，必须遵循两条原则，第一条原则是重点部分应进行全部审核和大量抽查；第二条原则是非重点部分可采用任意选样或随机选择的方法略加抽查或不予抽查。

在实际审计工作中，判断抽查法通常同逆向审计法结合应用。

（三）统计抽查法

统计抽查法是在概率论与数理统计产生以后，审计人员应用统计的原理进行抽样。运用此法，不仅可以根据样本的审查结果对总体特征进行推断，同时还可以知道所作结论的正确程度，以及审计结论的误差范围。统计抽查法排除了审计人员的主观判断，比较客观。但统计抽查法使用比较复杂、机械，需要一定的适用条件。

抽样审计法摆脱了详细审计法不分巨细、一律审核的大量繁重工作，在人力、物力和时间上得到很大的节省，具有高效率、低费用的优点，可以收到事半功倍的效果。但如果样本选择不当或缺乏代表性，抽查结果往往不能表明全部情况，甚至会以偏概全，作出错误结论。尤其对于那些发生频率不高的舞弊行为，抽样审计具有很大的局限性。一般认为，抽样审计法适用于规模大、业务多、内部控制制度和会计基础工作比较好，而且组织机构比较健全的单位。而对于已发生贪污盗窃等犯罪案件的单位，则不宜采用抽样审计法。

任务三　企业财务审计的实质性审查方法

实质性审查方法是对会计资料及其有关经济资料所反映的财务收支及其有关经济活动经过审计，收集充分有效的证据的各种方式、手段，主要包括审阅法、复核法、核对法、函证法、盘点法、观察法、调节法和分析法等。

一、审阅法

审阅法是审计人员针对审计目标和所需证据，以有关法律、法规为依据，通过对有关书面资料的仔细观察和阅读，用来查明有关资料及其所反映的经济活动是否真实、合法、合理及有效的一种技术方法。审阅法是最基本、最重要的技术方法。

（一）审阅原始凭证

观察原始凭证及其反映的经济活动是否符合政策、法规、经营管理制度等。例如，审阅主要原始单据，看其抬头是否是被审计单位，时间是否在被审计期间内，业务内容是否正常，业务处理过程中各经办单位或部门及有关人员的签字盖章是否齐全，所附单据是否齐备等。

（二）审阅记账凭证

将审阅过的原始凭证同记账凭证上的会计科目、明细科目、金额对照观察，看其是否如实反映，有无错误掩饰。记账凭证上制单、复核、记账、出纳、会计主管等签字盖章是否齐全。如有不全，说明处理手续并不齐备，控制并不严格，应予查询并通知补充。在实际的审计工作中，审阅法常常用于审查会计凭证。审阅会计凭证从以下两个方面相互结合进行。

第一个方面是形式技术的审计，主要是审阅会计凭证的编制是否符合规定要求，用以查明会计凭证是否合规合法、有无伪造、弄虚作假现象。主要包括以下内容：①会计凭证所必备的要素是否完备；②会计凭证所填写的文字、数字是否清晰完整，更正方法是否符合规定，有无涂改、拼接和挖补现象；③会计凭证所办理的审批手续是否符合规定程序,有关人员是否全部正式签章,是否盖有财务印章或收讫付讫戳记;④会计凭证的使用、保管是否符合规定;⑤自制凭证和记账凭证是否连续编号等。

第二个方面是实质内容的审计,主要是对会计凭证所反映的经济业务内容进行实质性审计。对业务内容的审计,归纳起来主要包括以下内容:①经济业务的摘要是否真实、清楚、明确;②经济业务是否按规定办理手续,并有合法的原始依据;③经济业务是否遵守有关法令制度;④经济业务是否符合双增双节的原则;⑤会计科目的应用是否符合制度规定;⑥会计分录是否正确,与其所反映的业务是否一致;⑦有无错用总账账户或明细账户和记错记账方向;⑧有无利用会计分录进行舞弊等行为。

(三)审阅会计账簿

观察日记账、分类账、备查簿,必要时还要查对记账凭证及其所附原始凭证,以查明账簿中所反映的经济业务是否正常。

(四)审阅会计报表

可用审阅技术对报表中或报表间有关项目进行观察,看其是否正常。

(五)审阅预测、计划、方案、合同及其书面资料

审阅资料来源是否可靠、数据计算是否正确,业务内容是否符合法规政策,是否符合经营管理原则。

二、复核法

复核法又称复算法,是对书面资料的数额,在核对其来源正确的基础上,采用一定的方法对其进行重新计算,以确定书面资料数额的计算是否正确的一种技术方法。复核法一般以审阅法的应用为前提,其复核的内容主要包括以下几种。

(一)复核会计凭证

(1)复核原始凭证上的数量、单价与金额的计算有无错误,涉及多个子项的原始凭证,注意复核其合计是否正确,对于自制的付款凭证如工资结算凭证,更应注意,以防有诈。

(2)复核记账凭证后所附原始凭证的金额合计是否正确。

(3)复核记账凭证汇总表或科目汇总表是否正确。

(4)复核转账凭证上金额计算是否正确。

(5)复核成本计算中有关费用的归集与分配,以及单位成本的计算有无错误。

(二)复核会计账簿

(1)复核明细账、日记账、总账的本期借贷方发生额之和的计算是否正确。

(2)复核各账户金额的计算有无错误,尤其应注意现金日记账和有关实物明细账的复核,以防利用记账技巧进行舞弊。

(3)复核有关明细账余额之和的计算有无错误。

(三)复核会计报表

(1)复核资料表中的小计数、合计数及总计数的计算是否正确。

（2）复核利润表中利润总额、应税所得额及利润分配等有关数据的计算有无错误。

（3）复核成本表中有关栏的合计数有无错误。

（4）复核其他明细表有关栏和行的合计，以及最后的总计计算有无错误。

（5）复核各报表补充资料中有关指标的计算是否正确。

三、核对法

核对法是用来审查书面资料之间是否相符的一种技术方法。其目的在于查明证证、账证、账账、账表、表表之间是否相符，以便从中发现错账、漏账、重账错误和揭露弄虚作假、营私舞弊等行为，以取得有无错弊的书面证据，从而证实会计报表所反映的财务状况和财务成果是否正确可靠。核对法是技术方法中较为重要的一种方法，但核对法作为一种技术方法，用来证实有关资料间是否相符是有限度的。一般来说，核对技术仅能查明审计对象技术上的正确性，并不能证实被审计事项在内容上是否真实、合法、有效。采用核对技术，可在核对的双方金额后面，由核对人员用铅笔注上已经核对的符号。核对通常包括以下内容。

（一）原始凭证与记账凭证、记账凭证与汇总记账凭证间的核对

核对内容是日期、内容、数量和金额等项目。

（二）记账凭证、原始凭证与所记账簿的核对

核对内容主要是凭证的日期、会计科目、明细科目、金额同记入有关账簿的相应记录是否相符，以及各种账簿转次页、承前页的金额是否相符。

（三）明细分类账与总分类账核对

核对内容是期初余额、本期发生额和期末余额。

（四）明细分类账、总分类账与所编报表的核对

核对内容是账簿的记账时间、会计科目、入账金额同有关报表是否相符。

（五）明细表与有关报表核对

核对内容主要是明细表的时间、总额与有关报表的项目、时间、金额是否相符。

（六）报表间有关项目的核对

核对内容主要是不同报表上相同项目的名称及金额是否相符。例如，利润分配表中的利润总额，应同利润表中的利润总额相符；利润分配表中的未分配利润，应同资产负债表中所有者权益中的未分配利润相符。

（七）有关书面资料与实物的核对

核对内容主要是书面资料账表所反映的有关数据与实物的实存数是否相符。

四、函证法

函证法是通过向被审计单位相关的单位发函询证有关事项，以取得审计证据的一种技术方法。函证法多用于往来款项的查证。函证一般可分为积极函证和消极函

证两种方式，积极函证要求收函单位对函证事项无论与事实是否相符都必须给以复函。这种方法在手续上比较麻烦，但能取得证据，对于数额较大的往来款项多采用这种方式。消极函证只是在收函单位发现函证事项与事实不符时才给以复函，如果确认相符则不复函。这种方式的可靠性不及前一种方法。

一般地说，积极函证的方式适用于：①被审业务事项较为重要。这里所说的重要，可以从两个方面来衡量：一方面可以从该业务事项的金额大小来衡量；另一方面，可以从该业务事项涉及的问题性质来衡量。②被审业务事项极为有限。③被审业务事项延续的时间极长。④对被审业务事项还存在较多疑点。在采用消极函证的方式下，发函方经过一段时间未收到答复，则认为所询问事项与事实是相符的。

五、盘点法

盘点法又称盘存法，是清查现金、有价证券、存货、固定资产、低值易耗品和其他物资实际状况，用来搜集实物证据以验证账实是否相符的一种技术方法。盘点法一般可分为直接盘点和监督盘点两种方式。

（一）直接盘点

直接盘点是由审计人员亲自到场盘点实物，证实书面资料同有关财产物资是否相符。如果相符，可以认定书面资料如实反映。盘点以前，应先审计有关账目的记录是否正确，然后才可进行盘点。盘点时应有被审计单位经管人员在场，做好盘点记录，并由被审计单位经管人员及审计人员签章。一般对于数量较小的贵重财产物资可用直接盘点这种方式。

（二）监督盘点

监督盘点又称观察盘点，是由审计人员参加被审计单位的财产盘点，但并不亲自动手，而是在一旁监督。监督盘点一般适用于盘点量较大的财产物资，例如，对原材料、在产品、产成品、固定资产的盘点。盘点时，最好有专门技术人员参加，以便同时查实财产物资的质量和计价。

六、观察法

观察法是指审计人员通过实地观看、视察来取得证据的一种技术方法。例如，审计人员进入被审计单位以后，对被审计单位所处的外部环境和内部环境进行观察，借此取得环境证据；审计人员对被审计单位人员行为过程进行观察，借以发现问题和证实问题，并取得行为证据；审计人员对被审计单位的财产物资进行观察，了解其存放、保管和使用状况，借以确定盘点重点，证实账簿记录，充实证据资料。观察法除应用于对被审计单位经营环境的了解以外，还可应用于内部控制制度的遵循测试和财产物资管理的调查。例如，有关业务的处理是否遵守了既定的程序，是否办理了应办的手续，财产物资的管理是否能保证其安全完整，是否有外存的厂房、物资等，外借的场地、设备是否确实需要等，都可通过观察法加以调查了解。一般来说，观察法结合盘点法、询问法使用会取得更佳的效果。

七、调节法

调节法是指在审计某一项目时，为验证数据是否正确，而对其中某些因素进行必要的增减调节的一种方法。

根据所要证实的情况，调节分为两种：一种是由于有些经济业务虽已发生，但尚未到达被审计单位或有关单位，因而被审计单位账面资料同有关单位寄来的相关资料不符。这时，则需编制调节表，使这些未达账项记入账内，并审计是否确属被审计单位占有。如果被审计单位已经编制该表，审计人员应加以核实；如果被审计单位尚未编制该表，则可由审计人员利用调节技术予以编制，例如银行存款余额调节表。另一种调节技术是在盘点财产物资时，由于盘点往往迟于结账日，因而必须将盘点日数据调节为结账日数据，以核实结账日数据是否正确。其计算公式为：

结账日存量 = 盘点日存量 + 结账日至盘点日发出量 − 结账日至盘点日收入量

以上算式，即从盘点日存量追溯结账日存量。但应用这个调节算式前，必须将结账日至盘点日期间的收发业务，先加以审阅和核对。调节后结账日存量如果与当时账面存量相符，说明账面数据正确；如果不符，应再采用审阅、核对等技术方法进行核实。

八、分析法

分析法是利用各种分析技巧对被审计项目有关内容进行对比、分解、综合和评价，从中找出各项目间差异及构成要素，为进一步审计提供线索的一种技术方法。常用的分析法主要有比较分析法、比率分析法、趋势分析法和结构分析法。

（一）比较分析法

比较分析法是指通过两个数据比较，以获取证据的一种方法。审计人员对会计报表中数据的比较分析，往往是先建立一个标准，然后将标准数据与报表数据进行比较分析。一般以上期报表数据、有关计划、定额数据作为比较标准；也有的以预算指标、同行业实际指标作为比较标准；还有的以审计人员取得的数据或计算结果作为比较标准等。

（二）比率分析法

比率分析法是通过对会计报表中的某一项目与其相关的另一组项目相比所得的值进行分析，以获得证据的一种技术方法。比率分析法是一种相对数分析法。审计人员利用比率分析法进行分析时，既可以就某一种比率进行分析，也可以利用两个不同比率对比进行分析。例如，仅仅对被审计单位的资产负债率这一指标进行分析；利用社会平均资金利润率与被审计单位资金利润率相比，以取得有关证据等。

（三）趋势分析法

趋势分析法是通过连续若干期会计报表某一项目变动金额及其百分比计算，分析该项目的增减变动方向和幅度，以获取有关证据的一种技术方法。它主要是根据会计报表某一指标在连续的几个时期数据的变化，来发现其变化规律的，通过揭示会计报表的变化规律为审计人员分析其变化原因提供依据。

（四）结构分析法

结构分析法是通过对某一数据中所包含的不同组成部分各自所占的比例进行分析，以取得证据的一种方法。例如，会计报表中资产项目的结构中包括固定资产、流动资产、无形资产等；负债项目的结构中包括非流动负债和流动负债等。结构分析法有助于取得反映资产、负债等项目数据结构是否合理的证据。

工作能力测试

1. 科学规范的企业财务审计程序有什么作用?
2. 国家审计机关进行财务审计的具体程序有哪些?
3. 社会审计组织进行财务审计的具体程序有哪些?
4. 内部审计机构进行财务审计的具体程序有哪些?
5. 财务审计的实质性审计方法有哪些?

第二部分

企业财务项目审计

项目一

货币资金业务审计

任务导入

货币资金是指企业的库存现金、银行存款和其他货币资金。任何企业进行生产经营活动都必须拥有一定数量的货币资金，货币资金具有一般等价物、流动性强、收支频繁的特点。货币资金业务是指涉及货币资金收支的经济业务，是企业资产中最容易被侵犯的高风险业务。

货币资金业务审计涉及的资产负债表项目主要是货币资金，包括库存现金、银行存款和其他货币资金等账户，一般不涉及利润表项目。

货币资金业务审计是企业财务审计的重要组成部分，审计人员通过调查熟悉货币资金业务，分析审计固有风险；通过了解货币资金业务内部控制，测评内部控制风险；通过拟定审计方案，审查货币资金业务各项目，控制审计风险。

模块一　调查熟悉货币资金业务

在企业生产经营活动中，很多经济事项都会涉及货币资金收付。例如，原材料的采购、职工薪酬的发放、税金的解缴以及股利的发放等。

任务一　货币资金业务综述

货币资金业务主要包括处理单据、受理结算凭证、办理结算、收付款项和账务处理、银行存款余额调节表等。

一、处理单据

与货币资金业务相关的单据的处理涉及企业各个职能部门。例如，销售部门签订销售合同，零星收入由收款部门开具收款通知单，收发室受理汇款单，仓库部门填写请购单，零星支出部门填写差旅费报销单、备用金报销单等，劳动工资部门编制工资结算汇总表。这些单据处理后，交财会部门。

二、受理结算凭证

从企业外部转来的结算凭证要先经过销售部门或采购部门等受理后再送交财会部门。销售部门受理由付款单位或开户银行转来的票据和收款结算凭证，采购部门受理由收款单位或开户银行转来的付款结算凭证。

三、办理结算

出纳员根据销售合同、销售发票、提货单和运单等，编制代垫费用清算单，据以到银行办理收款转账或提取现金；根据采购合同、请购单、验收单、入库单等办理现金支票、转账支票结算，或在开户银行申请办理汇兑、银行汇票、银行本票、外埠存款；根据受理的付款结算凭证，到开户银行办理付款、拒付、多余款转账。

四、收款与付款

出纳员根据销售发票和收款通知单，办理收款业务；根据请购单、差旅费报销单、备用金报销单、付款凭单和工资结算汇总表及所附原始凭证，办理付款业务。每日终了，根据所收款项编制送款单，连同所收现金送存银行。

五、账务处理

收到现金或银行存款时，财会人员根据原始凭证编制收款凭证，登记库存现金或银行存款账；支付现金或银行存款时，根据原始凭证编制付款账，登记库存现金账或银行存款账；涉及其他货币资金收付时，根据相关原始凭证进行账务处理。

六、银行存款余额调节

货币资金业务中的另一重要业务就是银行存款余额调节，开户银行对于存款户，都照例在每月初将上月的存款和支款情况，抄写一份“银行存款对账单”，连同注销的支票以及一些费用通知单交存款户核对，企业需要对银行存款余额进行调节。

任务二　货币资金业务中的主要文件

一、原始凭证

货币资金业务中的原始凭证指货币资金支出授权和货币资金收支审核的记录，主要包括销售合同、收款单据、收款结算凭证和票据、采购合同、支出和报销单据、付款结算凭证和票据、交款单、库存现金日报表、银行对账单、银行存款余额调节表、现金盘点表等。

二、现金日记账

现金日记账是登记库存现金收支和结余情况的账簿，也是货币资金业务中的主要账簿。现金日记账通常由出纳人员根据审核后的原始凭证进行逐日逐笔登记。

三、银行存款日记账

通常由出纳员根据审核后的原始凭证，办理银行存款收付业务，并按照经济业务发生的顺序逐笔登记。

四、现金总账与银行存款总账

用于汇总登记库存现金和银行存款收入、支出、结余金额的账簿。

五、其他有关账户

由于货币资金业务涉及面广，因而在实施审计时除涉及以上主要文件之外，还要涉及其他一些与审计有关的重要账目。例如，外币业务中的“汇兑损益”明细账、其他货币资金中的“外埠存款”以及“银行本票”明细账。

任务三　货币资金业务中的内部控制

在货币资金业务中实施控制的措施，关键点包括职责分工控制、信息传递控制、实物控制。

一、职责分工控制

对货币资金业务应实行业务分管、相互制约，任何部门或个人不得自始至终包办货币资金业务事项，应对不相容职务分离，达到相互制约的目的。

(1) 采购、销售、劳动工资、其他零星收支与财会部门相互独立，防止作弊。

(2) 收入单据的开具与审核相互独立，防止贪污或挪用。

(3) 支出和报销单据的编制、审批、审核相互独立，防止虚列支出。

(4) 收付款结算办理与审核相互独立，防止差错和舞弊。

(5) 支票的签发与用印相互独立，防止虚列支出、贪污或挪用。

(6) 出纳与会计相互独立分管货币资金收支和记录，防止收入不入账、虚列支出、贪污或挪用。

(7) 记账凭证的编制与审核相互独立，防止连贯性差错。

(8) 现金日记账、银行存款日记账的登记与总账相互独立，防止连贯性差错。

(9) 由出纳员以外人员编制银行存款余额调节表和对现金进行稽核，防止连贯性差错。

(10) 支票与印章应由不同的人保管，防止管理失控。

二、信息传递控制

信息传递控制要求建立必要的审批授权程序、文件和记录控制、监督控制。

(一) 授权程序控制

授权程序控制要求对货币资金的各项业务均应由主管领导授权或审查批准后才

可办理，建立报销审批、审核制度。送交财会部门之前，采购合同、付款结算凭证、收款结算凭证、支出单据、支票使用等，须经主管部门领导审批，防止差错、挪用资金、贪污等。

（二）文件和记录控制

文件和记录控制要求全部收支及时、正确入账。出纳员与会计人员根据审核后的原始凭证填制连续编号的收款、付款记账凭证，及时办理收款、付款业务，并在原始凭证上加盖“收讫”或“付讫”戳记，签字盖章以示收付。同时，出纳员应及时按顺序登记现金日记账与银行存款日记账，做到日清月结。实行计算机总额控制和设计测试，对货币资金实行预算管理，尽可能详细、周密地计划预期的收入和所需的支出，达到有效运用资金的目的，使货币资金产生最大经济效益。

（三）监督控制

建立严格的审核制度。会计人员在办理各项货币资金收付款业务，以及进行会计核算的时候，都要审核经济业务内容的合法性、业务处理手续的合规性、原始凭证内容的完整性、真实性，审核后要签字盖章。通过对账保证总账与日记账、企业账簿记录与开户银行账簿记录的一致性。会计与出纳要定期核对日记账与总账，保证账账一致。同时，主管会计要定期核对银行存款日记账与银行对账单，编制银行存款余额调节表，调整未达账项，保证企业的银行存款账簿记录与开户银行账簿记录相符。定期开展内部审计，内部审计人员或稽核员应定期或不定期地通过监督盘点库存现金，保证账实相符；抽查收付款业务账项和凭证，检查有无错误和弊端。

三、实物控制

设置现金、支票、账簿保管设施，防止失窃。限制接近货币资金以进行实物控制，出纳员主管现金和银行单据的收付保管，要限制其他人的接近。在企业内部，现金的收取和支付要尽可能集中办理，收到的现金要及时解缴银行，防止坐支现金。

模块二　测评货币资金业务内部控制

账户交易量的大小对于审计人员来说很重要，但即使年末资金余额很小，现金和现金预算也非常重要。

任务一　调查了解货币资金内部控制

审计人员首先需要深入了解货币资金的内部控制。通过走访、询问、实地观察、阅读文件等方式了解被审计单位内部控制情况并加以描述，对中小企业内部控制可采用文字说明，对规模较大的企业可采用流程图或调查表形式描述，要关注企业是否建立货币资金内部控制制度并严格执行。

任务二　抽查收款凭证

审计人员选择一定数量收款凭证，核对收款凭证与账户记录日期和金额是否相符，核对收款凭证与银行对账单是否相符；核对收款凭证与应收账款等相关明细账的有关记录是否相符；核对收到金额与销售发票等相关凭证的一致性等。审计人员可抽取一部分现金送款单，结合现金日记账与银行存款日记账加以核证，核对金额与日期，以验证企业是否将当日所有现金收入如数、及时地送存银行，如果发现收入现金未能如数、及时送存银行的，应追查原因，分析有无挪用和盗窃现金的行为。同时，应检查收入支票、汇票登记簿，与现金送款单和银行存款日记账核对，验证当日收到支票、汇款单的款项是否及时解交银行。

任务三　抽验付款凭证

审计人员测试付款业务内部控制时，应抽查部分货币资金付款凭证，验证各项货币资金的付款业务是否经过适当的审批、授权与审核。

（1）检查有无审批授权人的签章。

（2）验证签章人是否符合授权的层次与范围。

（3）核对现金或银行存款日记账记录的付款金额是否正确。

（4）核对付款凭证与银行对账单的一致性。

（5）核对付款凭证与购货发票、应付账款明细账的一致性。

对重要的货币资金付款业务，审计人员有必要检查其控制功能和执行效果。例如，查验付款业务的合法性，检查会计处理的正确性，包括金额的计算、会计科目的适用等，以此验证货币资金审批授权控制与审核控制的效能发挥情况。

任务四　抽查一定期间现金、银行存款日记账并与总账核对

抽取一定期间的现金、银行存款日记账，检查现金日记账和银行存款日记账记录、加总的正确性，并与相应的总账核对，检查其每月金额一致性，对账账不一致的情况有无调整与说明。

任务五　抽查银行存款余额调节表与库存现金盘点表

有效的内部控制要求有定期对账与稽核制度。在内部控制测试时，审计人员应该

抽查企业是否定期编制银行存款余额调节表,至少抽查两个月的银行存款收支记录,逐笔核对银行对账单,验证企业银行存款余额调节表编制的正确性。银行存款余额调节表是否由独立人员及时编制、企业是否及时调节差异。同时,注意是否存在出租、出借银行账户的情况,以及存在与本单位无关的收付款业务。抽查库存现金盘点表,与相应月份的现金日记账核对,验证一致性,并核实溢缺现金的处理是否符合规定。

任务六 查阅制度

查阅制度包括实地观察、检查账簿凭证,检查不相容职务的划分。

(1) 抽查银行存款余额调节表,了解编制人签章是否为出纳员以外人员的签章。

(2) 抽查日记账记录与相应的会计凭证,凭证上是否有会计人员的审核签章。

(3) 支票保管、登记与印章的保管是否分别由不同人员负责。

(4) 各项货币资金的收款和付款程序有无明确的制度规定,例如差旅费报销手续、借支现金手续等。

任务七 检查货币资金收付凭证的管理情况

对货币资金收付凭证的检查重点是存款单、现金支票、转账支票、付款委托书、银行结算凭证。检查其是否有专人保管,是否按顺序使用,是否有发票签发登记簿,作废的凭证是否加盖"作废"戳记,并妥善保管,有无开出空白支票、空头支票等情况。货币资金收付凭证管理存在缺陷,同样会造成收付款业务出现舞弊行为。

任务八 评价货币资金业务内部控制

审计人员对现金内部控制进行评价,包括检查现金收入处理程序以及资金在途时间;根据标准衡量并评价现金管理、现金预算方法的效率;检查企业与金融机构签署的协议,识别存在的风险,确定是否与管理层或董事会授权一致;评价与电子转账有关的风险;确定现金支出的时间选择是否适当,是否充分利用现金折扣。

通过对货币资金业务内部控制的了解测试,包括收付过程、功能组织、收付业务的特点、相关业务的复杂性等,评价固有风险;通过了解控制环境,对控制程序、会计制度进行测试,确定内部控制是否符合各项要求,有无薄弱环节和失控点,评价控制风险,明确审计范围和重点。

知识拓展 货币资金审计目标

1. 证实货币资金余额的真实性和所有权

通过对货币资金有关账户记录的审查，核实其各项收入与支出项目，监盘库存现金，核对银行存款，确定其账面金额是否真实存在并为被审计单位所拥有，找出核算工作中的差错或故意高估账面余额的舞弊行为。

2. 证实货币资金余额的完整性

审计人员要核实企业与货币资金有关的经济业务是否全部被记录在有关账户中，会计报表中的货币资金项目与各有关账户的余额是否一致。

3. 证实货币资金收付业务的合法性

货币资金业务风险性大，其收支频繁并易于转让和被盗用，审计人员应查核货币资金的收、付业务有无违反国家有关法规、制度和违反会计原则的现象，揭露贪污、盗窃、挪用等舞弊行为，并及时提请有关方面加强管理。

4. 证实外币计价的正确性

有外币交易的企业要根据有关规定，在编制会计报表时，将外币现金、外币银行存款的账户余额，按照月末的外汇市场价格正确折合为记账本位币金额，审计人员通过审查，对其正确性要加以证实，并揭露在外币折算中的舞弊行为。

5. 证实货币资金分类正确性、记账和汇总正确性

审计人员在核实货币资金收、付业务与期末金额的基础上，要审查货币资金项目是否按规定进行分类，及时、正确地记录在有关账户中，在会计报表的列示是否符合会计准则的要求。

模块三 审查库存现金和银行存款

库存现金和银行存款是可以立即投入流通的交换媒介，其流动性大，容易发生弊端，应特别注意加以审查。

任务一 运用分析性复核方法检查货币资金总体合理性

审计人员对不同期间的库存现金与银行存款余额进行趋势分析，检查所有的运营报告和内部审计报告，以此为基础了解库存现金与银行存款可能发生的潜在变化和风险。了解贷款或债券协议是否对现金使用和营运资金比率有一定的限制，分析这些限制及其对审计计划的意义。

库存现金与银行存款错报的形式一般包括：交易入账的会计期间错误；在调节银行存款时，遗漏或少计未兑现支票，从而挪用资金；或者将一笔资金同时记录于两个支票账户中等。

库存现金和银行存款审计包括年末银行存款余额调节表测试、现金截止和银行

转账测试、高风险情况下的银行存款测试等。

任务二　监督盘点库存现金

对库存现金一般采用监盘方式进行审查，具体步骤如下所示。

一、组织安排库存现金监盘工作

为了能正确地确定库存现金的实存数额和应有数额，明确出纳员和有关人员的责任，应适时组织安排库存现金监盘工作。首先，应由出纳员将现金全部放入保险柜暂作封存。同时要求出纳员将全部凭证入账，结出当日现金日记账余额，填写“现金出纳报告书”。其次，审计人员应充分了解企业除封存在保险柜的现金外，是否还有现金存入办理现金收付业务的其他部门或其他人员手中。对于所有的库存现金，无论存放何处，应同时全面地进行清点。

库存现金的监盘应采取突击式监盘，即不事先通知出纳员，防止出纳员在监盘前采取措施掩盖弊端，达不到监盘的目的。监盘库存现金的时间一般安排在营业前或营业终了后，避免现金收支的高峰时间。

二、监督盘点库存现金

出纳员填制“现金出纳报告书”或“现金余额表”后，应在会计主管人员和审计人员在场的情况下清点现金，并作出记录。会计主管人员和审计人员在旁观察监督，必要时进行复查。监盘库存现金工作应注意要有被审计企业的有关领导或主管会计、出纳员始终在场的情况下，由出纳员自己清点，审计人员只是监盘。如果监盘揭示了库存现金短缺或溢余，审计人员应要求再次清点，并要求被审计企业确认监盘数据的正确性；同时，要注意有无利用借条、收据抵库现象。

三、填制“库存现金盘点表”

出纳员清点库存现金以后，应由其填制“库存现金盘点表”，该表由出纳员、会计主管、审计人员共同签字，作为审计工作底稿。“库存现金盘点表”应反映实际库存现金监盘数，当日现金日记账结余数，账实是否相符，即有无溢缺等情况。

任务三　审查现金与银行存款收付业务

一、审查现金收付业务

（一）抽查现金日记账记录

审计人员应首先抽查至少1～2个月的现金日记账记录，审核的主要内容包括：

（1）验算总额。通过验算如果发现较多差错，应扩大验算范围，并核实每笔收支记录，要求被审计企业对差错作必要调整。在核实时，注意发现并揭露少计收入、多计支出、贪污盗用现金等现象。

(2) 审阅现金日记账摘要栏，看其现金收付业务是否合法，有无超出规定的结算范围。对于摘要栏记录不清的、违反有关规定的、将应通过银行进行转账而采用了现金结算的收支业务，应作出进一步追查。

(3) 审阅现金日记账金额栏，看其现金收付金额是否过大，是否超过了国家规定的限额。

(4) 审阅对应科目栏，检查各项现金收付业务的账务处理是否正确，会计科目的使用是否正确。

(5) 审阅库存现金每日余额，看其是否超过了规定的限额，对于超出部分，是否及时解缴银行。

(6) 审查有无坐支现象。企业收入的现金，应及时解缴银行，不能直接用来支付自身的开支。需要支付现金时应另外向银行领取。审计人员可通过若干笔序时经济业务的审查，揭示有无收入现金未解缴银行而直接用于支付的现象。

(7) 审查现金日记账的序时登记。审计人员应审查现金日记账是否按日期序时登记，揭示前后日期颠倒、故意调剂，以掩饰错弊的现象。

(二) 审查原始凭证

根据现金日记账的抽查结果，有针对性地对金额大的原始凭证加以审查。审查原始凭证所反映的现金收付业务的合法性以及凭证本身有无被涂改或伪造的情况。审计人员在对收款付款原始凭证审查时，应随时与记账凭证核对，包括内容、金额的一致性，所附原始凭证张数的正确性等，注意揭露贪污舞弊现象。例如，利用原始凭证二次报销、在记账凭证上故意多计支出、少计收入金额等情况。

(三) 审查现金收支截止期

知识拓展

表 2-1　库存现金审计目标与会计报表认定关系表

审计目标	会计报表认定				
	存在	完整性	权利和义务	计价和分摊	列报
1. 资产负债表中记录的库存现金确实存在	√				
2. 应当记录的库存现金均已记录		√			
3. 记录的库存现金由被审计单位拥有或控制			√		
4. 库存现金以恰当的金额包括在会计报表中，与之相关的计价调整已恰当记录				√	
5. 库存现金已按照会计准则的规定在会计报表中作出恰当列报					√

审计人员应审查决算日前后一段时间内现金收支原始凭证，检查现金收支截止期正确性，注意有无跨期处理事项。

（四）审查现金溢缺

如果企业存在现金溢缺事项，审计人员应对所有现金溢缺情况给予关注。应审查现金溢缺的会计处理及相关凭证是否合法有效。

二、审查银行存款收付业务

银行存款是企业存入银行和其他金融机构的各种存款。企业收入的款项，除国家另有规定外，都应于当日解缴银行。企业一切支出，除规定可以用现金支付的以外，都必须用非现金结算方式，通过银行办理转账结算。银行存款是货币资金中的主要部分，同样具有收支频繁、流动性强的特点。而且银行存款与现金相比，其业务涉及的面广，内容复杂，金额较大，收付款凭证数量较多，因此是财务审计中的重要内容。审查时应核对银行存款日记账与总账余额的一致性，如果发现不符应查明原因。分析定期存款占银行存款的比例、存放在非银行金融机构的存款占银行存款的比例，判断有无非法集资问题及存款的安全性。

（一）审核银行存款日记账记录

审计人员必须抽取部分银行存款日记账记录加以审核，审核的主要内容包括以下几项。

(1) 核对银行存款日记账与总账余额是否相符，如果不符，应查明原因。

(2) 依次验算总额的正确性。如果验算结果出现较多差错，就要核对每笔收支记录的凭证，同时要考虑扩大抽查的范围，并对差错作适当调整。

(3) 抽查银行存款重要业务，验证其合法性。审计人员通过审阅银行存款日记账摘要栏和金额栏，抽取一部分从经济业务性质和金额上看都比较重要的事项加以核查。对这些重要的经济业务要核实其记账凭证与原始凭证，验证经济业务的发生是否合法。审查时，首先，注意所发生的各项收付款业务是否与本单位经营活动有关，有无只记金额而无详细摘要的情况；有无一收一付或一收多付、多收一付，对于数额相等而日期相差不远的收付事项，应进一步追查是否存在出借银行账户的情况；其次，应注意银行存款日记账上所列示的开出现金支票的内容，是否符合现金结算范围，有无套取现金的情况；再次，应注意日记账的登记，其收付款凭证是否按顺序记账，有无故意调整而掩盖错弊的情况。

(4) 抽查与银行存款有关的往来账户。银行存款的收付业务，如果对应科目是往来账户，应选择其中一些业务进行审查，以查明有无利用往来账户搞非法活动和进行贪污的情况。

（二）分析银行存款中定期存款占全部存款的比例

通过分析性复核，判断被审计单位存在拆借、拆出资金的可能性以及拆出资金的安全性。审查长期、定期存款或限定用途的存款，查明其所有权。

（三）检查银行存款账面余额和银行存款余额调节表

检查银行存款余额调节表是证实银行存款账面余额是否存在的重要程序。银行存款余额调节表通常应根据不同银行账户及货币种类分别按期编制。审计人员一般应重点抽查收支业务较为频繁的银行账户。选择其 12 月份，1 月至 11 月中的任何一至两个月的银行存款余额调节表进行检查。审查中可采取编制银行存款余额调节表或复核被审计单位自行编制的余额调节表的方法。选用哪一种方法，取决于企业的内部控制的健全程度。如果企业的货币资金内部控制可以信赖，审计人员可采取复核企业自编的银行存款余额调节表的方法；反之，如果内部控制不可靠，审计人员则需要采取自行独立编制银行存款调节表的方法，对银行存款余额加以验证。

1. 复核企业自编的银行存款余额调节表的步骤与要点

具体做法是，取得被审计单位保存的银行对账单的副本，确定其数字的正确性。将银行存款余额调节表上账面余额与银行存款日记账余额加以核对，确定是否一致。

2. 自行独立编制银行存款余额调节表的步骤与要点

具体做法是，要求会计人员将银行存款收付凭证全部登记入账，并结出余额。向所有在审计年度内存过款的银行或非银行金融机构函证期末银行存款余额并索取银行对账单。将银行对账单与银行存款日记账和总分类账上的余额加以核对。调节未达账项并审阅企业编制的银行存款余额调节表。对于对账单与银行存款日记账余额不一致的情况，不仅要调节未达账项，而且要注意有无账务处理上的差错。即使在余额一致的情况下，也应注意有无一收一付金额相等而一方遗漏入账的情况。审计人员应重点检查银行已收、企业未收和银行已付、企业未付的未达账项。对于此类业务，企业自编的调节表是否进行了调节。有的企业由出纳员负责编制银行存款余额调节表，可能会出现利用编制调节表弄虚作假的情况。如果当银行已收、企业未收和银行已付、企业未付的数额一样时，无论是否进行调节，都不会对调节余额产生影响。因此出纳员可能将这样的一收一付业务不记入银行存款日记账，而贪污公款或出借账户。

审计人员在上述审查基础上，自编银行存款余额调节表，证实银行存款账与对账单是否一致，同时，对有关收付业务合法性作进一步审查。

任务四　审查银行存款余额

在审计过程中向有关开户银行函证，以验证被审计单位的银行存款余额是否真实、合法和完整。函证银行存款余额是银行存款审计中的又一重要程序。为了达到函证目的，函证时审计人员应向被审计单位在本年存过款的所有银行发函，其中包括存款账户已结清的银行，因为有可能存款账户已结清，但仍有银行借款或其他负债存在。同时，对于审计人员已直接从某一银行获得了银行对账单和所有已付支票的，仍应向这一银行进行函证。

审计人员向与企业有业务往来的银行寄送询证函，询证函包括两个部分：第一部分搜集银行账户信息，第二部分搜集贷款信息，例如到期日、利率、开始支付利息的日期、贷款担保。检查1年以上的定期存款或限定用途存款。1年以上的定期或限定用途的银行存款，不属于流动资产，应列入其他资产项目。

表 2-2　　银行存款审计目标与会计报表认定关系表

审计目标	会计报表认定				
	存在	完整性	权利和义务	计价和分摊	列报
1. 资产负债表中记录的银行存款确实存在	√				
2. 应当记录的银行存款均已记录		√			
3. 记录的银行存款由被审计单位拥有或控制			√		
4. 银行存款以恰当的金额包括在会计报表中，与之相关的计价调整已恰当记录				√	
5. 银行存款已按照会计准则的规定在会计报表中作出恰当列报					√

任务五　核实货币资金收支的截止期

会计报表上所列示的银行存款余额，应包括当年最后一天下午所收到或付出的银行存款，而不应包括其后所发生的。银行存款收付的截止期不正确，直接影响会计报表所列示的银行存款余额的正确性。审查时应注意有无人为地多列银行存款，决算日不结账，将决算日后收到的银行存款记入会计报表的货币资金项目等情况。如果年终前未解缴银行的收入汇票与支票，或在途存款列入银行存款，均属于提前入账、高估银行存款的错误。

为此，审计人员应对决算日前后数天所发生的银行存款收付业务进行审查。可采用以下方法。

(1) 审阅支票、汇票等各种单据收入与送存记录，检查年终前未送存银行的支票的收入记录日期。

(2) 查阅期后银行对账单第一周的银行存款收入，核实银行存款日记账，揭露将期后收入提前入账的错误。

(3) 查验被审计单位决算日签发的最后一张支票序号，并检查在此序号前的支票是否均已寄出并入账，揭露支票已发出而在决算日后才入账、人为控制截止期的不正当行为。企业内部设立多个部门时，部门之间经常发生资金转移。如果高估货币资金时，被审计单位通常使用“重复记录”的方法，分两次记录同一笔资金。在年末，被审计单位内部不同部门的银行账户之间会发生资金转移，第二个部门在本年记录资金转入，而第一个部门在下一年才记录资金转出。例如，在 12 月 31 日的转账业务中，一个银行账户记录了现金收入，而另一个银行账户没有记录现金支出，这笔资金相当于被记录了两次。测试“重复记录”有效的方法是编制银行转账一览表，银行转账一览表显示了年末前后一段时间内企业内部银行账户之间发生的转账业务。银行转账一览表用于表明转账记录是否在正确的会计期间，检查企业是否存在高估年末现金与银行存款余额的情况。

模块四　审查外币业务和其他货币资金

其他货币资金是指企业现金、银行存款以外的外埠存款、银行汇票存款、银行本票存款、国际信用证存款等。它们与现金和银行存款相比，具有单独的存放地点和专门用途的特点。所以按有关规定单独设置科目进行核算，在管理上提出了不同的要求。

任务一　审查外币金额折算及汇兑损益账务处理的正确性

由于外币业务的一些特点，审计时还应特别注意：各项核算是否符合有关规定，例如，外币交易事项的账务处理，汇兑损益的计算，外币的折算等；外币交易事项的合法性，有无套汇逃汇等情况；汇兑损益计算的正确性。

一、核实记账本位币

根据有关规定，企业以人民币为记账本位币。业务收支以外币为主的企业，也可以外币为记账本位币，但企业选定的记账本位币为外币，应当按照《企业会计准则》的规定将其会计报表折算为人民币会计报表。审计人员应首先核实企业的记账本位币是什么，如果以外币为记账本位币，是否属于业务收支以外币业务为主的情况。记账本位币一经确定，不得随意变更。审计人员应抽查货币资金账簿记录，审查企业有无随意变动记账本位币的情况。

二、抽查验证外币金额折合为记账本位币金额的正确性

审计人员应对一些重要的事项，例如金额较大，内容较重要的项目，对其外币金额折合为记账本位币金额的正确性加以验证。按规定，企业发生外币业务时应当将

有关外币金额折合为记账本位币金额。折合汇率采用外币业务发生时的市场汇率或业务发生当期期初的市场汇价。审计人员应验证企业在折算时,使用的汇率是否正确,折算金额是否正确。月份终了,企业应当将外币现金、外币银行存款、债权、债务等各种外币账户的余额,按照月末的市场外汇汇率折合为记账本位币金额。对此,审计人员也应验证其正确性。

审查企业在资产负债表日,是否按照下列规定对外币货币性项目和外币非货币性项目进行处理:外币货币性项目,采用资产负债表日即期汇率折算。因资产负债表日即期汇率与初始确认时或者前一资产负债表日即期汇率不同而产生的汇兑差额,计入当期损益;以历史成本计量的外币非货币性项目,仍采用交易发生日的即期汇率折算,不改变其记账本位币金额。

审查企业对境外经营的会计报表进行折算时是否遵循下列规定:资产负债表中的资产和负债项目,采用资产负债表日的即期汇率折算,所有者权益项目除"未分配利润"项目外,其他项目采用发生时的即期汇率折算;利润表中的收入和费用项目,采用交易发生日的即期汇率折算;也可以采用按照系统合理的方法确定的、与交易发生日即期汇率近似的汇率折算。

企业在处置境外经营报表时,应当将会计报表中所有者权益项目下列示的、与该境外经营相关的外币会计报表折算差额,自所有者权益项目转入处置当期损益;部分处置境外经营报表的,应当按处置的比例计算处置部分的外币会计报表折算差额,转入处置当期损益。

三、审查汇兑损益账务处理的正确性

汇兑损益是外币兑换业务产生的损益。企业会计核算时,在"财务费用"账户中设置"汇兑损益"明细账户。审计人员应首先审查汇兑损益的计算是否正确,其次审查其账务处理是否正确。按规定,企业发生的汇兑损益,筹建期间发生的,直接计入长期待摊费用,并在开始生产经营的当月起,一次计入开始经营当月的损益。生产经营期间发生的,应计入财务费用。清算期间发生的,计入清算收益。其中与购进固定资产直接有关的汇兑损益,在资产尚未交付使用或者虽已交付使用但尚未办理竣工决算之前,计入资产的价值。

任务二　审查外币交易事项

审计人员应首先检查企业一切外币交易事项是否有完备的账务记录与有关部门的批准文件,是否存在收支不入账的行为;其次将外汇收支明细账和有关的原始凭证核对,检查其一致性,确认有无违法行为。

审查企业外币折算有关信息披露的正确性,企业在附注中是否披露了与外币折算有关的下列信息:企业及其境外经营选定的记账本位币及选定的原因,记账本位币

发生变更的，说明变更理由；采用近似汇率的，近似汇率的确定方法；计入当期损益的汇兑差额；处置境外经营对外币会计报表折算差额的影响。

任务三　审查其他货币资金

一、审查外埠存款

外埠存款是企业到外地采购时，汇到外地银行开立采购专户的款项。其审查要点是：

（1）开立账户是否专门为了采购业务需要，有无代其他单位或个人办理结算事项。

（2）审查支付的商品、材料采购价款和必要的运杂费时，注意有无不正当的开支。

（3）审查余额是否真实，通过函证或索取对账单查证核实。

（4）审查商品、材料价款是否及时办理了结算；采购任务完成后是否能及时将外埠存款余额转入结算户内。

二、审查银行汇票存款

银行汇票存款是企业为取得银行汇票按照规定存入银行的款项。其审查要点是：

（1）审查办理此项存款时，是否向银行提交了“银行汇票委托书”，是否已取得相应金额的银行汇票，并已记入“其他货币资金——银行汇票”明细账户借方。

（2）审查企业使用银行汇票，是否符合规定用途，并根据银行汇票及有关凭证，记入“其他货币资金——银行汇票”明细账的贷方，与注明的“商品采购”等对方科目是否相符。

（3）审查多余存款或超过付款期的银行汇票，是否能及时转回“银行存款”账户。

（4）审查“其他货币资金——银行汇票”存款余额，是否与银行对账单所列金额核对相符，以确定其存在性，必要时函证期末存款余额。

三、审查银行本票存款

银行本票存款是企业为取得银行本票按照规定存入银行的款项。其审查要点是：

（1）审查办理此项存款时，是否向银行提交了“银行本票申请书”，是否已取得相应金额的银行本票，并已记入“其他货币资金——银行本票”明细账户的借方。

（2）审查企业使用银行本票是否符合规定用途，使用银行本票后是否根据发票及其他凭证，及时记入“其他货币资金——银行本票”明细账户的贷方，并说明相应的对方账户。

（3）审查企业对因超过付款期及其他原因未使用的本票，是否及时办理了退款并转入“银行存款”账户。

(4) 审查银行本票存款是否与银行的账目相符，根据对账单、凭证，确认其存在性，必要时函证期末余额。

四、审查国际信用证存款

国际信用证存款是企业采用国际信用证结算方式，同境外销货单位办理结算时，存入开户银行信用证保证金专户的款项。其审查要点是：

(1) 审查开立国际信用证账户是否符合银行结算制度和经济合同的有关规定，是否按照规定付款期限结算货款；是否存在违反财经法规的事项，确认其合法性。

(2) 审查国际信用证存款的账面余额是否与银行对账单经调整后的余额相符，以确认其存在性，如果有不符，应查明原因。

(3) 国际信用证存款专户余额，在结算完毕后，是否及时收回，转入“银行存款”账户。

表 2-3　　其他货币资金审计目标与会计报表认定关系表

审计目标	会计报表认定				
	存在	完整性	权利和义务	计价和分摊	列报
1. 资产负债表中记录的其他货币资金确实存在	√				
2. 应当记录的其他货币资金均已记录		√			
3. 记录的其他货币资金由被审计单位拥有或控制			√		
4. 其他货币资金以恰当的金额包括在会计报表中，与之相关的计价调整已恰当记录				√	
5. 其他货币资金已按照会计准则的规定在会计报表中作出恰当列报					√

工作能力测试

一、单项选择题(下列答案中有一项是正确的，请将正确答案前的英文字母填入括号内)

1. 以下业务分工易导致内部控制失效的是(　　)。
   A. 货币资金收付与记录岗位分离
   B. 业务处理与内部审计独立
   C. 款项结算与审核分离
   D. 支票、印章由一人保管，但要与记录分离

2. 被审计单位货币资金控制措施容易导致内部控制失效的是( )。

A. 支票与印章由不同人保管

B. 报销单据填制与审核分离

C. 由出纳员负责现金日记账和总账记录

D. 出纳员负责现金日记账和总账记录

3. 以下各项控制措施中,预防员工贪污、挪用销售款最有效的方法是( )。

A. 应收账款明细账记录人员兼任出纳员

B. 银行存款出纳与现金出纳分工

C. 收到客户支票后寄送收款凭证

D. 请客户将货款直接汇入企业指定的银行账户

4. 为核实被审计单位库存现金是否真实存在,审计人员应采取的审计程序是( )。

A. 对库存现金实施监盘

B. 审查大额现金收付的原始凭证

C. 审阅现金日记账摘要栏

D. 核对收付款凭证与银行对账单是否相符

5. 现金盘点后,应与审计人员共同在“库存现金盘点表”上签字的人员是( )。

A. 会计与出纳员　　B. 出纳员和会计主管

C. 会计主管和总经理　　D. 出纳员和总经理

6. 为了测试银行存款截止期的正确性,应审查银行存款收付款业务的期间是( )。

A. 决算日后任意一天　　B. 决算当天

C. 整个审计期间　　D. 决算日前后数天

7. 下列审计程序中,能够证实银行存款真实性的是( )。

A. 函证银行存款余额　　B. 检查银行存款收支的截止期

C. 分析定期存款占银行存款的比例　　D. 检查决算日前后的收付款凭证

8. 为了保证资产安全、记录正确,调节银行存款余额调节表的应是( )。

A. 采购员　　B. 出纳员

C. 出纳员以外人员　　D. 出纳员或记录员

9. 抽查现金日记账记录时,审阅摘要栏一般是为了检查( )。

A. 现金支付业务的账务处理是否正确　　B. 有无坐支现象

C. 有无超过规定的库存现金限额现象　　D. 现金收付业务是否合法

10. 审查库存现金时,由出纳员清点库存现金以后,填制“库存现金盘点表”的人员应是( )。

A. 审计人员　　B. 出纳员　　C. 会计主管　　D. 财务经理

11. 以下项目应在资产负债表上银行存款余额中作出处理的是(　　)。
A. 决算日下午上班时仍未解缴银行的收入汇票
B. 决算日下午下班时仍未解缴银行的收入汇票
C. 决算日下午已知的在途存款
D. 决算日下午付出的银行存款

12. 审查银行存款余额时,银行存款余额调节表可由审计人员自行编制或向被审计单位索取,则应选用的方式取决于(　　)。
A. 审计人员的业务能力　　B. 被审计单位的会计人员的素质
C. 被审计单位内部控制的健全程度　　D. 审计人员是否遵守审计准则

13. 被审计单位银行存款的收款500元错误记录在日记账的贷方,审计人员认为银行存款日记账余额(　　)。
A. 应调增1 000元　B. 调减1 000元　C. 调增500元　D. 调减500元

14. 现金盘点与存货盘点时间的区别在于(　　)。
A. 存货盘点安排在上班前　　B. 存货盘点安排在下班后
C. 现金盘点安排在上班前或下班时　　D. 存货盘点安排在审计结束时

15. 审查"货币资金"项目,应提请被审计单位不能列入"货币资金"项目的有(　　)。
A. 大额现金收入　　B. 外币存款
C. 决算日前已付款项　　D. 在途资金

16. 现金盘点与存货盘点方式的区别在于(　　)。
A. 存货盘点采取突击性方式　　B. 现金盘点采取突击性方式
C. 现金和存货盘点均采取突击性方式　　D. 现金盘点采取预告方式

17. 为了证实银行存款日记账、总账正确性,审计人员应抽查一定期间的(　　)。
A. 付款凭证　　B. 收款凭证
C. 银行存款余额调节表　　D. 职责说明书

18. 审计人员要证实被审计单位在接近12月31日签发的支票未予入账,最有效的审计手续是(　　)。
A. 审查12月31日银行对账单
B. 审查12月份的支票存根及银行存款日记账
C. 函证12月31日银行存款余额
D. 审查年末银行存款总账

19. 以下项目中,发生舞弊的可能性最小的是(　　)。
A. 长期从事货币资金管理的职员未进行轮岗
B. 应收账款业务处理职责分工不明确
C. 某一职员身兼采购及记录、差异处理等职责
D. 管理当局授权下属对小额现金支出审批

二、多项选择题(下列答案中有一项或多项是正确的,请将正确答案前的英文字母填入括号内)

1. 检查货币资金部分不相容职务划分情况时,审查内容包括(　　)。
   A. 抽查收付款凭证上有无审批授权人的签章
   B. 抽查银行存款余额调节表,检查编制人员签章是否为出纳员以外人员
   C. 抽查现金及银行存款日记账与相应的记账凭证,检查是否有会计人员的审核签章
   D. 支票的保管和登记及印章的保管是否分别由两人负责
   E. 各项货币资金的收付程序有无明确的制度规定
2. 被审计单位货币资金内部控制中存在缺陷的有(　　)。
   A. 经授权后办理资金业务　　B. 收付款业务与审核相互独立
   C. 由财务主管保管支票和印章　　D. 经部门主管批准后可以坐支
   E. 由独立人员进行稽核
3. 库存现金盘点表应该反映的事项包括(　　)。
   A. 库存现金实际盘点数　　B. 盘点日现金日记账结余数
   C. 库存现金账实是否相符　　D. 盘点日银行存款日记账结余数
   E. 盘点日已开具但未入账的现金支票
4. 对被审计单位银行存款收支进行截止期测试时,审计人员可以实施的审计程序有(　　)。
   A. 核对银行存款日记账和总账余额是否相符
   B. 抽查与银行存款有关的往来账户,并审查相应业务的合法性
   C. 审阅支票,检查年末前送存银行的支票的记录日期
   D. 审阅决算日后银行对账单中第一周的银行存款收入,核实银行存款日记账
   E. 查阅决算日签发的最后一张支票序号,并检查此序号前的支票是否均已寄出、入账
5. 抽查收款凭证的目的包括(　　)。
   A. 核对账证记录日期及金额是否相符
   B. 核对收款凭证与银行账单是否相符
   C. 查明现金是否及时、全额入账
   D. 查明账证表一致性
   E. 查明支票、汇票是否及时解缴银行
6. 抽查付款凭证的目的包括(　　)。
   A. 检查有无审批授权
   B. 验证签章人是否符合授权层次范围
   C. 核对账证表一致性

D. 核对付款凭证与银行对账单一致性

E. 核对付款凭证与发票、应付账款明细账一致性

7. 评审内部控制时，认为被审计单位以下职位应分离的有（　　）。

A. 登记现金日记账与银行存款日记账

B. 登记银行存款日记账与核对银行账

C. 登记银行存款日记账与报告支票

D. 保管支票与保管印章

E. 登记现金及银行存款日记账与登记分类账

8. 审计人员测试现金内部控制的内容及方法有（　　）。

A. 现金收付是否按规定程序及权限办理

B. 有无与本单位经营无关的收支业务

C. 出纳与会计职责是否严格分离

D. 现金是否定期盘点核对

E. 审查现金截止期

9. 货币资金审计目标包括（　　）。

A. 货币资金真实性　　B. 收付业务合法性

C. 外币计价正确性　　D. 控制措施可行性

E. 账务处理正确性

10. 关于库存现金的监盘，正确的做法有（　　）。

A. 应由出纳员将现金全部放入保险柜暂行封存

B. 事先通知出纳员做必要准备

C. 盘点库存现金的时间一般安排在营业前或营业后

D. 清点库存现金时，会计主管人员和审计人员在旁观察监督

E. 审计人员编制“库存现金盘点表”作为审计工作底稿

11. 以下项目中，可以作为外币业务审计目标的有（　　）。

A. 各项核算是否符合制度规定　　B. 证实外币金额的正确性

C. 外币交易事项的合法性　　D. 外币分类的合法性

E. 汇兑损益计算的正确性

12. 审查自制原始凭证，属于正常情况的有（　　）。

A. 收据存根号码不连续

B. 收款日期与入账日期接近

C. 作废收据盖有“作废”标记

D. 对使用过的收据存根保管，对未使用的收据无管理制度

E. 未使用的收据事先编号

13. 审计人员函证银行存款的主要内容包括（　　）。

A. 存款账号、存款性质　　B. 存款余额
C. 借款性质、抵押品　　D. 借款期限、利率
E. 存款来源及去向

14. 审查某单位决算日银行存款余额调节表,银行对账单与银行存款日记账余额有300万元差额,其原因可能有(　　)。
A. 存在未达账项　　B. 被审计单位会计记录错误
C. 存款余额不足　　D. 开户银行存款记录错误
E. 余额不足

15. 审查银行存款真实性,以下审计程序有效的有(　　)。
A. 银行存款日记账与总账核对　　B. 编制银行存款余额调节表
C. 函证开户银行　　D. 审核收付款凭证
E. 复核货币资金项目总额

16. 审计人员审查银行存款余额调节表时,应审查的事项有(　　)。
A. 验算银行存款余额调节表的计算是否正确
B. 追查截止日期对账单上的在途存款
C. 审查截止日期仍未提现的大额支票
D. 追查截止日期对账单已收、企业未收款项
E. 核对银行存款总账与明细账

17. 对其他货币资金审查的程序包括(　　)。
A. 核对其他货币资金各明细账期末合计数与总账相符情况
B. 函证银行汇票存款、本票存款及外埠存款
C. 抽取决算日后大额收支凭证,检查其账务处理正确性
D. 抽查原始凭证,测试其入账正确与否
E. 检查其他货币资金在报表中反映的正确性

项目二
筹资与投资业务循环审计

任务导入

筹资与投资业务循环指企业筹集资金、使用资金、获取资金收益的业务循环过程。筹资与投资业务具有发生频次少、动用金额大、业务政策性强等特点，对企业经营发展、财务状况等影响重大。

筹资与投资业务循环审计既涉及利润表项目又涉及资产负债表项目，涉及的利润表项目主要包括财务费用、投资收益等；涉及的资产负债表项目主要包括实收资本、资本公积、盈余公积、未分配利润、长期借款、短期借款、应付利息、应付股利、应付债券、长期股权投资、持有至到期投资、交易性金融资产、投资性房地产、可供出售金融资产、应收利息、应收股利等。

筹资与投资业务循环审计是企业财务审计的重要组成部分，审计风险较高，审计人员通过调查熟悉筹资与投资业务，分析审计固有风险；通过了解筹资与投资业务内部控制，测评内部控制风险；通过拟定审计方案，审查筹资与投资业务各项目，控制审计风险。

模块一　调查熟悉筹资与投资业务循环

筹资与投资业务循环涉及资金筹集、资金投放，审计人员必须了解被审计单位业务特征，以帮助确定相关账户金额实质性测试的性质、时间和范围。

任务一　筹资与投资业务循环综述

企业筹集资金的方式主要有资本投入、举债筹资和企业内部积累等。举债筹资包括短期借款、长期借款、应付债券和长期应付款等，这些债务资金有一定的使用期限，在负债及其利息到期时，必须用企业的资产或劳务偿还。企业内部积累的资金来源于盈利，有关业务包括利润的形成和按照企业章程或投资协议的规定进行的利润分配等。有关业务流程如下所示。

一、确定资金需求量

根据企业进行股票、债券投资和联营项目或是偿还债务、调整资本结构等具体内容决定资金需求量。企业生产、研究开发、投资等部门根据各自业务发展需要提出资金需用量，交财会部门统筹安排，制订筹资计划。

二、选择筹资方式

财会部门根据掌握的信息，研究筹资渠道、筹资可能性、资金成本和财务风险，确定最佳筹资方式。

三、审批授权

企业通过借款筹集资金需经管理层的审批，其中债券的发行每次均要由董事会授权；企业发行股票必须依据国家有关法规或企业章程的规定，报经企业最高权力机构及国家有关管理部门批准。

四、签订筹资协议

根据不同的筹资渠道和筹资方式，确定筹资协议签订的程序。吸收直接投资，由财会部门与投资方协商，由企业法人代表签订“联营协议”或由股东会制订“公司章程”；以借款方式筹资，借款人与债权人双方签订“借款合同”；以租赁方式筹资，签订“租赁合同”；以发行股票或债券方式筹资，以“招股说明书”或“债券募集办法”代替筹资协议。

五、取得资金

筹资协议签订后，经办人将协议、合同副本送财会部门以备记账和还本付息时核对。当事人双方按协议规定履行各自义务，筹资方取得资金后，财会部门将取得资金及时入账。

六、还本付息或发放股利

财会部门经授权和审批后，按照筹资协议或合同偿还债务资金，支付利息并及时入账；融入的股本根据股东大会的决定发放股利。

七、选择并决定投资项目

企业根据投资目的、遵照投资原则，对投资项目进行可行性研究。战略性投资由企业最高管理层提出，战术性投资项目由投资管理部门或开发部门提出，经财务、市场、生产、研究开发等方面专家论证可行后，交管理当局审批。根据公司章程，授权分别由总经理、董事会或股东会作出相应的投资决策。

八、签订投资协议并执行

投资项目确定后，对外直接投资项目应与受资方或合资方签订投资协议，明确各自权利和义务，履行各自的义务。以实物或无形资产投资的，先要对这些资产进行评估，确认其价值后，再对外投出，并将资产评估报告副本交财会部门作为账务处理依据。

九、投资项目管理

将有关投资的各种原始文件归档保管，跟踪投资过程。对于股权投资，应区别控股与非控股情况，由董事长、董事、监事、总经理、财务总监等管理人员参与生产经营或参与重大决策；对于债权性投资，由投资管理部门适时了解投资项目情况，及时向管理当局报告。

十、收回投资本息

按投资协议，到期收回投资本金和利息，股权投资按投资协议参与利润分配，收取投资收益；债权投资按协议规定收取利息，到期收回本金。

任务二　筹资与投资业务循环中的主要文件

筹资与投资业务循环内部控制过程中使用的主要文件如下所示。

一、资本投入的有关凭证、账簿

(1) 企业申请成立报告、可行性研究报告、投资方的营业执照、法人代表的资格证明、自然人的身份证明、股东名册。

(2) 企业章程、合同、协议。

(3) 政府主管部门的批准证书、准予开业的营业执照副本或准予组建筹委会的临时营业执照等。

(4) 外商投资企业外方进口材料、设备的商检证明、中方财产转移申请表。

(5) 货币资金投资清单及股票、债券、债券合同、债券存根簿、承销协议等。

(6) 实物投资清单及有关凭证。

(7) 无形资产投资合同、协议及有关凭证。

(8) 资产评估资料及确认文件、验资报告。

(9) 土地管理部门出具的土地出让、场地使用文件或租赁文件。

(10) 股东会和董事会决议、会议文件。

(11) 决算日或验资基准日的会计报表、资本投入的有关账簿的凭证，例如实收资本和资本公积明细账及总账。

(12) 股份制企业改造设立或发起设立的有限责任公司和股份有限公司过去3年的会计报表及审计报告，批准的募股文件，招股说明书、股票承销合同、协议和承销商募集股款的有关凭证，个人股股东名册、认缴股本、实缴股本及相关凭证等。

二、举债筹资及其清偿的有关凭证、账簿

(1) 企业管理部门有关举债筹资决议，借款合同或协议、债券契约和债券承销协议。

(2) 短期借款明细账与总账。

(3) 长期借款明细账与总账。

(4) 应付债券明细账与总账。

(5) 债券折价、溢价摊销表。

(6) 长期应付款明细账与总账。

(7) 财务费用明细账与总账。

(8) 银行对账单。

三、盈余公积的主要文件和记录

(1) 利润表和利润分配表。

(2) 投资收益明细账和总账。

(3) 利润分配决议、分配方案。

(4) 利润分配明细账。

(5) 盈余公积明细账和总账。

四、投资的文件和记录

(1) 投资协议。

(2) 经纪人通知书。

(3) 股票或债券、债权合同。

(4) 有关记账凭证。

(5) 交易性金融资产明细账与总账。

(6) 可供出售金融资产明细账与总账。

(7) 持有至到期投资明细账与总账。

(8) 长期股权投资明细账与总账。

(9) 投资性房地产明细账与总账。

任务三　筹资与投资业务循环中的内部控制

预防、检查、纠正筹资与投资业务和账务处理错弊的内部控制包括职责分工控制、信息传递控制、实物控制。

一、职责分工控制

企业内部需经董事会授权并以公司章程形式明确企业最高权力机构与企业管理部门之间的职责。对业务的授权、业务的执行、业务的会计记录及资产的保管等有明确分工，不得由一个人同时负责以上任何两项工作。例如，董事会对资本投入的权利、责任，企业管理部门内部管理人员有关股票签发、登记相关账簿、现金收支、票据保管等职责的划分。

（1）筹资、投资决策和执行相互独立，防止舞弊发生。

（2）筹资、投资业务执行和记录相互独立，以相互牵制。

（3）筹资、投资业务执行与财会部门监督相互独立，防止资金管理失控。

（4）财会部门内部对资金收付、记录、复核相互独立，以保证业务处理正确无误。

（5）盈余公积核算、复核由不同人员完成，有关明细账与总账记录分开，便于核对账面记录的一致性，避免发生错误。

二、信息传递控制

（一）授权程序控制

所有的资本交易事项，例如股本交易的股票登记、发行、减资或增资等，都必须由企业最高权力机构事先审批与授权，企业其他任何的行政管理部门无权自行决定股本交易事项；最高管理机构制订举债政策及内部批准程序；对筹集的资金进行投资时，必须进行可行性研究，决策后授权财会部门执行；偿还债务时，要有正式的授权审批程序；盈余公积的提取和使用按国家有关规定，由股东大会或董事会作出决定办理，盈余公积中各部分的使用经董事会的授权批准。

（二）文件记录控制

资本循环过程需设计或取得原始凭证，作为控制业务的重要措施。按投资者设置实收资本的明细账和备查簿，将出资者投入的资本金及时地登记入账，并将其后所发生的增资、减资变动及时、完整地登记在明细账与备查簿中，登记应根据评估、验证并核实后的凭证进行；对债务的形成、债务资金的使用和归还等，应及时、完整地根据有关凭证记录。利息支出手续必须完备，对经营形成的利润及利润分配设置明细账进行详细记录。

（三）审核制度控制

企业对资本金的筹集、存留、增减情况和股息、红利的分配都应定期进行检查清理，检查这些投资活动和会计处理是否真实、合法、正确。加强对资本金保值、增值的控制；由于非流动负债风险大，企业应对长期债务资金的实有数、使用情况及归还情况进行经常性检查，以保证债务资金的合理使用和债款及其利息的正确记录、及时归还；对向投资者分配的股利，以及公积金和未分配利润账户应定期地检查清理，验证其真实性、正确性，正确评价资本的增值，账务处理过程中对筹资和投资过程的原始凭证应进行严格审核，对实物资产应定期或不定期盘点检查；企业内部审计部门要定期检查账证表。抽查出纳保管的票据，检查投资收益和利息等计算的正确性及支付及时性。

三、实物控制

实物控制是对实物文件和实物资产的控制。实物文件包括筹资计划、筹资协议或合同、股东会决议、董事会纪要、总经理办公会纪要、企业各级领导人批示、投入实物资产验收单、股票或债券发行批件、发行委托书、投资研究方案、投资协议、借款合同、账册凭证等；实物资产包括股票、股权证书、债券、支票、机器设备等。实物控制就是要限制非授权人接近实物文件和实物资产，以保证各种实物的安全。

模块二　测评筹资与投资业务循环内部控制

通过对筹资与投资业务控制环境的了解，测评内部控制，确定内部控制健全性、有效性，评价固有风险、控制风险，进而控制审计风险。

任务一　测评资本投入内部控制

由于资本投入业务不像存货、收入与费用等经济业务那样经常地、连续地发生，有的在一个会计报告期内可能发生一次，有的可能根本不发生，因此对内部控制的测试与评价不能完全仿照对其他系统评价的方法，而是应侧重于通过测试与评价，揭露管理上的薄弱环节，促进企业加强管理，确保资本的保值，而不是单纯根据评审结果去确定资本投入的审查范围与重点。

一、了解与描述资本投入业务的内部控制

了解公司治理结构及机制，包括股东会、董事会、监事会、总经理等权责分配制衡情况；调查了解公司章程、财会制度、业务审批等情况，将所掌握的情况记录在审计工作底稿中。

二、查阅董事会颁布的有关章程、制度

了解企业对资本投入业务的有关规定，索取并阅读企业中经董事会制定并颁布的有关章程与制度，从中主要了解以下问题：

(1) 章程、制度中各项内容是否在国家相关法令、制度范围内。

(2) 企业所规定的资本金筹集、使用、变更和清算等事项的办理程序是否符合国家规定的程序与方法。

(3) 章程与制度中是否明确授权有关部门与人员负责资本投入交易事项的办理，并注意了不相容职务的划分。

(4) 其他有关规定。例如，股东会决议、董事会纪要等有关投入资本的约束规定等。

三、查阅股票发行的有关文件

审计人员应认真查阅企业股票发行的有关文件，例如，公司章程、股东大会或董

事会决议、工商行政管理部门的审批文件、股票发行记录以及政府有关法令。通过对这些文件记录的审阅，可以较全面地了解企业有关股本交易活动的内部控制设置情况与执行情况，取得有关证据。

四、分析核实股本账户

在进入实质性测试之前，审计人员有必要对股本账户或实收资本账户每一项增减变动情况核实有无正式的董事会批准文件，收取证据纳入永久性审计档案。再次审计时，只对新的变动加以核实。

五、评价资本投入内部控制

通过对资本投入的内部控制测评，审计人员可以对其健全性、有效性作出客观评价，指出薄弱环节，取得一定的审计证据，为实质性测试奠定基础。

任务二　测评举债筹资业务的内部控制

一、了解、描述举债业务的内部控制

审计人员应首先了解被审计单位借款业务和发行债券的控制环节，并对其加以描述，也可以向被审计单位索取有关内部控制的说明，以文字叙述、调查表或流程图方法加以描述。

二、查阅制度、实地观察、抽查有关文件资料

(1) 走访管理部门，了解举债筹资的过程。查明企业是否把提出问题，确定目标，拟订方案，评估选优等程序作为举债决策程序；了解举债程序是否符合规定。

(2) 抽查明细记录，确定企业是否按计划举债并签订举债合同、契约，有无资产担保，是否按计划使用资金。

(3) 了解借款经办人员与记录人员是否独立。

(4) 抽查负债记录，查明举债的审批手续。

(5) 了解债务利息计算、记录、复核、支付业务人员职责分工情况。

三、抽查、核对负债记录

抽查、核对负债形成、偿还的有关记录、文件，验证发生日期与其记录日期是否接近或一致，金额是否正确，确定记录控制的有效性。

四、询问财会部门人员

了解债务资金取得以后是否与债权人或受托人定期对账，是否采取措施处理。

五、评价举债业务内部控制

通过对举债业务的内部控制测试，确定其健全性、符合性、功能性，并与账户余额审查结合起来，确定审计重点。

任务三　测评盈余公积的内部控制

一、了解并描述盈余公积的内部控制

审计人员收集、审阅与企业利润形成和利润分配有关的文件、资料，并结合调查、询问，在了解相关内部控制的流程及控制环节的基础上，采用调查表法、文字描述法或流程图法，将其描述出来，并纳入审计工作底稿。

二、测试利润计划的编制与执行

审阅、复核利润计划表编制依据的可靠性，编制方法的科学、合理性，计算数据的正确性，计划指标的可行性以及与其他相关计划的衔接、协调性等，分析利润计划的执行情况并作出评价。

三、了解盈余公积核算过程职责的划分

通过实地观察和询问，确定企业在处理盈余公积业务中不相容职务是否分离，有关人员是否职责分明，有无越权办理的情况。

四、查阅规章制度、文件

确定企业是否建立了完备的销售利润计算制度、营业外收支控制制度、完整的记录和决算制度，了解上述制度的执行情况。

五、检查结算日损益核算的会计记录

验证期末利润的结转是否按照有关规定的程序，及时办理了各项手续。

六、了解企业对盈余公积的业务处理有关规定

审计人员应主要了解公司章程与制度对盈余公积的业务处理规定是否符合国家有关规定。例如，税后利润的分配程序、盈余公积的提取比例及其使用范围等。

七、查阅盈余公积的提取与使用的有关批准文件

股份制企业除按规定提取法定盈余公积外，还可以根据一定的特定目的，提取任意盈余公积，如为了进行大型技术改造或建立发行债券的偿债基金等。任意盈余公积应经股东大会决议，在支付了优先股股利后的利润中提取。无论法定盈余公积还是任意盈余公积的使用都需经股东大会决议方可办理。审计人员通过查阅有关批准文件，了解公司在盈余公积提取与使用方面的内部控制情况，取得有关审计证据。

八、分析盈余公积的有关账户

审计人员应将本期利润及其分配和盈余公积的有关账户资料与前期或企业创办时的情况进行对比分析，掌握利润及其分配和盈余公积变动情况，从中分析其增减变动的合理性，确定实质性测试的重点。

九、评价盈余公积的内部控制

经过对盈余公积的内部控制测试，审计人员可以对其健全性、有效性作出客观评价，确定实质性测试重点，同时揭露企业在管理中的漏洞，提出改进意见。

任务四　测评投资业务内部控制

一、了解并描述投资内部控制

审计人员在对投资业务进行各种测试之前，必须首先全面了解其内部控制情况，并采用一定的方式加以描述，以便深入进行审查。

二、抽查投资项目文件记录

审计人员根据投资项目的重要性，索取部分项目的文件记录，追踪检查投资管理各环节的控制情况。例如，有无投资申请报告，有无对接受投资单位的信用调查报告，有无投资所需资金及未来效益的可行性分析，有无经过企业最高领导认可，有无股东大会正式审批手续等，以检查投资立项环节内部控制的有效性。

三、抽查投资项目的会计记录

审计人员从每种形式投资的明细账记录中选取一部分投资业务，先核实其与原始凭证在证券名称、买卖日期、证券编号、购入成本或售价等方面是否相符，再进一步与总分类账核对是否一致。各项会计处理是否完整，以检查投资核算控制的有效性。

四、索取并审阅企业内部的证券盘点报告

如果企业定期对证券进行盘点，审计人员应对其报告进行审阅，包括盘点人员是否具有独立性，盘点的方法是否适当，盘点结果与会计账面记录是否一致等，以检查企业对证券实物控制的有效性。

五、评价投资内部控制

通过以上内部控制测试，审计人员应对企业投资内部控制系统作出客观评价，确定下一步实质性测试的范围与重点，并对企业投资管理上的薄弱环节提出改进建议。

知识拓展　**筹资与投资业务审计目标**

在业务循环内部控制测评的基础上，审计人员进行实质性测试，要明确实质性测试的审计目标，围绕审计目标收集审计证据。

一、资本投入审计目标

(一) 证实投入资本的真实性

确定记录在资本账户的余额确实存在，记录的金额是实际发生的，审查有无虚构资本业务、高估账户余额的情况。

（二）证实投入资本的完整性

确定应该记入各资本账户的余额是否全部记入，有无漏记、少记的情况。

（三）证实投入资本业务发生的合法性

企业资本金的筹集、使用、变更和清算等必须经董事会或股东大会讨论通过，并按照国家规定的程序、方式，在规定范围内进行，不得违反。为保护所有者的权益，检查企业及其经营管理者经济责任履行情况，就必须证实资本投入各项业务的合法性。

（四）证实投入资本分类的正确性

企业所有者投入的资金必须按投资主体不同，分别在明细账上记录反映并正确确定各投资主体的投资数额。投资主体多元化使所有权产权关系日趋复杂，而所有权的构成又是企业生产经营决策权、收益分配权的基础，因此必须正确界定、记录资产的产权归属，维护各投资者权益；同时，要严格划清投入资本与借入资金的界限，审计人员应查明上述业务分类的合理性。

（五）证实投入资本过账和汇总的正确性

证实投入资本过账和汇总正确性的主要内容包括记录的金额是否经过正确的过账和汇总；资本投入明细记录是否正确，明细账余额之和与总账余额是否相符；资本投入账面余额是否与会计报表中该项目金额相符。

（六）证实投入资本在会计报表中披露的正确性

确定资本业务是否按《企业会计准则》，对有关事项作了充分揭示和详细记录说明，正确地列示于会计报表。

二、负债筹资审计目标

（一）证实举债资金的真实性

确定已经记录在会计报表中的各项负债余额是否确实存在，有无虚设举债业务，从而多计利息费用，少计收益的情况。

（二）证实举债资金的完整性

长期债务资金数额较大又伴随着大量的利息费用，此类负债是否全部入账，对企业财务状况有着很大的影响。审计人员通过审查有关合同、文件和记录，查明有无少记、漏记的债务资金。

（三）证实举债筹资的合法性

借款或发行企业债券是否合法，影响着国家正常的金融秩序，也影响着企业正常的生产经营活动。审计人员应确定企业举债是否合法，有无非法集资的问题，举债单位是否遵守债务合同的规定。

（四）证实所有权

审计人员应确定会计报表反映的债务是否属于被审计单位承担，有关抵押品是否确为被审计单位所有。

（五）证实分类正确性

确定举债筹资及其利息、折价或溢价以及其他与债务相联系的经济业务都经过恰当的分类。

（六）证实举债筹资业务过账和汇总的正确性

验证债务明细账记录是否正确，明细账余额与总账余额是否相符，账面余额与会计报表该项目金额是否相符。

（七）证实举债筹资业务截止期的正确性

通过查阅原始凭证、账簿记录，确定债务是否恰当地记录在所属的会计期间，债务利息是否均已正确核算。

（八）证实举债筹资在会计报表中披露的正确性

审计人员应确定举债筹资所有的承诺、要求、条件以及其他与举债筹资相联系的事项是否在会计报表中得到确认、说明，借款抵押品在会计报表附注中是否加以说明。

三、盈余公积审计目标

（一）证实盈余公积的真实性

盈余公积是企业在一定期间内所实现的利润按照一定程序进行分配的结果。审计人员应在对实现的利润总额及其组成项目的真实性进行核实的基础上，检查企业利润分配程序是否符合国家有关规定，分配数额是否真正发生或存在。

（二）证实盈余公积的完整性

确定应记入盈余公积账户余额是否全部记入，有无遗漏或少记余额的问题。

（三）证实盈余公积的合法性

盈余公积的提取与使用应按国家有关规定和公司章程以及股东大会决议方法进行。通过对盈余公积的审查，应证实其提取与使用是否符合国家和公司制度规定。

（四）证实盈余公积分类的正确性

确定盈余公积各项目分类是否合理，盈余公积与未分配利润是否分开记录、处理；盈余公积各项目之间的划分是否合理。

（五）证实盈余公积计价的正确性

盈余公积的形成以及增减变动应该及时、完整地登记在有关账户中，确保已经记录的金额是正确的金额。企业账户设置是否合理、登记是否及时、增减变动时所记录的对方会计科目是否正确，期初余额与上期期末余额是否相符，本期期末余额是否正确等，均需通过审计加以证实。

四、投资审计目标

（一）确认投资的合法性

无论交易性金融资产、可供出售金融资产、持有至到期投资或长期股权投资，其目的都是要获得一定的收益。投资决策是企业经营决策的重要组成部分。通过审查,应确认企业投资项目协议的合法性,揭露投资中的违法行为。

(二)证实投资的完整性

审计人员应确认企业全部投资,无论以何种形式进行,是否全部、无遗漏地记入在有关投资账户中。

(三)证实投资及投资收益的真实性与所有权

审计人员应确认列示于企业会计报表上的投资,是否真实存在,是否是实际发生的,有无利用投资弄虚作假,抽逃企业资本金等情况。企业投资的实物证明是股票、债券或出资证明等。审计人员通过认真审查,应确认其所有权是否属本企业,特别是证券投资,因其易于流通转让,固有风险很大,应通过认真审查,加以证实。

(四)确认企业投资计价、收益过账和汇总的正确性

不同形式的投资其计价方法不同,审计人员应确认企业是否根据会计准则,对不同形式的投资进行了正确的计价;应确认企业的投资和投资收益,是否按照会计准则要求,完整、正确、及时地记录在总分类账与明细分类账中,总账与明细分类账是否相符。

模块三 审查所有者权益

所有者权益审计由审查资本投入、盈余公积和未分配利润等内容组成。

任务一 审查资本投入

审查资本投入包括审查实收资本和资本公积两部分内容。

一、审查实收资本

因为实收资本账户业务量不大,有时在年度内没有变动,所以可采用全面详细的审查方法。

(一)编制或取得实收资本明细表

实收资本明细表包括投资者名称或姓名、投资金额、出资时间、投资比例、股票种类、面值等。如果该明细表由被审计单位提供,审计人员应对其可靠性加以证实。对实收资本明细表总数进行验算并与实收资本总账对比,查明其是否一致,如果发现两者金额不一致,应要求会计部门找出差异的出处和原因。

(二)审查实收资本的真实性

审计人员应取得有关资本投入的记录资料及文件,包括投资协议、营业执照、公

司章程、股本总额、发行总数、每股面值、股东会、董事会会议记录、资产评估证明、出资证明等。将实收资本明细表与会计报表有关项目、记账凭证及原始凭证相互核对，检查其是否一致，应特别注意原始凭证所反映的内容。通过审查，确认资本投入的种类、币种、汇率和投入日期等经济业务事项是否确实存在，是否经过验资。投入资本的审计内容如下所示。

1. 审查货币资金投资

查明投入货币资金的所有权，审查开户银行或货币资金汇出银行的相关凭证，查明投资者有无以接受投资企业的名义或者以接受投资企业为担保人，向银行或其他机构借款，并以该项借款投资。对以外币出资的，无论是否有合同约定汇率，均不采用合同约定汇率折算，而是采用交易日即期汇率折算。这样，外币投入资本与相应的货币性项目的记账本位币金额相等，不产生外币资本折算差额。

2. 审查实物投资

投资者以房屋、建筑物投资时，审计人员应索取有关所有权或使用权的证明文件，查明房屋、建筑物的产权是否属于投资者，投资者与企业是否按规定办理了产权转移手续，企业是否办理了验收手续。如果有必要，审计人员根据实物投资清单的内容深入现场，实地确定房屋、建筑物的存在性。投资者以机器设备、原材料等实物投资时，应查阅原始发票、投资协议，确定该类实物资产的所有权。通过现场观察、实物盘点、核对投资清单，查明此类实物投资的存在性。审阅有关凭证，查明投入的实物资产是否办理了验收手续，实际投入的机器设备等与合同或协议规定是否相符。

3. 审查无形资产投资

审查无形资产账户及相关凭证，查明无形资产有无合法的证明文件，例如专利权证书、商标权证书等，查明无形资产的实用价值、有效年限、技术特征、作价依据；审阅投资者与企业签订的作价协议等文件，必要时向有关专家咨询，查明无形资产的真实性和所有权。

（三）审查实收资本账户记录的完整性

审计人员将实收资本明细表与会计报表核对后的余额再与股本备查簿及有关原始文件中的记录进行核对，查明其是否一致，以确定账务记录是否完整。经核对如果不一致，应查明其原因。

（四）审查实收资本业务揭示的充分性

审阅股本备查簿、股本明细账等记录，确定实收资本业务是否作了充分揭示，记录是否符合会计准则和有关规定的要求。

（五）审查实收资本业务的合法性

审查实收资本业务的合法性，主要包括以下几个方面。

(1) 审阅账册、凭证等，查明企业的注册资金数额是否符合国家有关规定，借入资金与资本有无混淆，有无以借入资金顶替资本的情况；有无抽取、侵占国家资本的情况;企业注册资金是否与其经营范围和经营规模相符,是否符合《中华人民共和国公司法》等相关法律的要求。

(2) 审查各投资者是否根据规定投足资金,投入资本是否按时全部到位,有无违约情况。

(3) 审查出资形式的合法性,验算资本投入额,查明有形资产与无形资产投入比例是否符合规定。

(4) 审查资产估价的合法性。根据规定,非货币资产投入时应进行资产评估。审计人员审查资产估价的合法性包括以下两个方面。

一方面审查资产评估是否按规定进行,查明实际评估范围的一致性。评估范围应包括各方投入的固定资产、流动资产、无形资产以及国有土地使用权价值和其他资产;评估机构是否具有评估资格,依据的法律、法规和国家政策是否适当。

另一个方面审查评估方法是否合法,资产评估界认可的评估方法有重置成本法、现行市价法、收益现值评估法,查明影响资产价值的因素是否考虑周全,评估价值是否合理;有无高估或低估作价,有无以次充好、以旧顶新或随意作价的现象;引用的资料数据是否真实、合理可靠;资产占用单位有无提供虚假情况和资料,致使资产评估结果失真的现象。

(5) 有外商投资时,应索取国家商检部门出具的商检报告,以确定有关投资业务的合法性。

(6) 审查减少实收资本的合法性,查明有无以下问题:擅自减资,将货币资金返还原汇出单位;投资方以借款为名向接受投资企业借款,或长期占用其资产,变相抽回资金;投资者以短期借款取得货币资金,取得营业执照后则将资金抽回,归还借款;违反规定,将固定资产折旧、无形资产摊销、财产损失或其他支出冲减资本金,从而影响资本金的完整性。

(六) 审查实收资本业务账务处理的正确性

审查实收资本业务账务处理的正确性,应从以下几个方面入手。

(1) 审查股票发行账务处理的完整性。审计人员审查股本账户及其他有关账户凭证,查明溢价发行的溢价收入扣除发行费用的余额是否全部记入资本公积账户。

(2) 审查实物资产投资业务处理的正确性。审计人员审查企业是否按照投资双方确认的价值确认有关资产账户和实收资本的入账价值。

(3) 审查转增资本账务处理的正确性。审计人员将资本公积、盈余公积转作资本的账务处理,所有者权益总额不变,但各投资者明细账的资本数额应按其原有投资的比例增加,审计人员应审查其处理的正确性。

(4) 审查实收资本明细账与总账余额及会计报表的一致性。审计人员将明细账余额与总账余额核对,确定两者是否相等;总账余额与会计报表数额核对,确定其是否一致。

表 2-4　　实收资本审计目标与会计报表认定关系表

审计目标	会计报表认定				
	存在	完整性	权利和义务	计价和分摊	列报
1. 资产负债表中记录的实收资本确实存在	√				
2. 应当记录的实收资本均已记录		√			
3. 实收资本的增减变动符合法律、法规规定			√		
4. 实收资本以恰当的金额包括在会计报表中，与之相关的计价调整已恰当记录				√	
5. 实收资本已按照会计准则的规定在会计报表中作出恰当列报					√

二、审查资本公积

（一）编制或取得资本公积明细表

资本公积明细表包括资本公积的种类、金额、形成日期及原因等。审计人员应将审核无误的明细表与会计报表中有关资本公积项目进行核对，检查其一致性；将资本公积明细表余额与资本公积明细账核对，检查其是否一致，如果不一致应查明原因；将资本公积明细账借贷方发生额与记账凭证、原始凭证核对，查明其是否相符，确定资本公积实有额，并对各项资本公积的真实性、合法性和正确性作进一步审查。

（二）审查资本溢价或股本溢价

除股份有限责任公司以外的两个以上投资者合资经营的企业，当企业重组有新的投资者加入时，为了维护原有投资者的权益，新加入的投资者的出资额，并不一定全部按实收资本处理。新加入的投资者的出资额大于按其投资比例计算的出资额部分，即为资本溢价。审查投资合同、协议、公司章程及账簿记录、凭证，确定资本溢价的真实性，审查企业创立后投资者追加资本时，投入资本转为实收资本与资本公积的比例的合理性，计价和账务处理的正确性等。

股份有限公司按超出股票面值的价格发行股票为溢价发行，溢价发行股票是股份有限公司重要的筹资手段。溢价发行股票取得的收入，股票面值部分作为股本，超出股票面值的溢价收入扣除股票发行费用后的余额计入资本公积账户，审计人员审查是否按此规定进行账务处理。

（三）审查拨款转入

拨款转入是指企业收到国家拨入的专门用于技术改造、技术研究等的拨款项目完成后，按规定转入营业外收入，审计人员应检查政府批文、拨款凭证及项目完成记录和项目决算书等，查明其真实性和完整性。

（四）审查股权投资准备

企业对被投资单位的长期股权投资采用权益法核算时，因被投资单位除净损益以外所有者权益变动的原因而增加的资本公积，企业按其投资比例计算而增加资本公积。审查企业是否按被投资单位资本公积和企业投资比例确定，并进行了正确的账务处理。以权益结算的股份支付，取得相关资料，检查在权益工具授予日和行权日的会计处理是否正确。

(1) 对自用房地产或存货转换为以公允价值计量的投资性房地产，若转换日公允价值大于账面价值，差额是否正确记入本账户，若转换日公允价值小于账面价值，检查差额是否正确计入公允价值变动损益；处置投资性房地产时，检查相关的资本公积是否已经转销。

(2) 对可供出售金融资产形成的资本公积，结合相关科目，检查金额和相关会计处理是否正确：①当可供出售金融资产转为采用成本或摊余成本计量时，已记入本账户的公允价值变动是否按规定进行了会计处理；②当可供出售金融资产发生减值时，已记入本账户的公允价值变动是否转入资产减值损失；③当已减值的可供出售金融资产公允价值回升时，区分权益工具和债务工具，分别确定其会计处理是否正确。

(3) 若有同一控制下的企业合并，应结合长期股权投资科目，检查被审计单位取得的被合并方所有者权益账面价值的份额与支付的合并对价账面价值的差额计算是否正确，是否依次调整本科目、盈余公积和未分配利润。

(4) 被审计单位将回购的本单位股票予以注销、用于奖励职工或转让，其会计处理是否正确。

（五）审查资本公积使用的合法性

资本公积只能用作转增资本，审计人员审查资本公积明细账的借方发生额及有关凭证、账户的对应关系，查明资本公积使用的合法性。

(1) 资本公积转增资本时，审计人员查明有无企业权力机构的正式决议，有无有关政府部门的批准文件，经办手续是否完备，实际转增的资本额与批准数额是否一致，有无多增或少增的问题。

(2) 审计人员审查有无将资本公积中的准备项目用于转增资本。根据有关规定，在相关资产处置之前，这些准备项目不得用于转增资本。待相关资产处置后，并将有关资本公积项目转入“资本公积——其他资本公积”时，才能用于转增资本。

(3) 审计人员审查有无挪用资本公积的情况。例如，将股本溢价收入用来发放现金股利，将资本公积用于集体、职工福利，或利用资本公积进行各种营私舞弊活动。对于发现的擅自使用或挪用资本公积的问题，应提请企业管理部门调整有关账户，并在审计工作底稿中予以说明。

表 2-5　　资本公积审计目标与会计报表认定关系表

审计目标	会计报表认定				
	存在	完整性	权利和义务	计价和分摊	列报
1. 资产负债表中记录的资本公积确实存在	√				
2. 应当记录的资本公积均已记录		√			
3. 资本公积的增减变动符合法律、法规规定			√		
4. 资本公积以恰当的金额包括在会计报表中，与之相关的计价调整已恰当记录				√	
5. 资本公积已按照会计准则的规定在会计报表中作出恰当列报					√

任务二　审查盈余公积和未分配利润

一、审查盈余公积

（一）编制或取得盈余公积有关账户明细表

如果盈余公积明细表由被审计单位自行编制，审计人员应对明细表总额进行验算，将该表与盈余公积总账核对，查明其一致性。如果两者金额不符，应要求编制部门查明原因。

审计人员将编制或取得的盈余公积明细表，与资产负债表、利润分配表中有关盈余公积项目核对，检查其是否一致；将盈余公积明细表余额与盈余公积明细账核对，如果发现不一致，须查明原因；将盈余公积明细账借方、贷方发生额与记账凭证、原始凭证核对，在此基础上确定盈余公积实有数额。

（二）审查法定盈余公积

根据国家有关规定，企业的法定盈余公积必须从税后利润中提取，审计人员主要从利润形成、提取法定盈余公积两个方面进行审查。

1. 审查利润形成真实性

法定盈余公积是否真实取决于利润形成的真实性，所以审计人员必须查明利润形成的有关各因素是否真实、合法。

2. 审查法定盈余公积提取合规性

(1) 审查法定盈余公积从利润中提取的顺序是否符合国家规定。企业缴纳所得税后的利润分配顺序为：第一，抵补被没收的财物损失，支付各项税收的滞纳金和罚款；第二，用于弥补企业以前年度亏损；第三，提取法定盈余公积。审计人员查明法定盈余公积的提取顺序有无违反规定，有无税前列支、减少应交所得税的情况。

（2）审查提取比例是否符合规定。审查有关资料，查明是否根据国家规定按比例及时足额地提取法定盈余公积。如果企业本年度没有提取法定盈余公积，应检查法定盈余公积是否达到规定比例，审查法定盈余公积提取金额计算是否正确。

（3）审查法定盈余公积使用是否合法。转增股本时，是否办理了转增手续、是否按股东原有比例结转，有无侵害其他股东股本的情况。

（三）审查任意盈余公积

任意盈余公积是指股份制企业出于经营、管理等方面的需要，在向投资者分配利润前按公司章程或者股东会决议提取和使用的留存收益。审计人员审查任意盈余公积提取的合法性、合规性、正确性，股份制企业任意盈余公积应在分配普通股股利之前提取，查明该项业务处理是否符合上述规定，开支范围有无超过规定，验证其计算是否正确。

（四）审查盈余公积账务处理的正确性

审查法定盈余公积和任意盈余公积是否分设明细账核算；审查盈余公积的提取、结转、减少是否反映在对应的明细账中；查明法定盈余公积和任意盈余公积的对应科目是否正确。对盈余公积的期初余额，可与上年度的审计工作底稿核对，对期内增减的盈余公积数，应逐笔审核凭证和账簿记录，并复核期末余额的正确性。

二、审查未分配利润

未分配利润是指未作分配的净利润，包括两个方面内容：一是这部分净利润没有分配给企业投资者，二是这部分净利润未指定用途。企业由于经营性亏损，未分配利润会出现借方余额，在会计报表上用负号表示，列为所有者权益的减项。

审计人员对未分配利润的审查，实际上包括了对实现利润和利润分配全部相关业务与数据的审查。审查实现利润应结合营业收支审查进行。由于未分配利润与盈余公积同属留存收益，所以有关未分配利润的审计目标和内部控制测评与盈余公积基本相同。

（一）审查上年度和本年度结转未分配利润实有额

审计人员将利润分配账户总账与明细账核对，例如应付利润、公积金转入已弥补亏损等，审查本年度未分配利润结转的真实情况。结转后，“利润分配——未分配利润”明细账户为贷方余额，为未分配利润；如果是借方余额，为未弥补亏损。审查期初“未分配利润”账户余额是否与上期末资产负债表所列数额相符。还应注意利润分配表上最后一项“未分配利润”与资产负债表上该项目口径的一致性，如有不符，应查明原因。如果企业有未弥补亏损，应查明是属于税前利润补亏，还是税后利润补亏，应纳所得税的调整数是否正确，计算是否正确。

（二）审查未分配利润合规性、合法性和正确性

审查利润分配方案、分配方式，查明分配决定有无董事会提出的方案和股东会议

的决议记录，分配决议方案有无与法律及公司章程相抵触之处；账面记录的未分配利润，是否与分配方案相符。

（三）审查未分配利润账务处理正确性

审计人员查阅有关账表，确定本期实现利润总额和利润分配结转的方向是否正确，利润调整时，应直接在“未分配利润”明细账户核算，查明有无记入其他账户的情况；确定未分配利润明细账期末余额与资产负债表上该项目是否一致。

模块四　审查举债筹资

举债筹资审计包括对短期借款、长期借款、应付债券、长期应付款、借款费用的审查。

任务一　审查借款业务

一、审查短期借款

短期借款是指企业向银行和其他金融机构借入的、偿还期限在1年以内的各种借款。短期借款一般是企业为维持正常生产经营所需的流动资金而借入的款项，或者为抵偿其他债务而借入的款项。

通过对短期借款的审查，查明短期借款合理性、有关业务的合法性、有无少计短期借款、账务处理是否正确等。审计人员应取得或编制短期借款明细表，列明借款数额、借款条件、借款日期、还款期限、借款利率和余额，复核其正确性，并与总账、明细账核对相符。

（一）确定短期借款期末余额的真实性

（1）审查有关借款的账簿记录、借款凭证及有关文件，确定借款业务的真实性；将短期借款总账余额与其明细账核对，确定其一致性，如果有不符应查明原因。

（2）利用银行借款对账单与短期借款余额核对，并编制调节表进行核对。

（3）短期借款期末余额较大或有关业务的内部控制存在薄弱环节时，向有关债权人查证。债权单位在外地的可采用函证的方法，债权单位在当地的、负债数额较大的可直接向债权单位调查核实。

（二）审查短期借款偿还的真实性、及时性和合规性

审查账簿记录，验证短期借款账户借方发生额同有关付款凭证是否相等；还款日期与借款合同内容核对，确定还款的及时性。如果逾期偿还，需查明原因和责任。

（三）审查短期借款记账的完整性

（1）审查各项借款的日期、利率、还款期限及其他条件，确定有无少计短期借款

或将短期借款记入流动负债项目的问题。

(2) 向被审计单位开户银行或其他债权人函证，查明有无未登记的短期借款。

(3) 分析利息费用账户，了解利息支出、利率及利息支付期限等，验证利息支出是否合理。如果利息实际支出大于账面反映的应付利息，应进一步审查利息支出凭证，证实有无隐瞒借款的情况。

(四) 验证利息计算及账务处理的正确性

根据短期借款的有关资料，验算应付利息费用，将计算结果与期初应付、预付及期末应付、预付核对，并查明相关的会计记录是否正确。审计人员通过对借款合同进行审查，确定借款合同规定的利率水平与同期金融市场利率水平是否接近。如果发现合同规定利率明显偏离市场利率，则应作进一步审核，以便确定借款业务中发生各种舞弊行为、违法行为的可能性。

二、审查长期借款

(一) 编制长期借款及利息费用明细表

长期借款及利息费用明细表应列示债权人的姓名或名称、地址、借款金额、货币币种、利率、到期日、偿还方式、偿还金额及日期，尚未偿还金额、付息日期及已付金额、抵押品种类、名称、价值及保管情况等。

(二) 函证长期借款

如果长期借款期末余额较大，或有关业务内部控制存在薄弱环节时，审计人员应向贷款银行或其他有关债权人函证借款额、借款利率、已偿还金额及利息支付情况等。

(三) 验证长期借款期末余额

审阅账簿记录，验证长期借款期末余额与相关的原始凭证上所反映的金额是否一致。

(四) 审查长期借款抵押、担保情况

审计人员通过审查借款合同，调查了解抵押资产是否确实存在，其所有权是否确为企业所有，资产及实际状况是否与借款合同规定相一致；企业以收入作担保借款时，充作担保的收入是否可靠；借款有担保人时，查明担保人是否符合法定要求。审查企业是否披露了作为担保物的金融资产有关的信息，例如本期作为负债以及或有负债的担保物的金融资产的账面价值、与担保物有关的期限和条件等。

(五) 审查未入账负债

(1) 查阅企业管理部门的会议记录、文件资料等，了解企业决定筹集的全部债务资金的来源。

(2) 向被审计单位索取债务说明书，了解举债业务。

(3) 向债权人函证负债金额，确定负债记录的完整性。

(4) 分析利息费用账户，验证利息支出是否合理，确定实际支付利息与账面反映的应付利息是否一致，以查明有无支出来自未入账的非流动负债利息。

(5) 询问取得资产的融资方式、复核货币资金的收入来源等。通过审核银行存款余额调节表的未达账项确认有无借款不入账、支出不入账的问题。运用分析、对比方法,查明有无资产大量增加,但银行存款账户和应付账款或其他负债账户均无相关记录反映的现象。

(六) 审查长期借款合同的履行情况

根据长期借款合同有关条款,查明金融机构是否按合同规定及时向借款单位发放贷款;借款单位对借款的使用和归还是否符合借款合同的规定,借款的用途和使用是否合理、合法,是否达到预期使用目标,企业有无违约行为。

(七) 审查长期借款分类和记账的正确性

(1) 审核账务处理的有关凭证,查明长期借款记账是否及时,会计科目及金额是否正确;审核银行存款支出等原始凭证,查明归还的借款本金和利息核算是否正确,经过计算,当期利息与利息支出数不符时,应进行调整;复核年末是否正确计提了利息费用;计提的利息支出及其余额是否真实、正确、完整,有无重复记账的情况,计提的利息费用和支出的差额是否及时处理;实际支付利息利率与合同规定的利率是否一致。

(2) 如果企业取得外币借款,应对凭证、账簿及换算表进行审核,查明各期期末是否根据汇率变动及时调整借款金额,不同记账汇率引起的差额期末是否作为汇兑损益处理,计算和处理是否合规。审阅有关账簿,查明发生的利息及外币折合差额的会计处理是否合规、正确。

(3) 账表核对,查明长期借款在会计报表中的分类和反映是否恰当。审查1年内到期的长期借款是否列为流动负债。如果以前年度已对企业长期借款进行了审查,可以对本年度内发生变动的长期借款进行重点审查。

表 2-6　　长期借款审计目标与会计报表认定关系表

审计目标	会计报表认定				
	存在	完整性	权利和义务	计价和分摊	列报
1. 资产负债表中记录的长期借款确实存在	√				
2. 应当记录的长期借款均已记录		√			
3. 记录的长期借款是公司应当履行的义务			√		
4. 长期借款以恰当的金额包括在会计报表中,与之相关的计价调整已恰当记录				√	
5. 长期借款已按照会计准则的规定在会计报表中作出恰当列报					√

任务二 审查应付债券

一、审查债券溢价或折价摊销

企业对溢价或折价采用摊销办法处理时，审计人员需要取得或编制有关应付债券的利息、溢价或折价等账户的分析表，审查利息费用、应付利息、溢价或折价摊销的计算是否正确。分析表由被审计单位代为编制时，审计人员应对其予以复核，并将表内有关内容与各对应账户核对。

（一）审查债券溢价

审计人员根据“应付债券”、“利息费用”、“债券溢价摊销计算表”等账表和有关文件、凭证，查明债券溢价发行及其摊销的账务处理是否正确，有无通过溢价摊销调节当期损益的问题。

（二）审查债券折价

审计人员根据“应付债券”、“利息费用”、“债券折价摊销计算表”等账表及有关凭证，查明债券折价发行及其摊销的账务处理是否正确。

二、验证应付债券期末余额的真实性

（1）审查应付债券业务的有关凭证及偿还记录，确定其期末余额是否真实。

（2）向债权人及债券承销人函证应付债券期末余额的真实性，包括债券的种类、名称、利率、发行日、到期日、已付利息时间、本年度偿还的金额、决算日尚未偿还的金额及其他重要事项。

三、审查发行收入的完整性

查阅企业发行债券收到货币资金的收据、汇款通知单、送款登记簿及相关的银行对账单和债券存根簿，确定债券发行收入是否实际收到，入账金额是否完整。如果有部分债券尚未发行，审计人员应予监盘或函证保管机构，查明未发行的数额是否与账面记录一致，应收数额与实收数额是否一致，以证实有无售出债券而不入账的问题。

四、审查债券发行的合法性

审计人员应向被审计单位索取有关文件资料，查明发行债券是否有国家证券管理部门的正式批文，是否有公司权力机构的正式决议；发行债券的条件是否符合《中华人民共和国公司法》和其他法律、法规的要求。

五、审查债券偿还情况

审核偿还债券的支票存根等原始凭证，验证利息费用计算，核对应付债券账户借方发生额与已偿还债券数额是否相符，查明债券偿还的真实性。以其他方式偿还债券应查明以下四点。

(1) 发行新债券赎回旧债券时,应注意新旧债券差价的处理是否正确。

(2) 债券提前偿还时,支付的利息计算是否正确,提前偿还时相关的未摊销折价或溢价是否按规定计入当期损益,有无随意调节的情况。

(3) 可转换公司债券符合转换条件时,是否按照发行转换债券办法向债券持有人换发股票。如果企业发行的是附有赎回选择权的可转换公司债券,审计人员应关注企业在赎回日支付的利息补偿金是否执行借款费用处理原则。

(4) 应付债券设有偿债基金或准备账户时,每年划拨数额是否适当,有无过大或过小的情况,能否履行合同规定的义务。

审查中如果发现有违反偿还规定的情况,违约严重时应要求企业将有关事项反映在会计报表中,并提请企业将应付债券由非流动负债转作流动负债处理;如果企业发行债券时已将某些资产抵押或担保,应对抵押或担保资产的处置情况进行核实。

六、确定债券及有关业务在会计报表中披露的正确性

在会计报表中,应以到期日为基准将应付债券划分为流动负债和非流动负债。凡是在1年内到期的应付债券列示在流动负债项目中,其余部分则列示在非流动负债项目中。在非流动负债中列示的应付债券,按其种类在会计报表或其附注中再分类反映。

任务三　审查长期应付款

长期应付款是指企业除长期借款、应付债券以外的其他各种非流动负债,包括应付融资租入固定资产的租赁费、以分期付款方式购入固定资产发生的应付款项,采用补偿贸易方式引进国外设备价款等。

一、审查长期应付款的真实性

审查融资租赁合同或引进设备项目的经济合同等各项原始凭证,并与企业会计记录核对,查明长期应付款业务是否真实存在。

二、审查长期应付款计价的正确性

(1) 查阅融资合同及其他有关文件,验证应付融资租赁费计算是否正确。审查企业对融资租入固定资产的资本化及其金额的确定是否符合有关的规定。审查承租人是否将租赁开始日租赁资产公允价值与最低租赁付款额现值两者中较低者作为租入资产的入账价值,将最低租赁付款额作为长期应付款的入账价值,其差额作为未确认融资费用。承租人在租赁谈判和签订租赁合同过程中发生的相关费用,是否按照规定将归属于租赁项目的手续费、律师费、差旅费、印花税等初始直接费用,计入租入资产价值。未确认融资租赁费用的分摊的会计处理是否正确也会影响长期应付款的真实性,因而审计人员也应对未确认融资费用账户余额进行审查。

(2) 查阅引进设备项目经济合同及有关凭证、账簿，查明利息计算、外币折算过程及应付引进国外设备价款计算是否正确。

三、审查长期应付款项利息费用处理

由于融资租入固定资产或引进设备而发生的非流动负债，其借款费用在资产尚未完工交付使用以前应予以资本化，计入资产价值；在资产交付使用后发生的，不应计入资产的价值内。审计人员应查阅有关账簿和原始凭证，确定企业借款费用是否按规定处理。

四、审查合同的履行情况

(1) 审查合同规定的固定资产是否按期到货，询问主管人员，深入现场实地了解其质量、数量、品种规格是否与合同规定一致。

(2) 审查是否按合同规定的期限和方式、数额归还借款，偿还借款本息与相关的支票存根金额是否相符，有无违约行为，合同履行发生纠纷时应查明原因和责任。

五、函证长期应付款的期末余额

长期应付款期末余额较大，或者在审查过程中发现异常事项时，应函证债权人，确认应付款项余额是否真实。

六、审查长期应付款披露的正确性

审计人员应查明会计报表中长期应付款余额与其账户余额是否一致；是否按规定将不同类别的长期应付款在会计报表或其附注中分别列示。审查承租人是否在会计报表中，将与融资租赁相关的长期应付款减去未确认融资费用的差额，分别非流动负债和1年内到期的非流动负债列示。

审查承租人是否在附注中披露与融资租赁有关的下列信息：租入固定资产的期初和期末原价、累计折旧额；资产负债表日后连续3个会计年度每年将支付的最低租赁付款额，以及以后年度将支付的最低租赁付款额总额；未确认融资费用的余额，以及分摊未确认融资费用所采用的方法。

任务四　审查借款费用

审查企业发生的借款费用，可直接归属于符合资本化条件的资产的购建或者生产的，是否予以资本化，计入相关资产成本；其他借款费用，应当在发生时根据其发生额确认为费用，计入当期损益。

一、审查借款费用资本化

借款费用同时满足下列条件，开始资本化：资产支出已经发生，资产支出包括为购建或者生产符合资本化条件的资产而以支付现金、转移非现金资产或者承担带息债务形式发生的支出；借款费用已经发生；为使资产达到预定可使用或者可销售状态所必要的购建或者生产活动已经开始。在资本化期间内，每一会计期间的利息资本化金额，是否按照下列规定处理。

(1) 为购建或者生产符合资本化条件的资产而借入专门借款，应当以专门借款当期实际发生的利息费用，减去将尚未动用的借款资金存入银行取得的利息收入，或减去进行暂时性投资取得的投资收益后的金额确定。

(2) 为购建或者生产符合资本化条件的资产而占用了一般借款，企业应当根据累计资产支出超过专门借款部分的资产支出加权平均数乘以所占用一般借款的资本化率，计算确定一般借款应予资本化的利息金额，资本化率应当根据一般借款加权平均利率计算确定。

(3) 借款存在折价或者溢价，应当按照实际利率法确定每一会计期间应摊销的折价或者溢价金额，调整每期利息金额。

(4) 在资本化期间内，每一会计期间的利息资本化金额，不应当超过当期相关借款实际发生的利息金额。

(5) 在资本化期间内，外币专门借款本金及利息的汇兑差额，应当予以资本化，计入符合资本化条件的资产的成本。

(6) 专门借款发生的辅助费用，在所购建或者生产的符合资本化条件的资产达到预定可使用或者可销售状态之前发生的，应当在发生时根据其发生额予以资本化，计入符合资本化条件的资产的成本；在所购建或者生产的符合资本化条件的资产达到预定可使用或者可销售状态之后发生的，应当在发生时根据其发生额确认为费用，计入当期损益。

(7) 符合资本化条件的资产在购建或者生产过程中发生非正常中断、且中断时间连续超过3个月的，应当暂停借款费用的资本化。在中断期间发生的借款费用应当确认为费用，计入当期损益，直至资产的购建或者生产活动重新开始。如果中断是所购建或者生产的符合资本化条件的资产达到预定可使用或者可销售状态必要的程序，借款费用的资本化应当继续进行。

(8) 购建或者生产的符合资本化条件的资产的各部分分别完工，且每部分在其他部分继续建造过程中可供使用或者可对外销售，且为使该部分资产达到预定可使用或可销售状态所必要的购建或者生产活动实质上已经完成的，应当停止与该部分资产相关的借款费用的资本化。购建或者生产的资产的各部分分别完工，但必须等到整体完工后才可使用或者可对外销售的，应当在该资产整体完工时停止借款费用的资本化。

二、审查财务费用

(1) 审查财务费用确认的正确性。财务费用的确认首先应符合财务费用性质的规定，审计人员还应检查确认的时间是否符合权责发生制原则和划分资本性支出与收益性支出的原则。

（2）审查财务费用发生额的真实性。审查财务费用确为筹集生产经营资金的活动而发生，审查财务费用数额确为抵减利息收入、汇兑收益等的净支出，审查其计算的正确性。

（3）审查财务费用结转的合规性。按规定，财务费用应于期末全部转作当期损益，该账户期末应无余额。

表 2-7　财务费用审计目标与会计报表认定关系表

审计目标	会计报表认定				
	存在	完整性	准确性	分类	列报
1. 利润表中记录的财务费用确实发生	√				
2. 应当记录的财务费用均已记录		√			
3. 财务费用以恰当的金额包括在会计报表中，与之相关的计价调整已恰当记录			√		
4. 财务费用已记录于正确的会计期间和账户				√	
5. 财务费用已按照会计准则的规定在会计报表中作出恰当列报					√

三、其他项目的审查

（1）计算短期借款和长期借款各个月份平均余额，利用适当的利息率估算利息费用总额，并与财务费用账簿记录核对，判断被审计单位是否多计或少计利息费用。

（2）根据审查期内银行借款期限、借款额及利率等资料，复核固定资产已交付使用并已办理竣工决算，用于购建固定资产的借款利息金额，按借款期限审核各月份的预提数，验证当期利息支出额的正确性。

（3）复核利息支出净额，查明当期银行存款利息收入是否已扣除。

（4）审阅"库存现金"、"银行存款"账户中外币货币资金明细账以及用外币表示的债权、债务账户，证实其期末余额的正确性；根据期末外汇汇率验证汇兑损益的正确性。

（5）通过账证核对，证实有关金融机构手续费的真实性。

在审查中应注意下列可能发生的错误和弊端：未按期预提银行借款利息，或者为调节当期损益，违反规定任意预提利息；企业银行存款的利息收入未冲减当期利息支出；混淆收益性支出同资本性支出的界限，将应列入企业开办费的企业筹建期间的长期借款利息列入财务费用；将应计入固定资产购建成本的用于购建固定资产但尚未交付使用，或虽已交付使用但尚未办理竣工决算之前的长期借款利息列入财务费用；

将其他一些不属于企业筹集生产经营资金而发生的费用支出列入财务费用；企业的外币存款、外币债权债务的核算违反权责发生制原则，随意调整汇兑损益。

四、审查企业在附注中披露借款费用的正确性

审查企业是否在附注中披露与借款费用有关的相关信息，包括当期资本化的借款费用金额、当期用于计算确定借款费用资本化金额的资本化率等。

模块五　审查投资业务

审查投资业务包括审查长期股权投资、审查投资性房地产、审查交易性投资等。

任务一　审查长期股权投资

企业的长期股权投资是指不准备在1年内变现的投资，主要包括股票投资和其他投资。审查长期股权投资应按以下步骤和方法进行。

一、编制或取得投资明细表

审计人员应将各种长期股权投资编制明细表，或向被审计企业索取明细表。通过投资明细表与总账、明细账核对，检查其是否一致，并了解凭证或证券存放地点，为实际清点凭证做好准备。

二、核查长期股权投资计价的正确性

审计人员应审查投资的有关账户，核查投资入账计价是否符合会计准则。

(1) 以支付现金方式向其他单位投资的，是否按照实际支付的金额作为初始投资成本。

(2) 以发行权益性证券取得的长期股权投资，是否按照发行权益性证券的公允价值作为初始投资成本，审查时如果发现错列现象，应加以调整。

(3) 通过非货币性资产交换取得的长期股权投资，是否以换出资产的公允价值作为确定换入资产成本的基础，即应当以公允价值和应支付的相关税费作为换入资产的成本，公允价值与换出资产账面价值的差额计入当期损益。

(4) 通过债务重组取得的长期股权投资，应当将享有股份的公允价值确认为对债务人的投资，重组债权的账面余额与股份的公允价值之间的差额，计入当期损益；已对债权计提减值准备的，应当先将该差额冲减减值准备，减值准备不足以冲减的部分，计入当期损益。

【任务案例2-1】 审计人员对兴秦有限责任公司的投资业务进行审查时发现，“长期股权投资”账户采用权益法核算，2013年度长期投资收益比2012年度增加500

万元，试列举至少两项审计人员对于增加额必须执行的数据真实性审计程序。

【案例分析】

审计人员对于增加额必须执行的数据真实性审计程序主要有两项内容：

(1) 审查函证接受投资企业当年度净资产的增减变化的数额的真实性、合法性和合理性。

(2) 审查兴秦有限责任公司的投资额占接受投资企业全部资本比例的真实性和采用权益法的适当性。

三、验证投资收益

企业进行长期股权投资的记账方法有成本法和权益法两种，不同的记账方法，对投资收益的确认有着不同的影响。审查时应注意企业采用成本法还是权益法，是否符合有关规定，在具体使用其中某一种方法时，账务处理是否正确。审计人员应注意企业投资记账方法是否随着在被投资企业股权份额的变化而变化，在成本法转化为权益法或权益法向成本法转化过程中账务处理的合法性。

表 2-8　　　　投资收益审计目标与会计报表认定关系表

审计目标	会计报表认定				
	存在	完整性	准确性	分类	列报
1. 利润表中记录的投资收益确实发生	√				
2. 应当记录的投资收益均已记录		√			
3. 投资收益以恰当的金额包括在会计报表中，与之相关的计价调整已恰当记录			√		
4. 投资收益已记录于正确的会计期间和账户				√	
5. 投资收益已按照会计准则的规定在会计报表中作出恰当列报					√

四、审查投资收回、出售与转让

审计人员审查投资的收回时，应注意企业是否及时地收到了款项，是否已增加了银行存款，并相应地冲减了原投资账户，通过审阅投资记录，核实相应的账户。企业作为长期股权投资购入的股票可以在市场上转让、出售，其账务处理与到期结算相同，审查时应注意转让、出售是否及时入账。

以其他方式投资与其他单位联营，投出的资产在联营期满后或联营单位宣告解散的情况下，应注意收回投资的实物形态是否由联营各方协商确定，收回投资价值量减少是否合理，减少的价值是否作为投资损失处理。

五、审查长期股权投资减值准备

审计人员审查长期股权投资减值准备的计算依据是否恰当，计提金额是否充分；查明减值准备增减变动的记录是否正确、完整；查明减值准备期末余额是否正确；核查长期股权投资减值准备在会计报表的反映是否正确。

六、确定长期股权投资业务在会计报表中披露的正确性

审计人员审查企业是否在附注中披露与长期股权投资有关的下列信息：子公司、合营企业和联营企业清单，包括企业名称、注册地、业务性质、投资企业的持股比例和表决权比例；合营企业和联营企业当期的主要财务信息，包括资产、负债、收入、费用等合计金额；被投资单位向投资企业转移资金的能力受到严格限制的情况；当期及累计未确认的投资损失金额；与对子公司、合营企业及联营企业投资相关的或有负债。

表 2-9　　长期股权投资审计目标与会计报表认定关系表

审计目标	会计报表认定				
	存在	完整性	权利和义务	计价和分摊	列报
1. 资产负债表中记录的长期股权投资确实存在	√				
2. 应当记录的长期股权投资均已记录		√			
3. 记录的长期股权投资由公司拥有或控制			√		
4. 长期股权投资以恰当的金额包括在会计报表中，与之相关的计价调整已恰当记录				√	
5. 长期股权投资已按照会计准则的规定在会计报表中作出恰当列报					√

任务二　审查投资性房地产

投资性房地产是指为赚取租金或资本增值，或两者兼有而持有的能够单独计量和出售的房地产。

一、审查投资性房地产计价的正确性

外购投资性房地产的成本，包括购买价款、相关税费和可直接归属于该资产的其他支出；自行建造投资性房地产的成本，由建造该项资产达到预定可使用状态前所发生的必要支出构成；以其他方式取得的投资性房地产的成本，按照相关会计准则的规定确定；与投资性房地产有关的后续支出，满足“与该投资性房地产有关的经济利益

很可能流入企业、该投资性房地产的成本能够可靠地计量”确认条件的，应当计入投资性房地产成本；不满足确认条件，应当在发生时计入当期损益。

二、审查投资性房地产账务处理的正确性

投资性房地产包括已出租的土地使用权、持有并准备增值后转让的土地使用权、已出租的建筑物，检查是否将自用房地产和作为存货的房地产作为投资性房地产处理。

企业应当在资产负债表日采用成本模式或公允价值模式计量对投资性房地产进行后续计量，审查企业采用的计量模式是否适当，采用成本模式计量的建筑物的后续计量，是否按照《企业会计准则》的规定计提折旧；采用成本模式计量的土地使用权的后续计量，是否按照《企业会计准则》的规定进行摊销。

审查投资性房地产采用公允价值模式计量时，是否同时满足下列条件：投资性房地产所在地有活跃的房地产交易市场；企业能够从房地产交易市场上取得同类或类似房地产的市场价格及其他相关信息，从而对投资性房地产的公允价值作出合理的估计。

采用公允价值模式计量的，不对投资性房地产计提折旧或进行摊销，应当以资产负债表日投资性房地产的公允价值为基础调整其账面价值，公允价值与原账面价值之间的差额计入当期损益，审查企业相关业务处理是否按照以上规定处理。

三、审查房地产用途转换业务的处理

审查企业在房地产用途发生改变后，是否将投资性房地产转换为其他资产或者将其他资产转换为投资性房地产。投资性房地产开始自用；作为存货的房地产，改为出租；自用土地使用权停止自用，用于赚取租金或资本增值；自用建筑物停止自用，改为出租。

在成本模式下，应当将房地产转换前的账面价值作为转换后的入账价值。采用公允价值模式计量的投资性房地产转换为自用房地产时，应当以其转换当日的公允价值作为自用房地产的账面价值，公允价值与原账面价值的差额计入当期损益。自用房地产或存货转换为采用公允价值模式计量的投资性房地产时，投资性房地产按照转换当日的公允价值计价，转换当日的公允价值小于原账面价值的，其差额计入当期损益；转换当日的公允价值大于原账面价值的，其差额计入所有者权益。

企业对投资性房地产的计量模式一经确定，不得随意变更。成本模式转为公允价值模式的，是否作为会计政策变更，按照《企业会计准则》的规定处理；已采用公允价值模式计量的投资性房地产，不得从公允价值模式转为成本模式。

四、投资性房地产信息披露的正确性

审查企业应当在附注中披露与投资性房地产有关的下列信息：投资性房地产的种类、金额和计量模式；采用成本模式的，投资性房地产的折旧或摊销，以及减值准备

的计提情况；采用公允价值模式的，公允价值的确定依据和方法，以及公允价值变动对损益的影响；房地产转换情况、理由，以及对损益或所有者权益的影响；当期处置的投资性房地产及其对损益的影响。

任务三 审查交易性投资

一、审查交易性金融资产

（一）交易性金融资产的审计目标

交易性金融资产是指企业为了近期出售而持有的金融资产。在会计科目设置上，企业持有的直接指定为以公允价值计量且其变动计入当期损益的金融资产，也通过该科目核算。交易性金融资产的审计目标一般包括：确定交易性金融资产是否存在；确定交易性金融资产是否属于被审计单位所有；确定交易性金融资产的增减变动及其损益的记录是否完整；确定交易性金融资产的计价是否正确；确定交易性金融资产期末余额是否正确；确定交易性金融资产的披露是否恰当。

（二）审查交易性金融资产的实质性程序

审查交易性金融资产的实质性程序通常包括以下各项。

(1) 获取或编制交易性金融资产明细表，复核加计正确性；并与报表数、总账数和明细账合计数核对相符。

(2) 对期末结存的相关交易性金融资产，向被审计单位进行核实，检查本科目核算范围是否恰当。

(3)获取股票、债券及基金等交易流水单及被审计单位证券投资部门的交易记录，与明细账核对，检查会计记录是否完整、会计处理是否正确。

(4) 监盘库存交易性金融资产，并与相关账户余额进行核对，如果有差异，应查明原因，并作出记录或进行适当调整。

(5) 向相关金融机构发函询证交易性金融资产期末数量以及是否存在变现限制，并记录函证过程，取得回函时应检查相关签章是否符合要求。

(6) 抽取交易性金融资产增减变动的相关凭证，检查其原始凭证是否完整合法，会计处理是否正确。抽取交易性金融资产增加的记账凭证，注意其原始凭证是否完整合法，成本、交易费用和相关利息或股利的会计处理是否符合规定；抽取交性金融资产减少的记账凭证，检查其原始凭证是否完整合法，会计处理是否正确；注意出售交易性金融资产时其成本结转是否正确，原计入的公允价值变动损益有无调整至投资收益。

(7) 复核与交易性金融资产相关的损益计算是否准确，并与公允价值变动损益及投资收益等有关数据核对。

(8) 复核股票、债券及基金等交易性金融资产的期末公允价值是否合理，相关会计处理是否正确。

(9) 关注交易性金融资产是否存在重大的变现限制。

(10) 确定交易性金融资产的披露是否恰当。

表 2-10　　交易性金融资产审计目标与会计报表认定关系表

审计目标	会计报表认定				
	存在	完整性	权利和义务	计价和分摊	列报
1. 资产负债表中记录的交易性金融资产确实存在	√				
2. 应当记录的交易性金融资产均已记录		√			
3. 记录的交易性金融资产由公司拥有或控制			√		
4. 交易性金融资产以恰当的金额包括在会计报表中，与之相关的计价调整已恰当记录				√	
5. 交易性金融资产已按照会计准则的规定在会计报表中作出恰当列报					√

二、审查可供出售金融资产

(一) 可供出售金融资产的审计目标

可供出售金融资产是指初始确认时即被指定为可供出售的非衍生金融资产，以及除下列各类资产以外的金融资产：①贷款和应收账款。②持有至到期投资。③以公允价值计量且其变动计入当期损益的金融资产。可供出售金融资产的审计目标一般包括：确定可供出售金融资产是否存在；确定可供出售金融资产是否属于被审计单位所有；确定可供出售金融资产的增减变动及其损益的记录是否完整；确定可供出售金融资产的计价是否正确；确定可供出售金融资产减值准备的计提方法是否恰当，计提是否充分；确定可供出售金融资产减值准备的增减变动记录是否完整；确定可供出售金融资产及其减值准备期末余额是否正确；确定可供出售金融资产及其减值准备的披露是否恰当。

(二) 审查可供出售金融资产的实质性程序

审查可供出售金融资产的实质性程序通常包括以下各项。

(1) 获取或编制可供出售金融资产明细表，复核加计正确性，并与总账数和明细账合计数核对相符。

(2) 获取可供出售金融资产对账单,与明细账核对,并检查其会计处理是否正确。

(3) 检查库存可供出售金融资产,并与相关账户余额进行核对,如果有差异,应查明原因,并作出记录或进行适当调整。

(4) 向相关金融机构发函询证可供出售金融资产期末数量,并记录函证过程,取得回函时应检查相关签章是否符合要求。

(5) 对期末结存的可供出售金融资产,向被审计单位核实其持有目的,检查本账户核对范围是否恰当。

(6) 抽取可供出售金融资产增减变动的相关凭证,检查其原始凭证是否完整合法,会计处理是否正确。抽取可供出售金融资产增加的记账凭证,注意其原始凭证是否完整合法,成本、交易费用和相关利息或股利的会计处理是否符合规定。抽取可供出售金融资产减少的记账凭证,检查其原始凭证是否完整合法,会计处理是否正确。注意出售可供出售金融资产时相应的资本公积有无调整。

(7) 复核可供出售金融资产的期末公允价值是否合理,检查会计处理是否正确。

(8) 如果可供出售金融资产的公允价值发生较大幅度下降,并且预期这种下降趋势属于非暂时性的,应当检查被审计单位是否计提资产减值准备,计提金额和相关会计处理是否正确。

(9) 已确认减值损失的可供出售金融资产,当公允价值回升时,检查其相关会计处理是否正确。注意债券等债务工具应从资产减值损失科目转回,股票等权益工具则应从资本公积转回,不得从当期损益转回。

(10) 如果债券等债务工具类可供出售金融资产发生减值,在检查相关利息的计算和会计处理是否正确。

(11) 检查可供出售金融资产出售时,其相关损益计算及会计处理是否正确,已计入资本公积的公允价值累计变动额是否转入投资收益科目。

(12) 复核可供出售金融资产划转为持有至到期投资的依据是否充分,会计处理是否正确。

(13) 检查债券投资计入损益的利息收入计算所采用的利率是否正确。

(14) 结合银行借款等科目,了解是否存在已用于债务担保的可供出售金融资产。如果存在则应取证并作相应的记录,同时,提请被审计单位作恰当披露。

(15) 确定可供出售金融资产的披露是否恰当。

三、审查持有至到期投资

(一) 持有至到期投资的审计目标

持有至到期投资是指到期日固定、回收金额固定或可确定,且企业有明确意图和能力持有至到期的非衍生金融资产。持有至到期投资的审计目标一般包括:确定持有至到期投资是否存在;确定持有至到期投资是否属于被审计单位所有;确定持有至到期投资的增减变动及其损益的记录是否完整；确定持有至到期投资的计价是否正确；确定持有至到期投资减值准备的计提方法是否恰当，计提是否充分；确定持有至到期投资减值准备的增减变动的记录是否完整；确定持有至到期投资及其减值准备期末余额是否正确；确定持有至到期投资及其减值准备的披露是否恰当。

（二）审查持有至到期投资的实质性程序

审查持有至到期投资的实质性程序通常包括以下各项。

（1）获取或编制持有至到期投资明细表，复核加计正确性，并与总账数和明细账合计数核对相符。

（2）获取持有至到期投资对账单，与明细账核对，并检查其会计处理是否正确。

（3）检查库存持有至到期投资，并与账面余额进行核对，如果存在差异，应查明原因，并作出记录或进行适当调整。

（4）向相关金融机构发函询证持有至到期投资期末数量，并记录函证过程，取得回函时应检查相关签章是否符合要求。

（5）对期末结存的持有至到期投资资产，核实被审计单位持有的目的和能力，检查本账户核算范围是否恰当。

（6）抽取持有至到期投资增加的记账凭证，注意其原始凭证是否完整合法，成本、交易费用和相关利息的会计处理是否符合规定。

（7）抽取持有至到期投资减少的记账凭证，检查其原始凭证是否完整合法，会计处理是否正确。

（8）根据相关资料，确定债券投资的计息类型，结合投资收益科目，复核计算利息采用的利率是否恰当，相关会计处理是否正确，检查持有至到期投资持有期间收到的利息会计处理是否正确。检查债券投资票面利率和实际利率有较大差异时，被审计单位采用的利率及其计算方法是否正确。

（9）结合投资收益科目，复核处置持有至到期投资的损益计算是否准确，已计提的减值准备是否同时结转。

（10）检查当持有目的改变时，持有至到期投资划转为可供出售金融资产的会计处理是否正确。

（11）结合银行借款等科目，了解是否存在已用于债务担保的持有至到期投资。如果存在差异则应取证并作相应的记录，同时提请被审计单位作恰当披露。

（12）当有客观证据表明持有至到期投资发生减值的，应当复核相关资产项目的预计未来现金流量现值，并与其账面价值进行比较，检查相关准备计提是否充分。

（13）如果发生减值，检查相关利息的计算及处理是否正确。

（14）确定持有至到期投资的披露是否恰当，注意 1 年内到期的持有至到期投资是否已重新分类至 1 年内到期的非流动资产。

工作能力测试

一、单项选择题(下列答案中有一项是正确的,请将正确答案前的英文字母填入括号内)

1. 测试筹资与投资业务内部控制的主要目的是(　　)。
   A. 维护投入流动资产的安全性
   B. 证实内部控制有效性进而确定审计范围、重点和方法
   C. 确保资本保值增值
   D. 加强宏观管理
2. 审计人员在进行投资业务内部控制测试时,认为符合投资业务内部控制要求的做法是(　　)。
   A. 投资业务由财会部门出纳员负责,并履行监督控制职责
   B. 无形资产对外投资作价,主要由负责投资审批的企业领导负责
   C. 实物投资的资产价值评估、作价与投资审批工作分离
   D. 股票与债券由投资记账人员负责
3. 实施必要的审计程序来确定资本账户有无虚构资本业务、高估账户余额的情况,主要是为了证实(　　)。
   A. 投入资本过账的正确性　　B. 投入资本分类的合理性
   C. 投入资本的完整性　　D. 投入资本的真实性
4. 被审计单位资本公积以下用途中合法的是(　　)。
   A. 发放现金股利　　B. 用于职工福利
   C. 转增资本　　D. 购置低值易耗品
5. 为了验证其他单位投入被审计单位无形资产的真实性,应当采用的有效审计程序是(　　)。
   A. 审阅无形资产明细账　　B. 检查无形资产摊销政策
   C. 获取并审阅有关作价协议和证明文件　D. 检查无形资产减值准备的计提
6. 审查托管证券是否真实存在时,审计人员应采取的主要审计程序是(　　)。
   A. 审阅投资明细账　　B. 向代管机构函证
   C. 检查被审计单位股票和债券登记簿　　D. 询问被审计单位管理部门
7. 审计人员审查长期借款业务时,为确定“长期借款”账户余额的真实性进行函证,选择的函证对象是(　　)。
   A. 被审计单位的律师　　B. 政府有关部门
   C. 被审计单位主要股东　　D. 银行或其他债权人

8. 某企业接受投入固定资产，原值 50 万元，已提折旧 10 万元，协商作价 45 万元，则实收资本账户应记金额为(　　)。

A. 50 万元　　B. 40 万元　　C. 35 万元　　D. 45 万元

9. 审查盈余公积真实性的基础是(　　)。

A. 盈余公积提取比例是否符合规定　　B. 可供分配利润是否真实

C. 有关内部控制测试结果　　D. 利润分配顺序是否符合规定

10. 对某企业决算审计，认定未分配利润减少的事项有(　　)。

A. 转让无形资产营业税计入管理费用　　B. 已列支修理费又重新预提

C. 摊销费用未作摊销　　D. 资本溢价计入营业外收入

11. 审查某有限责任公司时，发现 6 月份向第一大股东 A 公司付款 300 万元，记录为借记“其他应收款——A 公司”，贷记为“银行存款”。7 月份以购买材料冲销，借记“原材料”280 万元、“管理费用”20 万元，贷记“其他应收款——A 公司”300 万元。但是原始凭证并不是 A 公司的，而是另外两家企业。被审计单位可能是(　　)。

A. 抽逃资本　　B. 虚假付款　　C. 虚假验资　　D. 正常往来

12. 审查短期借款偿还的真实性、及时性、合规性的审计方法是(　　)。

A. 抽查资产抵押情况　　B. 总账与明细账核对

C. 核对付款凭证　　D. 分析借款明细表

13. 审查企业长期借款，发现其中一部分将在 1 年内到期，审计人员应提请被审计单位将 1 年内到期长期借款在报表中列示为(　　)。

A. 或有负债　　B. 非流动负债　　C. 流动负债　　D. 流动资产

14. 审查企业债券折价或溢价发行时，应查明折价或溢价是否在(　　)。

A. 债券发行期摊销　　B. 在会计年度内摊销

C. 在债券到期时摊销　　D. 在债券存续期间摊销

15. 长期应付款期末余额较大或在其他审计程序中发现异常事项，需要进行询证，主要目的是(　　)。

A. 查明手续费处理正确性

B. 确认期末余额真实性

C. 验证期末余额在报表中分类、反映的适当性

D. 测试内部控制有效性

16. 进行股票投资时，对已宣布未发放股利的正确账务处理是计入(　　)。

A. 长期投资　　B. 投资收益　　C. 其他应收款　　D. 财务费用

17. 审查某企业短期投资项目发现被审计年度 10 月份购入 A 公司债券面值 100 万元，债券期限 5 年，到期还本付息，购买债券付款 120 万元. 其中包含应计利息 5 万元。被审计单位入账价值为 120 万元，正确的处理应为(　　)。

A. 借记“持有至到期投资”120 万元，贷记“银行存款”120 万元

B. 借记“持有至到期投资”115 万元、“应收利息”5 万元，贷记“银行存款”120 万元

C. 借记“持有至到期投资”105 万元，贷记“银行存款”105 万元

D. 借记“持有至到期投资”100 万元，贷记“银行存款”100 万元

18. 审查S公司“长期股权投资——股票投资”账户，发现支付价款 560 万元中含有已宣布未领取的现金股利 3 万元，被审计单位按支付价款 560 万元记入投资账户。审计人员应要求被审计单位调整账项，调整分录为(　　)。

A. 借记“应收股利”3 万元，贷记“长期股权投资”3 万元

B. 借记“投资收益”3 万元，贷记“银行存款”3 万元

C. 借记“应收股利”3 万元，贷记“长期股权投资减值准备”3 万元

D. 借记“应收股利”3 万元，贷记“长期应收款”3 万元

19. 审查某企业联营投资，发现向 K 公司原投资额为 200 万元，占 K 公司股权比例为 30%，采用权益法核算。因 K 公司以前年度亏损 700 万元，被审计单位已将长期股权投资的账面价值减至为零。本期 K 公司实现净利润 300 万元，经查被审计单位未作记录。审计人员应要求其作补充记录(　　)。

A. 借记“长期股权投资”90 万元，贷记“投资收益”90 万元

B. 借记“长期股权投资”80 万元，贷记“投资收益”80 万元

C. 借记“长期股权投资”130 万元，贷记“投资收益”130 万元

D. 借记“投资收益”130 万元，贷记“长期股权投资”130 万元

20. 某公司长期股权投资账户持股 3 000 万股，经审查发现本期增加被投资单位本年度宣告的每 10 股送 3 股的记录为借记“长期股权投资”，贷记“投资收益”900 万元。被审计单位的会计处理(　　)。

A. 正确

B. 错误。应借记“应收股利”900 万元，贷记“投资收益”900 万元

C. 错误。应按股票市价借记“长期股权投资”，贷记“投资收益”

D. 错误。不应编制分录，只在备查簿中登记

21. 审查某企业的一笔委托贷款，发现会计记录中有 2 000 万元，属于年初委托某信托投资的贷款，合同规定贷款期为 2 年，年利率 8%，被审计单位未计提应计利息。审计人员应要求其记录为(　　)。

A. 借记“应收利息”160 万元，贷记“投资收益”160 万元

B. 借记“应收利息”320 万元，贷记“投资收益”320 万元

C. 借记“投资收益”160 万元，贷记“银行存款”160 万元

D. 借记“委托存款”160 万元，贷记“投资收益”160 万元

22. 审查某企业融资租赁业务，发现该企业每年年初支付融资租赁费 18 万元的记录

为借记“制造费用”、贷记“银行存款”，审计人员对被审计单位的处理认定为(　　)。

A. 正确

B. 错误。调整分录为借记“长期应付款”，贷记“制造费用”

C. 错误。调整分录为借记“固定资产”，贷记“制造费用”

D. 错误。调整分录为借记“固定资产”，贷记“长期应付款”

二、多项选择题(下列答案中有一项或多项是正确的，请将正确答案前的英文字母填入括号内)

1. 筹资与投资循环中内部控制的职责分工包括(　　)。

A. 筹资、投资决策与执行相互独立

B. 筹资、投资业务执行与记录相互独立

C. 筹资、投资业务执行与内部监督相互独立

D. 财会部门内部对资金收付、记录、复核相互独立

E. 盈余公积核算、复核由不同人员完成

2. 实收资本审计目标包括(　　)。

A. 资本真实性　　B. 资本记录完整性

C. 资本业务合法性　　D. 资本业务披露的正确性

E. 资本公积业务处理正确性

3. 举债筹资审计目标包括证实(　　)。

A. 举债资金真实性　　B. 实收资本入账完整性

C. 举债业务合法性　　D. 账务处理正确性

E. 在会计报表中披露的正确性

4. 为有效完成审计计划，在审计盈余公积时应确定的审计目标有(　　)。

A. 在核实利润总额是否真实的基础上，确定盈余公积是否真实存在

B. 证实任意盈余公积提取与使用的合规性

C. 查明盈余公积入账完整性

D. 确定盈余公积分类、记录正确性

E. 审查资本公积合法性

5. 投资审计目标包括证实对外投资(　　)。

A. 真实性　　B. 记录完整性　　C. 合法性　　D. 计价正确性

E. 可行性

6. 审查资本投入业务，证实资本真实性的方法有(　　)。

A. 实收资本明细表与记账凭证、原始凭证核对

B. 取得资本投入有关的记录及文件予以核实

C. 分析资本账户金额变动是否合理

D. 审阅资产所有权证明文件

E. 实物盘点、核对投资清单

7. 审查实收资本中发现存在虚构资本情况，对此应进一步采取的措施有（　　）。

A. 提请管理当局及时更正并补充不足资本

B. 要求企业停业整顿

C. 要求重新注册登记

D. 记入审计工作底稿，如被审计单位拒绝更正，应在审计报告中揭示

E. 交由工商管理部门处理，审计人员可置之不理

8. 吸收无形资产投资时，对其审查的程序包括（　　）。

A. 审查无形资产账户及相关凭证　　B. 向投资者函证资产的价值

C. 辨别无形资产的使用范围　　D. 验算投资比例是否符合规定

E. 检查投资合同、协议，查明其真实性和所有权

9. 资本公积审查包括（　　）。

A. 资本溢价　　B. 汇兑损益　　C. 接受捐赠　　D. 拨款转入

E. 股权投资准备

10. 审查资本公积使用的合法性，主要是审查（　　）。

A. 财产重估合法性　　B. 企业权力机构决议

C. 政府部门批准文件　　D. 有无挪用资本公积

E. 汇率折算差额

11. 对盈余公积进行实质性测试的程序包括（　　）。

A. 编制或取得盈余公积明细表，与利润分配表核对

B. 查阅公司章程及盈余公积处理有关规定

C. 将核对无误的盈余公积明细表与盈余公积账户、报表核对

D. 将盈余公积明细账与会计凭证核对

E. 核实未分配利润的真实性

12. 对盈余公积审查时，判断导致未分配利润减少的事项有（　　）。

A. 原材料价格上涨后，领用材料计价由先进先出法改为加权平均法

B. 接受捐赠资产计入营业外收入

C. 提足折旧固定资产后继续提取折旧

D. 预付账款未作摊销

E. 购入无形资产成本一次性摊销

13. 对短期借款审查的程序主要有（　　）。

A. 审核借款记录、凭证及有关文件和合同

B. 函证债权人，确定有无未记录的借款

C. 验证、分析利息费用

D. 账证核对,确定还款真实性

E. 审核借款计划,确定其合理性、合法性

14. 审查计息负债入账完整性的有效方法有( )。

A. 测试内部控制 B. 分析利息费用账户

C. 抽查负债账户 D. 向债权人函证

E. 审阅管理当局会计记录、文件合同等,确定债务资金来源

15. 审查长期举债业务时,可以认定的正确处理事项有( )。

A. 与购建固定资产有关的利息费用在达到预定可使用状态前计入财务费用

B. 1 年内到期长期债券应列示为流动负债

C. 应计入账的长期借款利息,贷记"长期借款"

D. 应计入账的债券利息,贷记"应付债券——应计利息"

E. 企业严重亏损时,可以冲减非流动负债

16. 审查某企业长期借款合同,其条款规定长期借款以企业的商品作为担保;分配股利需经银行同意;企业负债与资产比例经常保持在 65%;自 2013 年 10 月 2 日起分期归还借款。审计人员应( )。

A. 审查借款是否经管理当局批准,并检查会议记录

B. 验证借款利息费用和应计利息计算正确性

C. 查明借款合同所有的限制条件

D. 审查商品的账务处理

E. 审查商品明细账和报表附注有无对担保的记录

17. 某公司发行期限为 5 年的公司债券,应列为流动负债的情况有( )。

A. 债券持有人要求将公司债券提前兑现时

B. 债券在 1 年内到期,而且须以流动资产予以偿还时

C. 债券发行公司违反契约规定,按规定条款须提前偿还时

D. 该公司与其他公司合并时

E. 公司扩股或改制时

18. 短期借款入账完整性审查的程序包括( )。

A. 分析财务计划 B. 审查借款合同,查明借款期限等

C. 向债权人函证 D. 分析利息费用账户

E. 账表核对

19. 以下审计程序中,可以用于审查长期借款入账完整性的有( )。

A. 分析财务状况

B. 向债权人函证

C. 分析利息费用账户

D. 查阅会议记录、文件等,了解企业筹集的全部债务资金来源

E. 查询融资方式、复核货币资金收入

20. 对应付债券审查的要点包括(　　)。

A. 审查债券溢价或折价的摊销　　B. 审查发行收入款项是否投入使用

C. 验证应付债券期末余额的真实性　　D. 审查发行债券的合法性

E. 审查债券还本付息的真实性

21. 审查财务费用,应特别注意可能发生的错误和弊端包括(　　)。

A. 未按期计提借款利息

B. 利息收入未冲减当期利息支出

C. 混淆收益性支出与资本性支出的界限

D. 随意调整汇兑损益

E. 财务人员工资福利费计入财务费用

22. 对委托贷款业务进行实质性测试时,应重点审查的内容有(　　)。

A. 委托贷款账面价值的真实性　　B. 收益确认的合法性

C. 期末计价的正确性　　D. 委托贷款的合理性

E. 委托贷款业务是否经过批准

23. 在对股票的发行、回购等业务进行审查时,审计人员应当审查的原始凭证包括(　　)。

A. 股票发行的登记簿及发行清单　　B. 股票回购的清单

C. 银行存款收款、付款凭证　　D. 银行对账单

E. 送款单

24. 审计人员对长期借款进行实质性测试时,应取得的审计证据包括(　　)。

A. 长期借款预算

B. 长期借款的合同及批准文件

C. 相关资产抵押的所有权证明文件

D. 长期借款函证的回函及逾期借款的展期协议

E. 长期借款明细表

项目三
采购与付款业务循环审计

任务导入

采购与付款业务循环是企业外购货物和支付款项的业务过程。外购货物包括原材料、物料用品、加工劳务、固定资产等。采购与付款业务循环具有业务环节多、货物品种繁多等特点,对企业日常经营有较大影响。

采购与付款业务循环审计既涉及利润表项目又涉及资产负债表项目,涉及的利润表项目通常为管理费用;涉及的资产负债表项目包括预付款项、固定资产、在建工程、工程物资、固定资产清理、无形资产、开发支出、商誉、长期待摊费用、应付票据、应付账款和长期应付款等。

采购与付款业务循环审计是企业财务审计的重要组成部分,审计风险较高,审计人员通过调查熟悉采购与付款业务,分析审计固有风险;通过了解采购与付款业务内部控制,测评内部控制风险;通过拟定审计方案,审查采购与付款业务各项目,控制审计风险。

模块一　调查熟悉采购与付款业务循环

采购与付款业务循环常常存在风险,审计人员必须调查熟悉采购与付款业务循环,以确定相关账户金额实质性测试的性质、时间、范围。

任务一　采购与付款业务循环综述

采购与付款循环从处理请购单开始,包括订货、签订合同、验收、确认债务、付款等环节。由于该循环涉及的业务广,有关账户多,对采购与付款循环的审计要花费较多的时间、人力。相关资产和负债在企业资产负债中占有相当的比重,在管理上也存在一定的难度。因此,重视和加强对采购与付款业务及其账户余额、发生额的审计有着重要的意义。采购与付款业务循环一般包括以下各项。

一、处理请购单

由使用商品和劳务的被授权人提出采购申请并填制请购单,通常由仓库或其他部门对所需要购买的商品填写请购单。适当的授权审批是这一环节控制的关键,这种授权审批一般是按照经济业务的性质进行分级授权控制,例如仓库在库存达到再订购点时可直接提出采购申请。为了取得购货折扣、降低采购成本,一般进行集中订货、招标采购。

二、编制订购单

采购部门根据批准的请购单签发订购单,订购单上注明求购商品或劳务的具体名称、价格、数量、交货时间等,订购单应预先连续编号,并经过被授权的采购人员签名,正联送交供应商,副联送至企业内部的验收部门、应付凭单部门和编制请购单的部门。同时,还应由独立于请购、采购部门之外的其他部门检查订购单的合理性。

三、验收商品和劳务

企业从供应商处收到商品、劳务是本循环的一个关键点。由验收部门检查收到的商品是否与订购单上的项目一致,进行计数、称量、测量、化验来验证外购商品或劳务的数量和质量。验收合格后填制一式多联、预先编号的验收单,其中一联交仓库或其他请购部门作为入账凭证,另一联送财会部门作为记录债务的依据。如果验收不合格,则不得签发验收单,要求采购部门与供应商交涉,采取进一步措施维护企业利益。

四、确认债务

正确确认已验收商品和劳务的债务,要求企业正确而及时地对采购业务进行记录。这些记录对会计报表和价款支付有重大影响,要注意按正确的金额记录已发生的采购事项。应付款项记账人员在收到销货方发票时将发票上所列的商品的名称、规格、价格、数量、运费等与订单、验收单等相关凭证核对,并对合计加以复核。审核发票之后,登记采购日记账和应付款项明细账。

五、处理和记录价款的支付

通常采用预先编号的付款凭单进行控制,在付款前付款凭单由应付款项记账员掌管。订购单、验收单、供应商发票作为付款凭单的支持性凭证,经审核无误后,由被授权的财会部门人员签署支票。支票一经签署就要在付款凭单和支持性凭证上加盖印鉴或以其他方式将其注销。出纳员根据签发的支票及时登记银行存款日记账,会计人员登记应付款项明细账。

任务二　采购与付款业务循环中的主要文件

采购与付款业务循环过程涉及的主要凭证和记录有以下各项。

一、请购单

请购单是由产品制造、资产使用等部门的有关人员填写,送交采购部门,申请购买商品、劳务或其他资产的书面凭证。请购单上面注明所要采购的物品的种类、数量及请购人，可以由不同的人员提出请购申请。例如，原材料由仓库管理部门提出，物料用品由维修单位提出等。

二、订购单

订购单由采购部门编制并提交供应商，用来记录企业准备采购的商品和劳务的名称、种类、数量、供应商名称、付款条件、价格及其他有关资料的书面凭证，用于表明商品或劳务采购的批准手续，并将其送交供应商，表达采购意愿。

三、订货合同

订货合同是明确购置品种、规格、数量、质量、供货日期、付款条件等供需双方责任、权利的书面文件。

四、验收单

验收单是企业收到采购的商品时由验收部门填制的收到商品的名称、种类、数量、供应商名称、订单号及其他资料的书面凭证，验收单要预先连续编号，以便进行有效控制。

五、销货发票

销货发票由销货方提供的标明采购的商品或劳务的种类、数量、价格、运费、现金折扣条件以及开单日期的书面凭证。

六、退货或折让通知单

退货或折让通知单反映由于退货或折让而减少向供应商付款金额的凭证，格式通常与卖方发票相同，用于证明应付款项减项记录。

七、付款凭单

付款凭单用来建立正式记录和控制采购和支付债务的授权证明凭证，不仅是付款凭单登记簿或采购日记账记录的基础，也是支付货款的依据。付款凭单正本须随附卖方发票、验收单和订购单副本。

八、支票

支票是企业开出的支付到期账款的凭单。

九、采购日记账

采购日记账以付款凭单为依据记录采购业务，对重要的采购类别分设专栏，以及设有应付款项专栏、商品退回与折让专栏等的日记账。

十、卖方对账单

卖方对账单由供应商按月编制，标明期初余额、本期购买、本期支付款项和期末余额。卖方对账单是供应商对有关业务的陈述，除了对有争议的事项和时间上的差异，被审计单位的应付款项明细账余额应与卖方对账单的余额一致。

十一、其他

除以上主要凭证和记录外，通常还包括现金和银行存款日记账、材料采购明细账和总账、原材料、包装物、低值易耗品明细账和总账、应付账款明细账和总账、应付票据明细账和备查簿、预付账款明细账和总账。

任务三　采购与付款业务循环中的内部控制

一、职责分工控制

采购与付款业务涉及采购、验收、保管、付款、记录等多个方面。为保证采购确为企业生产经营所需并符合企业利益，收到的商品安全完整，价款及时正确地支付给供应商，采购和付款要有明确的分工，特别是采购、验收、付款和记录要由不同的职能部门或人员负责。大宗采购要有竞争性报价，并将采购人员在各个业务日之间进行轮换。主要职责分工有以下各项。

(1) 提出采购申请与批准采购申请相互独立，以便加强对采购的控制。

(2) 批准请购与采购部门相互独立，以防止采购部门购入过量或不必要物资而对企业整体利益产生损害。

(3) 采购审批、合同签订、合同审核相互独立，防止虚列支出。

(4) 验收部门与财会部门相互独立，保证按真实收到的商品数额登记入账。

(5) 应付款项记账员不能接触现金、有价证券和其他资产，以保证应付款项记录的真实性、正确性。

(6) 内部检查与相关的执行和记录工作相互独立，以保证内部检查的独立性和有效性。

二、信息传递控制

建立健全采购与付款业务循环相关的内部控制，要求管理当局对与此循环相关的信息传递程序实施严格有效的控制。这些控制包括以下各项。

(一) 授权程序控制

有效的内部控制要求采购与付款业务的各个环节要经过适当的授权批准，主要有以下各项。

(1) 企业内部建立分级采购批准制度。

(2) 只有经过授权的人员才能提出采购申请。

(3) 采购申请经独立于采购和使用部门以外的被授权人的批准，以防止采购部门购入过量或不必要的商品，或者为取得回扣等个人私利而牺牲企业利益。

(4) 签发支票要经过被授权人的签字批准，保证货款以真实金额向特定债权人及时支付。

（二）文件记录控制

为了满足业务审批、财产保管、便于记录的要求，要合理设计并使用各种文件和记录。收到购货发票时，财会部门应将发票上所记的商品规格、数量、价格、条件及运费与订购单、验收单上的有关资料核对相符后入账；对关键性凭证要预先编号，由经手人按编号归档保存，并由独立人员定期检查存档文件的连续性；订购单中要有足够的栏目和空间，详细反映订货要求；建立付款凭单制，以付款凭单作为支付货款的依据；设置采购日记账，及时完整记录所有采购业务；对每一供应商设立应付款项明细账，并与总账平行登记。

（三）独立检查控制

由独立于业务经办人员的人对卖方发票、验收单、订购单、请购单进行独立检查，确保实际收到的商品符合订购要求。定期核对采购日记账和应付款项明细账，检查付款凭单各项目填写是否与卖方发票一致，由专人检查采购形成的负债业务的真实性、实有数额及到期日等。按月向供应商取得对账单与应付款项明细账核对调节，发生差异时查明原因。通过对账确保债务的真实性和正确性，维护企业和债权人双方的利益。检查付款凭单计算的正确性，检查付款记录的及时性和正确性。

由独立人员按月编制银行存款余额调节表，以检查银行存款日记账记录的付款与银行对账单记录的一致性。定期检查采购日记账与总账、应付款项明细账与总账、银行存款日记账与总账的金额是否一致，如果金额出现差异，应编制银行存款余额调节表进行调节。

三、实物控制

采购与付款业务中的实物控制包括两个方面，一方面加强对已验收入库的商品的实物控制，限制非授权人员接近存货。验收部门人员应独立于仓库保管人员，同时加强对发生的退货的实物控制，货物的退回要有经审批的合法凭证。另一方面限制非授权人员接近各种记录和文件，防止伪造和篡改会计资料。特别应注意对支票的实物控制，不得让核准或处理付款的人接触；未签发的支票应予以安全保管；作废的支票予以注销或另加控制，防止重复开具发票。

模块二　测评采购与付款业务循环内部控制

通过了解采购与付款业务循环内部控制，并进行内部控制测试，审计人员对内部控制健全性、有效性作出评价，并确定审计目标，围绕审计目标收集充分可靠的审计证据。

任务一　了解并描述采购与付款业务循环的内部控制

通过查阅关于物资采购、仓库保管、付款等方面的制度文件，走访并实地观察采购部门、仓库、验收部门和财会部门等，深入了解企业采购与付款管理的各方面制度是否健全，手续是否完备，观察验收部门是否独立于仓库保管和记账职责。观察采购职责是否与批准采购部门、验收货物部门分离，有无分级授权采购制度，主要控制环节是否有效。经过调查了解，结合文字描述、内部控制调查表或流程图方式，将内部控制情况记录在审计工作底稿中。一个设计良好的控制系统应该能够确保所有的采购都经过批准，能够密切跟踪长期合同，监督过度的请购并确认潜在的损失；由独立使用者检查存货请购的设计和维护，确认企业是否存在检查资产减值的程序等。

任务二　抽查部分采购业务

一些员工虚构供应商，使得企业为从来没有收到的商品付款，从而将资金转移到企业外部。因此，审计人员必须详细了解被审计单位与其供货方之间的关系，并抽查发货数量、时间和质量标准的重要合同。通过购货业务测试，检查本循环控制环节的设置与执行情况，抽查的范围根据重要性原则确定，抽查的方法是从采购部门的业务档案中抽取订货单样本，可对采购物品较重要或金额较大的采购业务重点审查。索取其采购业务的各种文件资料，沿着采购业务的正常程序加以追踪，进行相关的检查与验证，检查与验证的内容包括以下各项。

(1) 核对请购单与订购单是否一致，请购单是否经过适当的授权人批准，订购单是否连续编号。

(2) 核对采购合同上确定的价格、付款日期与财会部门核准的支付条件是否一致。

(3) 检查合同是否经过有关部门审查，核对卖方发票上所购物品的数量、规格、品种与合同是否一致。

(4) 抽验部分付款凭单，检查其是否附有请购单、订购单、验收单，付款凭单和验收单是否连续编号，验证验收环节的有效性和计算的正确性。

(5) 核对采购合同、卖方发票、验收单与入库单是否一致。

(6) 检查购入材料计价正确与否，被审计单位采用永续盘存制核算时，复核计价正确性。

任务三　测试付款环节

抽查应付款偿付业务，查明其付款的依据是否正确无误，付款及记录、过账是否及时，对应账户是否正确，有关现金折扣的处理是否符合规定。

（1）了解应付款项记录、付款业务是否分开，了解有关凭证的传递过程；应付款项总账与明细账是否由不同人员记录；应付款项记录人员与出纳员的职责是否分开。

（2）抽查应付款项明细账，检查应付款项各明细账与银行存款或现金日记账和总分类账的一致性，证实应付款项会计记录内部控制的有效性；检查抽取的明细账过账时所附的原始凭证，例如订货单、供货方发票、验收单和已付支票等，验证原始凭证的合法性、正确性以及核对原始凭证记载的金额与相关明细账的一致性，证实各有关部门内部控制的有效性。

（3）审核货款结算手续，检查应付款项明细账上金额与订购单、验收单、卖方发票是否完全一致。

（4）抽取部分支票，检查签发的支票是否有被授权人的签字，支票中各个项目与卖方发票是否一致。

（5）进一步审查材料采购明细账、原材料账与银行存款日记账或应付款项账户的过账是否正确。

（6）审查现金折扣的合理性。企业购货时的现金折扣如果单独记账，审计人员通过计算当期获得的现金折扣与进货总额的比率，将该比率与以前各期相比较，确定现金折扣的合理性。现金折扣比率如果显著下降，其原因可能有进货条件变更、未曾取得折扣或有关人员舞弊等，审计人员应对此给予应有的关注。

（7）检查应付票据内部控制。走访观察应付票据记录与业务经办是否独立，职权分工是否合理，签发票据、记录、付款有无一人负责的情况，如果票据仅由一人签发或名义上虽为两人而实际上其中一个已预先在票据上盖章，或将其印章交由有权签发票据的另一人代办，在这种情况下，审计人员应特别注意；抽查部分作废、退回的票据，查明是否予以注销，是否编号保存；了解应付票据总账与明细账是否定期核对，并和债权人提供的有关记录相调节。

任务四　测评固定资产内部控制

一、了解固定资产的内部控制

固定资产的审查应在评价固定资产内部控制健全性、有效性基础上，分别对固定资产的增加、减少、折旧以及结存等方面进行实质性的审查。审计人员可通过审阅固定资产管理制度与有关文件，询问有关人员，以及实地观察等方式了解内部控制情况，并记录于审计工作底稿之中。

二、验证固定资产的新增手续

在一个会计年度内，新增固定资产的业务不多，审计人员可验证固定资产的各种手续是否齐全。例如，有无购建计划、可行性研究报告、概算预算及审批文件，审批文件上授权签章是否符合规定的级别，核对明细账记录与有关部门提供的清单是否一致等。

三、验证固定资产退废手续

审计人员要索取固定资产报废、出售、对外投资、调出等手续。例如，有无报废通知单、出售调出计划、对外投资可行性研究，审查这些文件上的各种审批手续是否齐全，同时抽查固定资产利用记录，确定报废、出售、调出以及对外投资的适当性。

四、抽查固定资产验收报告

审计人员应索取固定资产验收报告，抽查其验收部门工作的独立性，检查验收报告填写的内容是否全面，必要时抽查实物加以核对。

五、检查固定资产账、卡的设置情况

审计人员应到固定资产管理部门、使用部门检查有无明细账和卡片，是否一物一卡，随时登记增减变动并定期与财会部门的账簿记录相核对。

任务五　评价采购与付款业务内部控制

审计人员通过对采购与付款业务的了解测试，包括行业特征、采购过程功能组织，业务特点、相关会计科目等，评价固有风险；通过了解控制环境、控制程序、会计准则，并实施内部控制测试，确定内部控制是否符合各项要求，有无薄弱环节和失控点，评价控制风险，明确账户余额、发生额审查的范围和重点。

如果采购与付款业务内部控制存在缺陷，例如验收货物时未用验收单，而直到支付货款时才记录采购业务，或由于资金紧张、账款经常过期后才付清；固定资产增长速度高于行业增长水平，而且无战略性的计划等。在这些情况下，应付款项少记、漏记的可能性就很大，需要在大范围内进行账户测试，审计人员还应就薄弱环节提出改进建议。

知识拓展　**采购与付款业务循环审计目标**

在采购与付款业务循环内部控制测评的基础上，审计人员应明确本业务循环的审计目标，围绕审计目标收集充分的审计证据，达到审计目的。采购与付款循环审计主要针对应付账款、应付票据、预付账款、固定资产进行审查，因而审计目标主要针对这些债务、债权和资产。

1. 证实应付款项和预付账款总体合理性

对记录的应付款项和预付账款金额在总体上的正确性进行估计，通过分析应付账款和预付账款的变动情况，确定其合理性，判断高估资产或低估负债的可能性，以便确定审查重点。

2. 证实采购业务形成负债的真实性和完整性

证实账面记录的应付款项等负债记录的金额为实际发生的金额，是否已全部记录，是否确实存在，有无少记、漏记、延期记录或虚设偿还记录，凭空贷记负债业务，从而造成财务状况和经营成果不实等情况。

3. 证实分类正确性

审计人员应确认应付款项等分类是否符合《企业会计准则》规定，在证实分类正确性的基础上，审查相应的账户记录有无错误。

4. 证实采购与付款截止期的正确性

审计人员应当确定决算日前后发生的购置和付款业务是否恰当地记录在所属的会计期间，因为接近决算日的采购与付款记录易于出现错弊，应对决算日前后的有关记录进行截止测试。

5. 确定采购物资和相关负债在会计报表上披露的正确性

对列示于会计报表的有关项目进行审核，验证原材料、物料用品、固定资产和应付款项等项目的汇总数是否正确，记录的金额是否正确，证实会计报表披露的正确性。

模块三　审查应付款项

企业的应付款项包括应付账款、应付票据、其他应付款等。应付款项审计与应收账款审计有所不同，应付款项审计主要是为了查明债务入账的完整性，审查有无隐匿负债或利用应付款项隐匿利润的情况。

任务一　运用分析性复核方法检查应付款项期末余额

取得或编制应付款项明细表，如果应付款项明细表由被审计单位编制，审计人员应对以下内容进行审核：审核应付款项明细表的数字计算是否正确并已和总分类账相互验证，查明两者是否相符，如果不符应查明原因；审核应付款项明细表上应付款项的分类是否正确，有无不应记入的负债记录在应付款项账户；审核应付款项明细表上有无过期未付的债务，发现存在此类事项，应查明原因。审计人员将编制的或审核无误的应付款项明细表与会计报表上应付款项的数额核对，验证会计报表上应付款项与其明细记录的一致性，如果两者不符，应查明原因。

审计人员运用分析性复核方法揭示应付款项期末余额的变动是否合理。复核方法包括将本期各主要应付款项账户与上年比较，分析其波动原因；将本期外购商品、材料物资或劳务的有关成本费用账户金额与上年比较，判断应付款项变动的合理性；

对应付款项占采购金额的比率、应付款项占当年流动负债的比率，进行对比分析，评价应付款项整体合理性，如果经过比较发现应付款项期末余额变动的不合理，应在其他环节加强审核；审查长期挂账的应付款项，分析原因，判断被审计单位偿债能力，特别注意是否利用应付款项隐匿收入。

任务二　抽查应付款项明细账

为了进一步查明应付款项期末的余额真实性，可运用抽样方法进行核实。应用抽样审计技术时，测试的样本量在很大程度上取决于应付款项的重要性、未结清账户数量、以前年度的审计结果以及内部控制的健全性、有效性。测试的总体是应付款项明细账账户总数，也可以把决算日后一定期间的所有货币资金支出业务作为总体。

以应付款项明细账为总体进行抽样审查，出现应付款项账户数较少；抽样结果表明误差很大，无法接受总体；应付款项明细账余额加总与总账余额不符，或者发现有其他重大错误等情形之一的，应审查总体所有项目。抽样审查有困难时，可以把以下的应付款项明细账作为重点进行审查，查明应付款项的真实性、完整性和合法性等：应付款项明细账贷方发生数额较大或账面余额累计数较大的账户；应付款项明细账余额长期未能结清的账户；积欠已久而突然全部结清的账户；同一账户应付已付业务发生频繁的账户；应付款项明细账未标明欠款单位或欠款单位不明确的账户；应付款项明细账账面余额很小，而又长期没有变动的账户；无月结单可供核对的账户；具有特殊交易的账户；提供资产担保的账户；关联单位的账户。对抽取的或重点审查的应付款项明细账与其原始凭证及有关附件进行核对，查明应付款项的真实性、正确性。

任务三　函证应付款项数额

审计人员向债权人函证应付款项，证实应付款项的真实性。如果企业内部控制健全有效，卖方对账单齐备，一般可不必函证；如果付款内部控制有缺陷，又无卖方对账单可供审核，则应对应付款项金额较大、欠账时间较长，核对时发现账证不符、余额为零、往来频繁、变动很大的账户以及其他有代表性的账户，例如与被审计单位正常业务无关的异常项目等，有必要进行函证，以证实应付款项的实有数额。函证时，审计人员应预先向企业采购部门取得本期供应商一览表，以便确定函证对象。由于多数企业对应付款项进行舞弊的目的是低估应付款项，手段以漏记赊购业务为主，因此进行函证不能完全查明未入账的应付款项。

审计人员在收到债权人函证回函时，应将其反映在审计工作底稿上，并与企业应付款项数额核对，如果不相等应查明原因。有的差异是由于未达账款、在途货物、账务处理不及时等原因造成的；有的差异可能是由于其他原因造成的，在这种情况下，审计人员应审查有无凭证和相关资料，作进一步核实。例如，函证应付款项时，被审计单位无法提供债权人确切的单位和地址，则可能存在舞弊问题，或者为逃税或截留利润而将收入转到应付款项账户等。

任务四　调节应付款项

被审计单位应每月从各供应商处取得对账单，与应付款项各明细账调节。进行应付款项审查时，如果企业已按以上要求予以调节，审计人员只要复核各月对账单，确定调节是否正确即可。如果企业未进行调节，审计人员应执行这一程序，亲自进行调节。调节供应商对账单时，常见的差异是供应商已经入账并发出的货物，但企业没有收到，也没有入账。审计人员应将这些在途货物单独列表反映，不得同那些已验收入库而为了低估负债未作记录的货物相混淆。

审查应付款项与其他应付款划分是否正确，有无将其他应付款记入应付款项，同时对其他应付款进行审查。在会计报表中，应付款项应根据“应付账款”、“应付票据”和“预付账款”所属明细账户期末贷方余额的合计数填列，并与其他流动负债分别列示。企业因付款后退货、重复付款、多付账款、预付货款、记账、过账错误等导致某些明细账户借方余额较大时，审计人员应编制重新分类的分录，将付款后退货、重复付款、多付账款、预付货款等原因导致的借方余额在会计报表中列为资产，而不应抵销其他账户的应付款项贷方余额，以担保资产形成的应付款项应在会计报表附注中予以反映。

任务五　查找未列报或未入账的应付款项

审计人员查明未记录的应付款项业务要比核实已记录的业务困难得多，但是审计人员必须执行这一程序，因为应付款项审查的主要目的是防止企业低估负债。由于应付款项这项负债最终是要清偿的，即使该项流动负债发生时不入账，支付货款时仍要入账。因此，可在决算日之后对有关支出业务进行审查，查明有无未入账应付款项；也可以对决算日之前的有关原始凭证进行审查，达到审计目的。

一、审查决算日以后货币资金支出的主要凭证

审查决算日之后数周内的支出业务，目的在于查明会计期间结束后的支出业务，是否确实为了偿付决算日的负债，某项支出业务是否为付清当期货款。例如，支票已备妥，在决算日之前尚未支付，而账务处理方面已借记“应付款项”账户，贷记“银行存款”账户。而这笔分录以及未发出的支票实际上并不表示账款已付，这样做的目的显然是为了减少会计报表上应付款项的数额。为真实反映企业决算日的财务状况，对此类错误应另作分录予以转回。审查时，通过支出业务与应付款项明细表核对，或者

追踪至应付款项账户，查明应付款项是否入账。

二、追踪决算日后若干天的购货发票

追踪决算日后若干天的购货发票，关注购货发票的日期，审查相应的收货记录，查明其入账时间是否正确，有无推后截止期的情况。

三、追踪决算日之前发出的验收单

决算日以前已经签发的验收单表明收到了相应的商品或材料物资，与这些业务相关的负债按会计准则要求均应反映在该会计期间的“应付款项”账户上，审计人员从验收单追踪到“应付款项”账户，可以查明该项负债是否反映在应付款项中。

四、审核卖方对账单，追查应付款项明细表

如果卖方对账单的数据比较完整，并标明未付账款余额，审计人员可据此追查至相关的应付款项明细表中，或者函证那些余额为零的应付款项项目，查明有无未入账的负债。

五、审核决算日后数周内应付款项账单及原始凭证

审计人员审核决算日后数周内应付款项账单及原始凭证，查明是否属于本期应计负债。

六、结合材料物资和劳务费用业务进行审查，确定有无未入账负债

如果原始凭证标明的日期所属会计期间与相关业务负债入账期间不同，则属于漏记或未计入恰当会计期间的负债，审计人员应将发现的未入账的应付款项详细记录在审计工作底稿上。

表 2-11　　应付账款审计目标与会计报表认定关系表

审计目标	会计报表认定				
	存在	完整性	权利和义务	计价和分摊	列报
1. 资产负债表中记录的应付账款确实存在	√				
2. 应当记录的应付账款均已记录		√			
3. 记录的应付账款由公司拥有或控制			√		
4. 应付账款以恰当的金额包括在会计报表中，与之相关的计价调整已恰当记录				√	
5. 应付账款已按照会计准则的规定在会计报表中作出恰当列报					√

模块四　审查固定资产

固定资产审计涉及固定资产的形成过程、固定资产折旧与清理、固定资产减值准备审查等。固定资产审计风险包括管理层利用固定资产账户采取多种方法操纵利润。例如，通过改变预计使用年限和净残值调整折旧额；将费用支出资本化；将融资租赁记为经营租赁；资产处置的记录不完整；资产过时或减损；隐藏资产或负债；形成表外资产或负债；折旧方法不能反映资产的实物损耗或经济损耗等。

知识拓展　**固定资产审计目标**

1. 证实固定资产的真实性

由于固定资产价值高，对企业资产价值影响大，审计人员通过审查，应证实固定资产实际数量与价值是否与账面记录相同，有无账实不一致情况。

2. 证实固定资产的完整性

审计人员应证实企业固定资产是否全部记入到有关账户中，发生的金额已经记录，而没有遗漏。

3. 确定固定资产的所有权

审计人员应采用一定的方法，确定会计报表所列示的固定资产是否均属企业所有，确保记录的固定资产属于企业所有，而不包括租入、代管或已抵押出让等企业无产权的固定资产。

4. 证实固定资产分类的正确性

审计人员应证实企业的固定资产是否按照有关规定，记录的金额是否经过正确分类，并设立相应明细账进行核算与管理。

5. 证实固定资产计价正确性

由于企业固定资产的来源不同，所采用的计价方法也不同，在生产经营中，还会发生出售、报废、毁损、投资转出、盘亏等固定资产减少业务，审计人员应证实企业固定资产入账价值以及增加、减少和结存的计价是否正确，以确保记录金额的正确性。

6. 证实固定资产交易事项的合法性

审计人员应对企业在生产经营中，固定资产的各项增加、减少业务的合法性进行审查，确保记录的金额符合法律、法规规定。

7. 证实固定资产折旧方法选用的合规性及其计算的正确性

审计人员应证实企业所选用的固定资产折旧方法是否符合有关要求，方法一经确定，有无任意变动，折旧的计算是否正确。

任务一　运用分析性复核方法检查固定资产变动合理性

编制或取得固定资产及累计折旧分类汇总表，反映固定资产期初余额、本期增加、本期减少和期末余额以及折旧方法、折旧率、期初折旧余额、本期增加折旧、本期减少折旧、期末折旧余额等。检查固定资产分类是否正确，复核其加计正确性，并将其与明细账、总分类账、报表核对，查明是否相符，如果不符，应查出从何时起不符，并将当时的明细账与原始凭证核对，查明原因，予以调整。

通过分析有关比率及有关项目变动趋势，确定固定资产和折旧业务是否真实、账务处理是否正确、固定资产和折旧变动是否合理。常用的比率和变动项目分析如下所示。

(1) 固定资产总值除以全年总产量，将该比率与以前年度相比较，目的在于查明有无已减少的固定资产未在账面上注销或查明有无闲置的固定资产等问题。

(2) 比较本年度与以前各年度固定资产增加额和减少额。因被审计单位的生产经营情况不断变化，各个会计年度固定资产增加和减少数额可能会有很大差异，审计人员通过深入分析差异原因，同时根据企业过去和未来的生产经营趋势确定产生差异的原因是否合理。

(3) 比较本年度各个月份、本年度与以前各年度的修理费用，目的在于确定资本性支出和收益性支出的区分是否正确，有无混淆这两类支出的错误。

(4) 本年度计提折旧额除以固定资产总值，将该比率与上年计算数比较，目的在于确定本年度折旧额的计算有无错误。

(5) 分析比较各年度固定资产保险费，查明变动有无异常。

任务二　审查固定资产入账价值

企业自行建造固定资产、购入固定资产、改扩建固定资产，以及固定资产的大修理等，都需要通过“固定资产”账户核算，因此对固定资产入账价值的审计也是固定资产审计的重要组成部分。

按照《企业会计准则》规定，企业的固定资产应当按成本进行初始计量。对固定资产入账价值的审查，就是对固定资产取得的实际成本是否真实、正确的审查。由于企业取得固定资产的渠道与方式不同，其实际成本的确定与构成内容也不同。审计人员应确定所有新增固定资产均已经签订协议、董事会已经合理授权，根据资产的功能、预计使用寿命及预计折旧方式将其适当分类，通过检查购入凭证，例如发票、账单等，证实其进行了合理计价。审计人员应根据不同情况，进行具体的审查。

一、审查购入固定资产入账价值

对于购入的固定资产，审计人员应审查其入账价值是否按实际支付的买价、相关税费、使固定资产达到预定可使用状态前所发生的可归属于该项资产的运输费、装卸费、安装费和专业人员服务费等记账，有无将包装费、运杂费或安装成本挤入生产成本或管理费用中，混淆固定资产成本与生产成本界限的情况。

【任务案例 2-2】 审计人员审查时发现，被审计单位兴秦有限责任公司购入一台生产用设备，价值为 36 000 元，估计可使用 3 年，无残值，在 2013 年 6 月投入使用，公司将该设备采用五五摊销法推销价值，并将推销额列入“管理费用”账户。审计人员进一步调查到该公司期末无在产品、当月生产的产品全部销售。作为审计人员如何进行分析评价？并指出应调整 2013 年利润的数额。

【案例分析】

1. 审计人员分析评价的要点

(1) 兴秦有限责任公司混淆了固定资产与低值易耗品的界限。该设备符合固定资产的标准，应列入固定资产账簿。

(2) 兴秦有限责任公司将固定资产当作低值易耗品采用五五推销法摊销价值，从而使计入 2013 年“管理费用”账户的转移价值增大，虚增了当年费用。

(3) “转移价值”应列入“制造费用”，因为该仪器属于生产用设备，但该企业列入了“管理费用”。由于该公司期末无在产品、当月生产的产品全部销售，所以未列入“制造费用”将最终影响当年利润制造费用、生产成本、产品销售成本少计 6 000 元，利润多计 6 000 元。

2. 审计人员指出 2013 年利润应调整的数额

(1) 因少计制造费用而调整利润数的计算：

公司应当在制造费用列支：36 000÷3÷12×6＝6 000(元)

制造费用少计 6 000 元，利润多计 6 000 元。

审计人员建议公司调减利润 6 000 元。

(2) 因多计管理费用而调整利润数的计算：

公司列入“管理费用”：36 000÷2 ＝18 000(元)

管理费用多计 18 000 元，利润少计 18 000 元。

审计人员建议公司调增利润 18 000 元。

(3) 综上所述：审计人员建议兴秦有限责任公司应调增利润 12 000 元(18 000－6 000)。

二、审查自行建造固定资产入账价值

对于自行建造的固定资产，审计人员应审查其入账价值是否按照建造过程中实际发生的全部支出记账，有无将固定资产建造过程中发生的料、工、费挤入生产成本，或者将日常生产中发生的料、工、费挤入固定资产价值中，混淆费用界限，造成固定资产价值不正确以及当期损益不真实的情况。

1. 审查建造固定资产物资

企业购入为工程准备的物资，在“工程物资”明细账户内核算。工程物资是否确实存在，与账面记录是否一致等都应予以审查，审查的方法与要点可参照存货的审查进行。

2. 审查预付工程价款

企业出包工程，按规定可以预付承包单位工程价款，工程完工收到承包单位账单时，再补付或补计工程价款。对预付工程价款审查的要点包括以下各项。

(1) 审查出包工程是否合法。审查是否履行招标程序，出包工程有无违法行为，预付工程价款及支付是否合规，应审查实际支付的预付工程价款是否与合同规定的比例相符，是否与工程的进度以及占全部工程款的比例相适应，必要时应请有关工程技术人员进行评定。

(2) 审查预付工程价款的支付手续是否健全。应审查承包方收到预付工程价款后是否出具了正式的收据，收据的内容、数字是否正确无误，预付工程款是否存在。

(3) 审查工程完工后的结算是否正确。对工程完工后承包单位送来的账单应加以审查，检查工程价款的计算是否合理、正确，需要补付或补记的工程价款，企业是否及时作了正确的账务处理、披露是否适当。

3. 审查自行建造固定资产成本

企业自行建造固定资产、改扩建固定资产、安装固定资产以及固定资产大修理发生的各项支出应记入“固定资产”账户。企业建造固定资产在试运转过程中所取得的收入扣除税金后抵减建造固定资产开支，其净支出为建造固定资产成本。对自行建造固定资产成本审查要点包括以下各项。

(1) 审查建造固定资产各项支出的合法性。按规定，建造固定资产领用的物资、建造固定资产工人的工资、建造固定资产使用的本企业产品、辅助生产部门为建造固定资产提供水、电、设备安装、修理、运输等费用以及工程进行试运转所发生的费用等计入建造固定资产成本。审计人员应根据固定资产的各明细账，结合有关凭证，审查各项开支是否合法，有无将不属于建造固定资产的开支挤入了固定资产成本，或将建造固定资产开支列入生产成本的现象。

(2) 审查建造固定资产借款利息处理的合规性。审查时应注意，企业发生的工程借款利息，属于固定资产尚未交付使用或已投入使用但尚未办理竣工决算之前，其利息应计入固定资产造价。

(3) 审查建造固定资产试运转过程中收入处理的完整性。审查时应注意，建造固定资产试运转中各项收入是否全部入账，有无收入不入账等行为，是否将收入扣除税金后冲减了工程成本，账务处理是否正确。

4. 审查建造固定资产期末余额

建造固定资产的期末余额为尚未完工或虽已完工、但尚未办理竣工决算的实际支出，以及尚未使用的工程物资的实际成本。审计人员应按照固定资产各明细科目所反映的内容分别加以审查，证实其真实性、正确性，确定建造固定资产减值准备是否适当，计提依据是否充分，账务处理是否正确。

5. 审查工程项目决算

无论出包工程还是自行建造工程，工程完工都需编制竣工决算，在此基础上，转入企业固定资产。审计人员应对工程决算进行认真的审查，包括各项费用开支是否遵守了预算定额标准，资金的使用是否经济合理，有无弄虚作假和损失浪费的现象；项目完工的工作量是否符合要求，主要设备、辅助设备以及应有零部件是否齐全，工程价款的计算方法是否符合标准，计算额是否正确；完工验收情况如何；是否达到了预期标准；产权关系是否明确等。

6. 审查借款费用

借款费用是指企业因借款而发生的利息、折价或溢价的摊销和辅助费用，以及因外币借款而发生的汇兑差额。审计人员应注意企业借款费用处理是否正确，已经记入固定资产价值的借款费用是否符合资本化的条件，有无将不应资本化的借款费用记入固定资产价值的问题，资本化的借款费用金额是否正确。

三、审查其他单位投资转入固定资产入账价值

对于其他单位投资转入的固定资产，审计人员应审查其入账的价值是否按评估确认或者合同、协议约定的价格记账，合同、协议约定价值有无不公允的情况，影响固定资产价值正确性以及投入资本真实性的情况。

四、审查融资租入固定资产入账价值

对于融资租入的固定资产，审计人员应审查其入账价值是否按照租赁协议确定的设备价款、运输费、途中保险费、安装调试等支出记账，有无将规定的费用项目漏记、错记或多记，以及混淆经营租赁与融资租赁界限的情况。

五、审查在原有固定资产基础上进行改建、扩建固定资产入账价值

对于在原有固定资产基础上进行改建、扩建的固定资产，审计人员应审查其入账价值是否按原有固定资产账面原值，减去改建、扩建过程中发生的变价收入，加上由于改建、扩建而增加的支出记账，有无将改建、扩建期间发生的料、工、费与生产成本或管理费用相混淆，或将改建和扩建中发生的固定资产变价收入不入账的情况。

六、审查接受捐赠固定资产入账价值

对于接受捐赠的固定资产，审计人员应审查其入账价值是否按照同类资产的公允价值或根据所提供的有关凭证记账，包括在接受固定资产时发生的各项费用，有无未按同类资产的市场价格或所提供的有关凭证记账，而是人为估计。同时，将接受固定资产时发生的一些费用计入到管理费用中去，或把企业的一些其他开支也混入到接受捐赠的固定资产价值中的情况。

七、审查盘盈固定资产入账价值

对于盘盈的固定资产，审计人员应审查其入账价值是否合理估价，有无随意估计价值的情况。

任务三　审查固定资产增减与结存

一、核查固定资产的真实性

法律意义上归属于企业的各项固定资产是否确实存在，需通过监盘加以证实。固定资产的监盘程序与存货的监盘基本相同，但固定资产不像存货集中存放在库中，而是分散在不同的使用地点。一般对房屋、建筑物等相对稳定的固定资产，可以重点抽查验证；对安装使用设备，可以在小范围抽查验证；对可移动的固定资产，需在较大范围内抽查验证。

实物监盘前，应先将固定资产明细账与固定资产卡片进行核对，做到账卡相符。清查时，一方面注意固定资产是否完整存在，例如主机、辅机、应有的备件是否齐全；另一方面应注意审查固定资产的维护保养情况，鉴定其新旧的程度与账面记录是否一致，必要时请专家对其实际价值进行估价。监盘后，对于盘盈、盘亏的固定资产进行深入的调查，如发现因凭证手续不全所造成的账外资产应补记入账，对盘亏的固定资产要查明原因，并进行必要的账务处理。

二、查验固定资产的所有权

对实存于企业的固定资产，审计人员需收集各种凭证，例如，契约、产权证明书、财产税单、发票等，以确定固定资产确实属企业所有。特别是在初次审计中，审计人员需采用一定的方法，花费一定的时间，收集足够的证据，证明企业固定资产的归属，并将证明企业固定资产所有权的凭单复印本存入在审计的永久性档案中。有的企业各项记录是健全的，各项购买合同、发票以及证明所有权的各种证据都可在有关档案资料中找到，但也有的企业在多年的生产经营活动中由于机构变动、人员变更、制度变化等原因，可能会发生证明资产所有权的证据不充足或资产移动放置错误等情况，审计人员仍要采取一定方式，证明资产的所有权及抵押情况。

当再次审计时，审计人员仍要查验固定资产的所有权，所采用的方法可以与初次审计有所不同。可视内部控制情况，抽取一部分资产记录与资产本身进行查对，特别对记录中的一些增减项目进行审查。

三、审查新增固定资产

新增固定资产在账务处理上都应借记“固定资产”账户。但由于其来源渠道不同，对应的会计科目也不同。购入的固定资产应冲减“银行存款”账户；自行建造的固定资产应结转“在建工程”账户；投资者投入的固定资产，企业应贷记“实收资本”或“股本”账户；接受捐赠的应计入“营业外收入”账户，盘盈的固定资产贷记“待处理财产损溢”账户，按规定程序批准转销时，借记“待处理财产损溢”账户，贷记“营业外收入”等账户。审计人员应注意以非现金资产抵债或以应收债款换入的固定资产和以非货币性交易换入的固定资产，是否按照《企业会计准则》的规定进行了业务处理。

四、审查固定资产减少

固定资产的减少包括报废、出售、向其他单位投资转出、盘亏等，对固定资产减少审查时，应分析固定资产减少情况，调阅涉及减少固定资产项目的明细账和会计凭证，按固定资产减少的不同情况，分别进行审查。

(1) 审查报废固定资产。审查报废固定资产是否达到规定的使用年限，报废后的固定资产残值是否及时收回入库。报废固定资产净损失的计算是否正确，是否按规定计入了营业外支出。如属于提前报废的固定资产还应查明原因。

(2) 审查出售固定资产。出售的价值是否合理，有无借职务之便以出售固定资产为名谋取私利的行为。固定资产出售后是否正确进行了账务处理。

(3) 审查盘亏固定资产。审查企业对盘亏的固定资产是否进行了相应的账务处理。

五、审查融资租赁固定资产

审查融资租赁固定资产要点主要包括租赁合同是否合法、合规，手续是否完备；融资租入的固定资产计价是否正确，买价、运杂费、途中保险费、安装费、竣工验收前利息费等是否按规定计入固定资产价值；是否按合同规定，按期支付租金，支付租金时的账务处理是否正确；是否按期计提折旧，折旧计算是否正确，合同到期所有权转移是否按原定条件执行等。

六、核实期末固定资产价值

在对结存固定资产进行审计时，审计人员应在充分取证的基础上，对企业列示于会计报表上的固定资产价值的真实性、正确性加以核实，核实的内容主要包括了固定资产的入账价值、固定资产的增加与减少，以及固定资产在清查盘点时所发生的盘盈与盘亏。对于在清查盘点时发生的固定资产盘盈与盘亏，审计人员应进一步核实盘点表，在确认盘盈与盘亏的基础上，检查企业是否将盘盈与盘亏的固定资产，通过“待处理财产损溢”和“固定资产减值准备”账户核算，对于盘盈的固定资产，是否按重置价值入账，并按其新旧程度估计累计折旧，将其净值记入“待处理财产损溢”账户，对于盘亏的固定资产，是否根据固定资产账面价值进行了转账处理。

七、审查固定资产披露的正确性

审查被审计单位是否在附注中披露与固定资产有关的下列信息；固定资产的确认条件、分类、计量基础和折旧方法、各类固定资产的使用寿命、预计净残值和折旧率;各类固定资产的期初和期末原价、累计折旧额及固定资产减值准备累计金额;当期确认的折旧费用;对固定资产所有权的限制及其金额和用于担保的固定资产账面价值;准备处置的固定资产名称、账面价值、公允价值、预计处置费用和预计处置时间等。

任务四　审查固定资产折旧

一、运用分析性复核方法审查折旧

将当年的折旧费用与以前年度折旧费用比较;将应计提折旧的固定资产乘以本期的折旧率,分析折旧计提的总体合理性;计算本期计提折旧额占固定资产原值的比例,并与上期比较,分析本期计提折旧额的合理性;计算本期计提折旧额占固定资产原值的比例,评价固定资产新旧程度,并估计可能发生的固定资产损失、使用年限的变更或折旧政策的变化;将成本费用中的折旧费用明细账记录与"累计折旧"账户贷方的本期折旧计提额比较,查明计提折旧是否计入本期生产成本或期间费用,如果发现差异,必须查明原因,差异数额较大时需作出调整。

二、确定企业所使用折旧方法的适当性

按照《企业会计准则》的规定,固定资产折旧方法可以采用年限平均法、工作量法、年数总和法、双倍余额递减法等,且折旧方法一经确定,不允许任意变动,否则它将直接影响成本、利润的真实性。如需变更应当在会计报表附注中予以说明。审计人员应检查折旧计算单和累计折旧账户,检查企业是否遵循一贯性原则。

三、审查折旧范围

按照规定固定资产的折旧是按月初应计提折旧的固定资产原值为基础进行计提,审查时应注意,应计提折旧的固定资产是否都已计提,不应计提折旧的固定资产有无计提折旧的情况。例如,已提足折旧继续使用的固定资产和按规定估价单独入账的土地等不计提折旧。

四、审查折旧额计算

在不考虑固定资产减值准备前提下,固定资产折旧额应以月初应计提折旧固定资产原值乘以折旧率,审查时应注意应计提折旧固定资产的月初原值的确定是否正确,有无将本月新增的固定资产计提了折旧、本月减少的固定资产未提取折旧。同时,应注意折旧率是否正确,是否符合各类固定资产使用年限的规定,审计人员应该核实年限平均法的折旧率以及其他的折旧率,并复核折旧额的计算。对已计提减值准备的固定资产,应按照该固定资产的账面价值以及尚可使用寿命重新计算确定折旧率和折旧额,审查时应结合"固定资产减值准备"账户,确认其折旧额计算的正确性。

【任务案例 2-3】 兴泰有限责任公司采用双倍余额递法计算折旧。某项固定资产账面价值为 3 万元，折旧年限为 5 年，预计清理费用 400 元，残值收入为 900 元。审计人员经检查发现该公司在固定资产投入使用的第 4 年、第 5 年分别负担折旧额为 2 592 元和 3 888 元。作为审计人员请复算该折旧额的正确性，并指出差错额和差错原因。

【案例分析】

1. 审计人员复算折旧额

(1) 年折旧率＝2÷5×100％＝40％

(2) 第 1 年应提折旧：

30 000×40％＝12 000(元)

(3) 第 2 年应提折旧：

(30 000－12 000)×40％＝7 200(元)

(4) 第 3 年应提折旧：

(30 000－12 000－7 200)×40％＝4 320(元)

(5) 第 4 年、第 5 年两年总共应提折旧额：

(30 000＋400－900)－(12 000＋7 200＋4 320)＝5 980(元)

所以，第 4、第 5 两年分别提 2 990 元折旧额。

2. 审计人员指出差错额和差错原因

(1) 差错额。第 4 年少提折旧 398 元，第 5 年多提折旧计 898 元。

(2) 差错原因。公司最后两年因未按平均数计算，第 4 年仍按账面净值乘折旧率计算折旧，第 5 年未按账面净值减去净残值计算。第 4 年折旧(30 000－12 000－7 200－4 320)× 40％＝2 592(元)；第 5 年折旧(30 000－12 000－7 200－4 320－2 592)＝3 888(元)。

任务五　审查固定资产减值准备

《企业会计准则》要求，企业应在期末或者至少在每年年度终了，逐项检查固定资产。如果由于市价持续下跌，或技术陈旧、损坏、长期闲置等原因导致可收回金额低于账面价值，应将可收回金额低于其账面价值的差额作为固定资产减值准备。审查固定资产减值准备的要点主要包括：确定减值准备计提方法及比例的适当性和计提额是否充分；确定减值准备增减变动完整记录情况；确定固定资产减值准备账户期末余额的正确性；结合累计折旧账户，确认已计提减值准备的固定资产是否按照账面价值和尚可使用寿命调整折旧计提金额；审查固定资产减值准备是否按照《企业会计准则》进行正确披露。

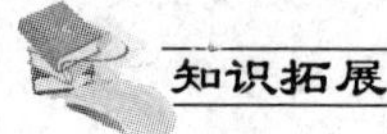

表 2-12　　固定资产审计目标与会计报表认定关系表

审计目标	会计报表认定				
	存在	完整性	权利和义务	计价和分摊	列报
1. 资产负债表中记录的固定资产确实存在	√				
2. 应当记录的固定资产均已记录		√			
3. 记录的固定资产由公司拥有或控制			√		
4. 固定资产以恰当的金额包括在会计报表中，与之相关的计价调整已恰当记录				√	
5. 固定资产已按照会计准则的规定在会计报表中作出恰当列报					√

工作能力测试

一、单项选择题(下列答案中有一项是正确的，请将正确答案前的英文字母填入括号内)

1. 审计人员初步调查付款环节内部控制，发现几笔应付账款是对以前采购业务重复付款所作的调整，这些发现说明了(　　)。

A. 有必要对应付账款内部控制实施进一步测试，揭示重复付款原因

B. 验收部门未能及时通知财会部门记录应付账款

C. 财会部门未能及时记录应付账款

D. 采购部门未能及时登记采购业务

2. 被审计单位采用计算机处理采购业务，订货单、验收单均没有纸质凭证，审计人员准备对付款正确性进行测试，最佳审计程序是(　　)。

A. 以供应商为抽样总体，抽查付款正确性

B. 抽查大额应付账款，追踪相应的原始凭证

C. 以付款业务为抽样总体，抽取样本并与储存在计算机中的订货单、验收单及发票核对

D. 以月末验收单为重点，追踪相应付款环节

3. 下列有关固定资产业务的内部控制措施中，有效的预防性控制措施是(　　)。

A. 固定资产使用、报废审批部门相互独立

B. 固定资产购置预算经使用部门批准后实施

C. 定期盘点固定资产

D. 内部审计人员对固定资产定期检查

4. 由验收部门填制的有关收到商品的名称、种类、数量、供应商名称和订单号等资料的凭证是(　　)。

A. 出库单　　B. 订购单　　C. 订购合同　　D. 验收单

5. 将固定资产采购与验收的职责相互分离,所要达到的目的是(　　)。

A. 防止篡改会计记录　　B. 保证设备购置符合采购合同

C. 防止不合理的采购申请　　D. 防止使用部门低价变卖

6. 实地观察固定资产可以达到的审计目标是(　　)。

A. 证实固定资产真实性　　B. 证实固定资产完整性

C. 证实固定资产交易事项的合法性　　D. 确定固定资产的所有权

7. 对固定资产审查的主要目标不应包括(　　)。

A. 确定折旧额计算是否正确　　B. 确定折旧政策是否符合会计准则

C. 确定折旧方法是否得到一贯执行　　D. 确定固定资产增减是否符合预算

8. 分析被审计单位固定资产折旧时,审计人员认为折旧计提不足的信号是(　　)。

A. 累计折旧与固定资产原值的比值较大　B. 应计折旧的固定资产账面值很大

C. 固定资产保险费用支出较大　　D. 经常发生大额固定资产清理损失

9. 应付账款实质性测试时,抽查应付账款明细账的主要目的是(　　)。

A. 确定应付账款期末余额变动合理性

B. 审查有无漏记的应付账款

C. 查明应付账款期末余额的实有额和真实性

D. 为了调节应付账款

10. 审查应付账款时,可完全交给被审计单位办理的工作是(　　)。

A. 根据应付账款明细表核对总账　　B. 对选定的账户向债权人发询证函

C. 检查、核对应付账款分类及过账　　D. 编制应付账款明细表

11. 审查某企业应付账款项目,发现"应付账款"账户中包括本期估价入库的采购商品 300 万元。经审核,未附有供应商名称、商品品种、数量及金额计算等凭证,审计人员应采取的措施是(　　)。

A. 认可被审计单位的处理　　B. 取得估价入库的详细资料

C. 作为虚假事项处理　　D. 不必过问

12. 审查 A 企业应付账款,发现应付 B 公司货款 300 万元,账龄已有 2 年。审计人员审阅凭证、询问被审计单位有关人员,未能取得证据来证实负债真实性。审计人员应(　　)。

A. 函证债权人　　B. 做出账实不符结论

C. 核对报表　　D. 直接调整账项

13. 审查某企业采购业务，发现2012年12月28日购入材料10万元，已包括在当年存货盘点范围之内。购货发票于2013年1月9日收到，并记入2013年1月份账户。2012年12月没有对这项业务的入库和负债进行相应的记录，审计人员应（　　）。

A. 认可账务处理正确性

B. 提请被审计单位调整2012年相关账户

C. 提请被审计单位调整2012年报表数额

D. 冲销2013年度记录

14. 对应付账款审查的目标不应包括（　　）。

A. 确定应付账款的真实性

B. 确定应付账款记录的完整性

C. 确定应付账款在会计报表上披露的正确性

D. 确定应付账款的付款期

15. 以下各项中，预防被审计单位员工贪污、挪用资金的最有效措施是（　　）。

A. 记录应付账款总账与明细账的人员分工

B. 建立付款审批制度

C. 记录应付账款与应付票据人员分工

D. 货款到期时应立即付款

16. 审查未入账应付账款的审计程序时，最有效的是（　　）。

A. 函证应付账款　　B. 抽查应付账款明细账

C. 抽查采购货物发票　　D. 审查资产负债表日后付款业务

17. 审查应付票据时，发现一份带息票据出票日为2012年9月1日，到期日为2013年3月1日，面值1 000万元，票面利率月息5‰，未按规定计提利息费用，2012年度终了应计提（　　）。

A. 20万元　　B. 150万元　　C. 250万元　　D. 50万元

18. 审查应付票据，发现其中两份由于资金短缺未能按期支付，但账面记录未作调整，审计人员应提请被审计单位将其调整为（　　）。

A. 借记"应付票据"，贷记"应收账款"　　B. 借记"应付票据"，贷记"应付账款"

C. 借记"应付账款"，贷记"应付票据"　　D. 借记"预付账款"，贷记"应付票据"

19. 审查某企业"预付款项"账户，发现有预付M公司货款80万元，在"应付账款"科目有应付M公司货款50万元。审计人员向被审计单位会计主管查询后，查明是由于货物办理入库时未说明应冲转原来已预付的货款所引起的，应提请被审计单位调整的分录为（　　）。

A. 借记"应付账款"，贷记"预付账款"50万元

B. 借记“应付账款”，贷记“预付账款”80 万元

C. 借记“预付账款”，贷记“应付账款”50 万元

D. 借记“预付账款”，贷记“应付账款”30 万元

20. 审查某企业“预付款项”项目，发现支付 N 公司预付工程款 400 万元，审计人员应提请被审计单位进行调整的分录为(　　)。

A. 借记“应付账款”，贷记“预付账款”

B. 借记“在建工程”，贷记“预付账款”

C. 借记“固定资产”，贷记“预付账款”

D. 借记“材料采购”，贷记“应付账款”

21. M 公司购入一批价值 117 万元的货物，2012 年 12 月 26 日发票已到；2013 年 1 月 3 日货物运达，货款尚未支付。M 公司 2012 年对此业务未作账务处理。下列说法中，正确的是(　　)。

A. M 公司 2012 年年末存货虚减 117 万元

B. M 公司 2012 年年末应付账款虚减 117 万元

C. M 公司的处理是正确的

D. M 公司可不进行记录，但要在 2012 年度的会计报表附注中说明

22. 为了查找未列报或未入账的应付账款，除了审查决算日后货币资金发出凭证、应付账款账单、卖方对账单之外，还需要检查的凭证是(　　)。

A. 决算日之前的领料单　　B. 决算日之前的验收单

C. 决算日之前的订购单　　D. 决算日之前的请购单

23. 审计人员初步判断被审计单位采购部门人员在采购与付款方面存在舞弊，以下审计程序对于收集审计证据最为有效的是(　　)。

A. 检查异常供应商的验收单和其他凭证

B. 抽查上季度已付款业务的审批手续

C. 抽查上季度购货发票、授权文件、验收单据

D. 抽查验收单据，追查付款审批文件

24. 对采购与付款循环内部控制测评的过程中，发现采购部主任在批准采购申请时，有一次没有取得可以比较的进货价格资料。这一发现能够支持以下结论的是(　　)。

A. 在审计报告中反映这一情况　　B. 相关内部控制不可信赖

C. 采购部主任没有执行采购程序　　D. 可能发生多次类似采购行为

25. 审计人员对应付账款内部控制测评之后，初步判断存在舞弊问题，为了进一步加以证实，最佳的抽查方法是(　　)。

A. 系统抽样法，抽查已付款凭证　　B. 整群抽样法，抽查已付款凭证

C. 随机抽样法，抽查已付款凭证　　D. 判断抽样法，抽查可疑付款凭证

26. 对付款业务审计过程发现一系列错误，例如重复付款、丧失购货折扣，审计人员抽查了采购、验收、付款三个环节业务，导致错误的原因尚未查明，应当采取的下一步行动是(　　)。

A. 详细审查货币资金支出，以获得必要信息

B. 扩大付款业务抽样规模，增加审计证据

C. 扩大采购业务抽样规模，增加审计证据

D. 询问采购、验收、付款业务处理人员，取得必要信息

27. 审计人员抽样盘点固定资产，发现账面记录东风本田汽车 1 辆没有实物。追加审计程序查明"应付账款"账户有银行贷方余额 23 万元，查询被审计单位有关人员，称该车由本单位代为银行购买，现在由银行使用。审计人员应(　　)。

A. 认定汽车为被审计单位所有　　B. 认定为不属于被审计单位所有

C. 进一步向银行证实并获取相关证据　　D. 不必过问

28. 审计人员现场观察，发现被审计单位经营用房屋扩建部分已投入使用 2 年。审查账面记录得知仍在"在建工程"账户中反映，正确的处理应为(　　)。

A. 记作固定资产但不得计提折旧　　B. 记作固定资产并计提折旧

C. 被审计单位记录正确　　D. 记作在建工程但要计提折旧

29. 审查固定资产项目，发现被审计单位购入需要安装设备，按采购成本 321 万元直接计入固定资产价值，运杂费及安装费计入管理费用。此项处理(　　)。

A. 正确

B. 错误，运杂费应计入管理费用

C. 错误，运杂费及安装费应计入固定资产价值

D. 错误，安装费应计入销售费用

30. 以下项目中，应计提折旧的是(　　)。

A. 经营租入的固定资产

B. 已提足折旧继续使用的固定资产

C. 已建成未使用的房屋、建筑物以外的固定资产

D. 当月增加的固定资产

31. 审查 M 公司夏季使用的空调设备，总价值 12 万元，预计使用期 10 年，残值为零，按实际使用月份(6～9 月)计提折旧 3 000 元。该项业务处理(　　)。

A. 正确　　B. 错误，应为 12 000 元

C. 错误，应为 9 000 元　　D. 错误，应为 4 000 元

32. 在固定资产审计中，可交由被审计单位处理的工作是(　　)。

A. 复合折旧计算

B. 验证资产计价正确性

C. 组织盘点

D. 编制固定资产及累计折旧分类汇总表

33. 审查固定资产真实性时，对于安装使用的设备类固定资产，可以(　　)。

A. 在小范围内抽查　　B. 在较大范围内抽查

C. 详细审查　　D. 不必审查

二、多项选择题(下列答案中有一项或多项是正确的，请将正确答案前的英文字母填入括号内)

1. 采购与付款循环内部控制主要职责分工的有(　　)。

A. 提出采购申请与批准采购申请相互独立

B. 批准请购与采购部门相互独立

C. 验收部门与财会部门相互独立

D. 应收账款记账员不能接触现金、有价证券

E. 内部检查与相关的执行和记录工作相互独立

2. 采购与付款循环审计目标应包括(　　)。

A. 确定应付账款真实性

B. 确定应付账款发生及偿还记录完整性

C. 确定应付账款分类正确性

D. 确定采购与付款业务记录截止期正确性

E. 确定存货发出计价正确性

3. 对应付账款期末余额变动合理性进行分析性复核的主要指标及措施有(　　)。

A. 分析速动比率

B. 将本期各主要应付账款账户与上年比较

C. 分析应付账款占采购金额的比率

D. 分析应付账款占当年流动负债的比率

E. 分析长期挂账应付账款

4. 应付账款明细表由被审计单位编制时，审计人员应采取的行为是(　　)。

A. 审核其计算的正确性

B. 核对该明细表与应付账款总账是否相符

C. 审查明细表上应付账款分类正确性

D. 直接作为审计工作底稿

E. 了解编制人员的职业道德

5. 对采购业务进行年末截止期测试的方法有(　　)。

A. 抽查决算日前后的购货发票及验收报告

B. 检查验收部门的业务记录

C. 实地观察并抽查存货

D. 观察、检查存货管理情况

E. 审查采购合同

6. 抽查应付账款有困难时，应作为审查重点的明细账包括（　　）。

A. 长期未能结清的
B. 收付业务频繁的
C. 定期对账的
D. 关联方交易的
E. 账面余额较大的

7. 采购与付款循环内部控制有缺陷，又缺少应付账款对账单可供审核时，应予以函证的账户包括（　　）。

A. 金额大的
B. 欠账时间长的
C. 核对时发现账证不符的
D. 业务往来频繁的
E. 欠账时间较长的

8. 为查明应付账款真实性，应重点进行函证的项目包括（　　）。

A. 已结清、余额为零
B. 金额不大的
C. 金额大的
D. 业务往来频繁的
E. 欠账时间较长的

9. 以应付账款明细账为总体进行抽样审查时，审计人员应审查应付账款所有项目的情形包括（　　）。

A. 应付账款账户数较少
B. 抽样结果表明误差很大，无法接受总体
C. 被审计单位内部控制健全有效
D. 各应付账款明细账余额超出了确定的重要性水平
E. 评估确定的应付账款账户重要性水平较高

10. 核对被审计单位年末的卖方对账单时，发现有一批货物，供应商已于年底前发出并入账，但被审计单位在年末并入账，则被审计单位可能存在的情况有（　　）。

A. 未收到货物
B. 低估应付账款
C. 少计存货
D. 高估应收账款
E. 高估生产成本

11. 以下审计程序中，属于应付票据实质性测试的程序有（　　）。

A. 详细审阅大额应付票据
B. 编制或取得应付票据明细表，并与被查簿核对
C. 了解应付票据总账与明细账核对情况
D. 函证应付票据
E. 复算带息票据

12. 下列审计程序中，属于预付账款实质性测试程序的有（　　）。

A. 复核预付账款明细表的合计
B. 了解预付账款的内部控制
C. 分析预付账款账龄
D. 审查预付账款挂账情况

E. 审查预付账款在会计报表列示的正确性

13. 对固定资产减值准备进行实质性测试的内容包括(　　)。

A. 计提方法是否恰当　　B. 计提金额是否充分

C. 增减变动的记录是否完整　　D. 期末余额是否正确

E. 计提是否经过政府有关部门审批

14. 对固定资产业务审计时,发现被审计单位调增了一台设备的入账价值,审计人员对此的合理解释是(　　)。

A. 该设备已提足折旧但仍在使用

B. 同类设备的市场价格上升

C. 该设备增加了改良装置

D. 该设备原暂估价值偏低,现按实际价值调整

E. 该设备原入账价值由于某种差错而被少计

15. 对固定资产审计时,通过计算本年度计提折旧额占固定资产原值的比例,并与上年比较,无法帮助审计人员判断的事项有(　　)。

A. 本年度计提折旧额的合理性

B. 累计折旧核算的正确性

C. 资本性支出和收益性支出区分的正确性

D. 固定资产变动的合理性

E. 折旧方法的适当性

16. 审查预付账款项目,发现其中一笔为采购材料汇款,汇往X公司450万元,账龄已超过2年。被审计单位未能提供采购合同及相关资料,针对以上情况审计人员应(　　)。

A. 函证X公司

B. 追踪汇款的原始凭证及授权文件

C. 核实存货

D. 要求被审计单位书面说明款项未能结清的原因

E. 转作营业外支出

17. 抽查应付账款明细账的样本量取决于(　　)。

A. 应付账款的重要性　　B. 未清偿账户数量

C. 内部控制健全性　　D. 材料库存量

E. 以前年度审计结果

18. 审查未入账或未列报应付账款,可采用的方法有(　　)。

A. 应付账款明细账与会计凭证核对　　B. 审核决算日后货币资金支出凭证

C. 审核决算日前后验收单　　D. 审核应付账款对账单和明细表

E. 分析材料采购和外购劳务费用

19. 某企业 2013 年账面资料表明当年应付账款大多已付清,审计人员为证实付款情况而取得的审计证据有(　　)。
A. 应付账款明细表　　B. 比率及趋势分析资料
C. 企业管理当局的债务声明书　　D. 应付账款函证回函
E. 出纳人员的陈述
20. 审查预付账款的程序主要包括(　　)。
A. 复核预付账款明细表　　B. 函证重要预付账款项目
C. 分析预付账款余额　　D. 盘点相关购进材料
E. 审查长期挂账项目
21. 审计人员选择重要预付账款项目进行函证,并依据函证结果作出相应处理,包括(　　)。
A. 对回函金额相符的,进一步抽查会计凭证
B. 对回函金额不符的,进一步查明原因
C. 没有回函的,进行第二次函证
D. 没有回函的,采用其他可替代的审计程序
E. 对回函金额相符的,可以认定账实相符
22. 可以防止或发现采购与付款业务发生错误或弊端的内部控制有(　　)。
A. 所有订货单经授权部门批准,订货单副本及时交财会部门
B. 由用料单位提出请购申请,经批准交采购部门办理
C. 由采购部门提出请购申请,并由采购部门办理
D. 收到购货发票后,及时交财会部门确认其与订货单、验收单的一致性
E. 对现金折扣专门记录,并严格审核是否出现折扣损失
23. 对固定资产和累计折旧进行分析性复核的方法包括(　　)。
A. 固定资产总值除以全年销售量,将该比率与以前年度相比较
B. 比较本年度与以前各年度固定资产增加额和减少额
C. 比较本年度各个月份、本年度与以前各年度的修理费用
D. 本年度计提折旧额除以固定资产总值,将该比率与上年计算数比较
E. 分析比较各年度固定资产保险费,查明变动有无异常
24. 企业可变动固定资产入账价值的情况有(　　)。
A. 根据实际价值调整原来的暂估价值　　B. 固定资产已提足折旧仍在使用
C. 同类固定资产市场价格较大变动　　D. 将固定资产的一部分拆除
E. 准备以固定资产对外投资
25. 运用分析性复核方法审查固定资产折旧时,有关比率和项目包括(　　)。
A. 将本期期末累计折旧与计划累计折旧比较
B. 将应计提折旧的固定资产乘以本期的折旧率

C. 计算本期计提折旧额占固定资产原值的比例,并与上期比较

D. 计算本期计提折旧额占固定资产原值的比例

E. 将成本费用中折旧费用明细记录与“累计折旧”账户贷方的本期折旧计提额比较

26. 审查固定资产折旧时发现以下情况,其中正确的有(　　)。

A. 经批准使用加速折旧法,对全部固定资产按双倍余额递减法计提折旧

B. 本月增加的已入账且投入使用的固定资产未提折旧

C. 对未使用的房屋及机器设备不计提折旧

D. 对以前已经估价单独入账的土地不计提折旧

E. 对经营租赁方式租入的汽车按工作量法计提折旧

项目四

生产与存货业务循环审计

任务导入

生产与存货业务循环是企业组织生产、计算产品成本和管理存货的业务过程。生产与存货业务循环是企业生产经营的主要环节，同采购与付款循环、销售与收款循环、薪酬业务循环密切关联，具有业务复杂、存货种类和数量繁多、计价方法影响当期损益等特点。

生产与存货业务循环审计涉及的资产负债表项目主要是存货，一般不涉及利润表项目。

生产与存货业务循环审计是企业财务审计的重要组成部分，审计风险较高，审计人员通过调查熟悉生产与存货业务，分析审计固有风险；通过了解生产与存货业务内部控制，测评内部控制风险；通过拟定审计方案，审查生产与存货业务各项目，控制审计风险。

模块一　调查熟悉生产与存货业务循环

不同类型的企业生产与存货业务所包含的内容和程序不完全一致。制造业企业业务循环从原材料采购开始，涉及发出原材料、生产产品、核算产品成本、存储、对外发售等，其中材料采购和产品销售已分别在“采购与付款循环”、“销售与收款循环”中加以叙述。

任务一　生产与存货业务循环综述

生产与存货业务循环涉及计划部门、仓库、财会部门、生产部门、销售部门、人力资源管理部门等，相关账户多，审计人员需要安排较多的时间。典型的生产与存货业务循环包括以下几项。

一、制订和批准生产计划

由计划部门根据客户订单或销售预测等制订生产计划，交由被授权人员审批。

决定授权生产后，签发预先编号的生产通知单，安排生产单位生产或执行。编制原材料需求报告，列出所需要的原材料零部件及其库存情况。

二、申请和发出材料

生产单位根据生产通知单，填写领料单，由部门经理批准后，向仓库部门领料。领料单上必须列示所需材料的名称、规格、品种、数量。在手工系统中，领料单通常一式三联，仓库发料后登记材料明细账留用一联，领料单位保存一联，财会部门进行材料收发核算、成本计算使用一联。

三、生产加工产品

生产单位根据生产通知单将生产任务安排给生产工人，并将领取的材料交给生产工人进行生产加工。完成生产任务后，生产工人将完工产品送交生产单位清点并交给验收员检验合格后入库，或将产品交下一工序继续加工。

四、核算存货成本

产品的生产过程同时又是活劳动和物化劳动的耗费过程，为了加强管理，需要将生产控制与成本控制有机地结合起来。一方面，财会部门设置会计账户控制原材料的流动及成本形成；另一方面，随着生产的进行，成本会计人员要汇集生产过程的各种凭证，逐步登记、汇总材料费、人工费和制造费用，对产品成本进行核算。

五、管理存货

材料或产品经验收入库后，保管人员根据入库单填写"仓库货物登记簿"并建立台账，及时反映产、销、供、耗、存情况，并与销售、财会部门经常对账。仓库要及时通知财会部门入库情况，以方便财会部门进行相应记录。对于在库产成品要有健全的保管制度和记录制度。入库和出库应根据收、发凭证进行，并及时登记，从而保证账、卡、物相符。

六、销售出库产成品

销售部门接到客户订单，商定品种规格、数量、质量、价格、交货期、结算方式后，报主管人员批准，再签订销售合同、开出销货单，交由独立的发运部门装运产品。经授权人员批准后，根据发运通知单发出产成品。依据经批准的发运通知单编制出库单，并根据出库单登记产成品永续盘存记录。出库单至少一式四联：一联交仓库，一联发运部门留存，一联送交顾客，一联作为给顾客开发票的依据。

七、报废核销存货

在采购、运输、生产、存储、销售各环节均有可能发生存货报废，不论哪个环节发生存货报废都要由经办人员填写报废审批单，说明存货报废品种规格、金额、地点、原因等，经部门主管审批后交由财会部门、管理部门、存储部门、技术部门组成的"资产报废审核小组"审核，出具鉴定意见后，送被授权人批准。

任务二 生产与存货业务循环中的主要文件

生产与存货业务循环中涉及的主要凭证和记录有以下各项。

一、生产通知单

由计划部门下达制造产品等生产任务的书面文件，用以通知生产部门组织产品生产、供应部门组织材料供应、财会部门组织成本核算。生产通知单要预先连续编号。

二、领料、发料凭证

对材料发出进行控制所采用的各种凭证，主要包括限额领料单、领料单、领料登记簿、退料凭证、发料凭证汇总表、入库凭证等。

三、产量和工时记录

反映生产人员出勤日内完成的产品数量、质量、耗费工时数量的原始记录，如工作通知单、工序进程单、产量通知单、产量明细表、废品通知单等。

四、工薪汇总表及工薪费用分配表

工薪汇总表是为了反映工薪结算情况，据以进行工薪费用分配而编制的，是分配工薪费用的依据；工薪费用分配表反映了各生产单位各种产品负担的生产人员的工资和福利费。

五、材料费用分配表

用来汇总反映各生产单位各种产品所耗费的材料费用的原始记录。

六、制造费用分配汇总表

用来汇总反映各生产单位各种产品所应负担的制造费用的原始记录。

七、成本计算单

按成本对象设置，用以计算成本计算对象的总成本和单位成本的文件，按成本项目反映完工产品成本，同时也反映期末在产品成本。

八、存货明细账

用来反映各种存货增减变动情况和期末库存数量及相关成本信息的会计记录。该记录根据入库凭证和发出凭证登记，据以进行明细分类核算和实物控制。

九、存货盘点报告表

用以记录并报告存货品种、规格、数量、质量情况的凭证。该凭证由存货清查小组据实填制，并作为按规定报经有关部门批准后进行会计处理的原始凭证。

任务三　生产与存货业务循环中的内部控制

为了预防、检查和纠正生产与存货业务循环中的错弊，健全的内部控制由以下主要控制环节组成。

一、职责分工控制

完整的生产与存货循环的主要职责包括采购及验收材料、储存保管存货、制订审批生产计划、领用材料生产产品、分配归集产品的成本费用、检验和存储产成品、盘点存货、会计记录等。这些职责必须有明确的分工：

(1) 采购部门与验收、保管部门相互独立，防止购入不合格材料。

(2) 存储部门与生产或使用部门相互独立，防止多领材料或存货被盗。

(3) 生产计划的制订与审批相互独立，防止生产计划不合理。

(4) 产成品生产与检验相互独立，防止不合格产品入库和售出。

(5) 存货的保管与会计记录相互独立，防止篡改会计记录、财产流失。

(6) 存货盘点由独立于保管人员之外的其他部门人员定期进行，保证盘点真实性。

二、信息传递控制

管理当局通过授权程序、成本控制、永续盘存制等信息传递程序实施严格控制。

(一) 授权程序控制

企业生产与存货管理业务都必须经过授权。各项业务要经过严格的批准手续方可办理。这些授权批准包括由被授权的企业领导审批生产计划、经批准下达生产通知单、经批准领料、产品完工经检验入库、产品发出经核准的发出通知单方可办理、存货报废经专门小组审批、存货盘盈或盘亏的账务处理由被授权人批准、会计方法变更由企业财务主管批准等。

(二) 成本控制

生产与存货价值流转控制主要由财会部门来执行，为了正确核算和有效控制生产与存货成本，必须建立健全生产与存货成本会计准则，将生产控制与成本控制有机结合起来。包括制订成本计划、费用预算或控制目标、严格审核原始凭证、设置生产与存货总账及明细账并进行核算、选择适当的成本计算方法科学计算产品成本、进行生产与存货成本分析、建立成本和费用的归口分级管理控制制度等。

(三) 永续盘存制控制

设置存货明细账对存货收、发、结存进行及时反映，根据有关会计凭证逐日、逐笔登记各种存货的收、发、存数量和金额，随时反映结存数量和金额；设置存货总分类账对存货收、发、结存数量和金额及时汇总和记录，并将明细账置于总账的控制之下；经常核对总账与明细账，存货账面结存数与实际库存数核对，保证账账、账实相符；永续盘存记录由财会部门而不是仓储部门负责，以使管物与管账两个不相容职责分离。

三、实物控制

生产与存货循环过程中存货种类繁多、收发频繁，对存货实物控制贯穿于采购、验收、存储、发货、生产和报废等多个环节，加强实物控制非常重要。其主要措施包括限制非授权人员接近存货，定期盘点、检查存货管理情况，保管与记录严格分工等。

模块二　测评生产与存货业务循环内部控制

通过对内部控制的测试，对生产与存货业务循环固有风险和控制风险作出客观的评价，指出其存在的薄弱环节和失控之处，确定对其可依赖的程度，确定实质性测试的范围、重点，进而对期末余额、发生额进行实质性测试。

任务一　调查了解生产与存货内部控制

审计人员通过查阅企业关于存货保管、存货领用、成本会计等方面的制度文件，了解控制环境、走访并实地观察生产部门、仓库、验收部门以及财会部门等的工作方式，深入了解企业生产与存货管理各方面的制度是否健全，手续是否完备。经过调查了解，运用文字报告、内部控制调查表、流程图等方式，将内部控制情况描述记录于审计工作底稿。

企业以永续盘存制为基础，确保会计系统能够及时、正确和完整地记录存货交易；恰当地核算收到的存货，通过独立的测试以证实达到规定标准；成本会计系统更新及时；成本被合理地确认和分配；分析、调查差异，并将其恰当地分配到存货和销货成本上；系统地检查所有的产品是否过时，并进行了恰当的会计处理；管理层定期检查存货，处理多余的存货，把技术过时造成的存货损失降低到最低程度。

任务二　检查不相容职责的分离

观察、审查生产与存货管理的各个环节上，采购与保管部门、计划部门与生产部门、存货保管与盘点、生产与验收、存货保管与记录、存储与销售是否独立，对企业控制环境、会计准则进行评价。各单位和各岗位严格分工，职责明确分离，相互牵制，使每个环节都按规定的程序、标准和方法运作，则内部控制风险相对较低。

任务三　抽查部分存货入库、出库业务，追踪其业务处理

存货入库主要是购入材料验收入库、完工产品入库；存货出库主要是生产领用和对外出售。审计人员根据重要性原则，抽取部分业务文件，测试各控制环节的执行情况，授权、审核、计量、记录等控制环节是否真正发挥了作用。例如，销售合同有无领导签字，出库单有无销售部门主管批准的签字，领料凭证上反映的手续是否齐备，相应记录是否完整正确等，评价信息与沟通系统的有效性。

任务四　抽查盘点记录

通过存货项目的循环盘点、抽查盘点以及独立盘点对永续盘存制进行定期检查。审计人员应抽查若干月份的盘点记录，审查盘点的范围、组织方式、盘点结果与账面金额是否一致，盘点是否由企业内部审计人员或仓库保管员以外的人员监督执行。

任务五　审查产品生产、成本管理制度执行情况

采用询问法、实地观察法检查企业是否编制生产计划或进行预算控制，检查生产通知单是否连续编号，成本的归口分级管理制度执行情况如何，对有关原始凭证进行检查，判明其完备性、及时性、正确性。

任务六　审查成本核算和会计入账环节

审阅生产与存货业务会计科目是否健全，成本会计核算是否合理，抽查材料费用、工薪费用、制造费用分配的合理性，抽查成本计算单检查其记录的正确性，选择若干标准成本与实际成本差异较大的账户，检查其差异调整有无差异分析记录和被授权人批准，观察有无独立人员检查账簿记录的正确性，对企业会计准则进行评价。

任务七　评价生产与存货业务内部控制

审计人员了解存货合同和业务程序，确定什么时候存货的所有权发生转移。如果审计人员发现了异常多的存货，就应当关注潜在的过时存货。有很多危险信号是生产和存货循环独有的，审计人员应当进行评价。这些危险的信号包括存货的增长率高于销售增长率；生产费用明显高于或低于行业平均水平；各种“准备”明显减少；生产费用账户发生重大的贷方分录；对审计人员建议的必要内部控制缺乏后续措施。

知识拓展　　生产与存货业务循环审计目标

在进行生产与存货业务循环内部控制测试的基础上，审计人员应明确实质性测试的目标，围绕审计目标收集审计证据，证实有关账户余额、发生额的真实性和正确性，及其在会计报表上披露的正确性。

一、生产业务审计目标

（一）证实产品成本的真实性

产品成本的真实性，不仅关系到能否客观、正确地反映企业的生产经营成果，还关系到企业经营决策的成败和各个利益主体之间的经济利益关系。审计人员通过对构成产品成本各要素进行检查，确保产品成本记录的金额是实际发生的，证实成本的真实性。

（二）证实成本形成的合规性

正确地划分成本的界限是保证产品成本和利润核算真实、正确的重要前提，企业必须遵照有关规定执行，使其记录符合法律、法规规定。通过审计，可以揭露企业为调节当期成本和利润而人为地混淆成本界限，调整开支标准等行为。

（三）证实截止期的正确性

为了正确地反映企业一定会计期间的损益，必须遵循权责发生制原则、配比原则等会计准则，确认成本的归属期。通过对有关成本账户的审查，核实各项成本的性质和发生的日期，以确定其归属期是否正确，查明有无借助任意调整产品成本支出的归属期而导致产品成本、利润错误或失真的问题。

（四）证实计价的正确性

企业应根据自身生产的特点和管理的要求选择适当的成本计算方法，计算产品总成本和单位成本，确保已经记录的金额是正确的。审计人员在了解企业生产特点和组织管理特点的基础上，分析评价成本计算的正确性和合理性。

（五）证实成本会计处理的正确性

企业所发生的各项成本支出，应及时、完整、正确地进行会计处理。审计人员应注意账户的使用是否恰当，有无错记、漏记、重记的情况；本期发生的各项成本是否全部转入当期生产成本；本期发生的成本支出是否按规定进行了归集和分配，选用方法是否适当。采用核对法，验证各种分配表、记账凭证及账簿的一致性，从而证实账务处理的正确性。

二、存货业务审计目标

（一）证实存货的真实性、所有权与完整性

审计人员通过审查账目、监盘存货，确认企业的全部存货业务均已记入有关账户，有关账户中的存货确实存在并归企业所有，且记录的有关存货的金额是实际发生的。查明有无漏列或虚列存货，从而导致会计报表所反映的存货不真实的问题。

（二）证实存货计价的正确性

存货计价方法有多种，各自的计价结果又不相同，而且不同存货项目可根据需要采用不同的计价方法。审计人员必须对存货计价进行审核，取得充分证据，对选用计价方法的合理性、计价结果的正确性及相邻会计期间计价方法的一贯性进行证实，进而证实会计报表及有关存货账户的期末余额的正确无误。按照会计准则规定存货的采购成本包括存货在采购过程中的正当支出。审计人员应通过对账簿和有关凭证的审查，揭示任意扩大或缩小采购成本开支范围、间接费用分配不合理、以及贪污舞弊等行为，证实存货采购成本的正确性。

（三）证实存货采购和销售业务的合法性

审计人员应通过抽查账目和有关凭证，必要时调查走访有关部门和人员，证实企业发生的存货采购和销售业务符合国家有关方针、政策、法规及企业的规章制度，揭露在存货采购和销售业务中存在的各种违法违规行为。

（四）证实存货账务处理和存货记录截止期的正确性

通过审查账目和有关会计凭证，确认存货采购、存货发出账务处理正确无误，并证实企业购入与销售的各种存货已按规定计入相应会计期间。

（五）证实会计报表中存货披露的正确性

审计人员在审核各有关账户余额的真实性、正确性的基础上，复核验证存货项目数额的正确性，证实存货抵押是否恰当披露，确保其正确地列示于会计报表中，以便对会计报表作出证实。

模块三　审查产品成本

审查产品成本的主要内容包括运用分析性复核方法进行总体判断，抽查成本计算单，检查成本开支合法性，审查归集和分配直接材料、直接人工、制造费用、辅助生产费用的正确性，抽查复核产品成本计算正确性。

任务一　运用分析性复核方法检查产品成本总体合理性

通过分析被审计单位重要的比率和成本变动趋势，查明有无异常变动，实际数与预算或计划数的差异有无异常情况等。分析性复核方法在生产与存货业务循环审查中具有重要意义。分析比较的内容主要有以下各项。

(1) 分析比较近期各年度和本年各个月份主要产品生产成本和存货余额及其构成的变动情况，以评价生产成本和期末存货余额及其构成的总体合理性。

(2) 分析比较各月材料和产品成本差异率，判断是否存在人为调节生产成本和存货余额的可能。

(3) 分析比较近期各年度和本年度各个月份产品生产成本总额及单位生产成本,以判断本期生产成本的总体合理性。

(4) 分析比较近期各年度待处理财产损溢,判断其总体合理性。

(5) 分析比较近期各年度和本年度各个月份制造费用总额及其构成,判断制造费用及其构成的总体合理性。

(6) 分析比较近期各年度和本年度各个月份直接材料费,判断直接材料费的总体合理性。

(7) 分析比较近期各年度和本年度各个月份主营业务成本总额及单位成本,判断主营业务成本的总体合理性。

(8) 计算分析毛利率,分析其变动合理性。毛利率变动可能存在的原因有:售价变动、产品单位成本变动、产品总体结构变动、产品销售结构变动等。

(9) 对关联企业与非关联企业的产品成本、价格、交易量、结算方式比较分析,判断有无虚构业务情况。

任务二　审查标准成本系统

许多制造业企业采用标准成本系统来控制成本、会计处理和计算存货成本。企业成本系统直接影响期末存货的计价,审计人员应该通过询问以便了解制订标准成本的方法,包括是否对产品使用和人工投入进行工艺研究;识别间接制造费用的构成和将间接制造费用分配到产品的方法。其具体包括以下各项。

(1) 审核以前年度工作底稿对标准成本系统的描述,询问该系统在本年度发生的主要变化。

(2) 检查上期工作底稿与本年度的差异账户,以此为基础确定由标准成本系统确认的差异额,考虑该差异是否意味着应对标准成本系统进行修改。

(3) 询问更新标准成本的程序,以确定其在本年度的修正程度。

(4) 查看厂房设备,记录成本中心、工厂的大致布局、存货的储存;询问本年度生产流程是否进行了重大变动,是否有生产创新、增加了新产品。

(5) 随机抽取几个产品的标准成本构成,审查产品的成本构成、工薪记录、制造费用归集与分配方法的合理性,确定所有分录是否已经恰当记录。

(6) 审核差异报告,确定被审计单位对差异及差异产生原因的分析情况。确定差异产生的原因是否表明了有必要对标准成本系统进行修正;询问被审计单位年末将差异在存货和销货成本之间进行分配的方法,确定该方法的合理性以及是否与以前年度保持了一致。

(7) 对被审计单位标准成本系统评价并形成书面记录,说明是否可以依赖该标准成本系统将成本分配到年末存货中。

任务三　审查成本项目

存货的加工成本，包括直接材料、直接人工以及按照一定方法分配的制造费用等。先审查产品成本开支范围的合法性。审查时应抽取并审阅“生产成本——基本生产”和“生产成本——辅助生产” 明细账、“制造费用”明细账和其他有关明细账，证实企业严格地区分了应计入产品成本的费用与不应计入产品成本的费用的界限，查明有无乱挤乱摊成本或转移成本的问题。审查中对下列混淆成本支出的问题应予以特别注意，将购置固定资产、无形资产和其他资产的投资性支出列入产品成本支出；将对外投资支出列入产品成本支出；将由职工福利费开支的费用列入产品成本支出；将由税后利润开支的各项税收滞纳金、罚款及被没收财物损失列入产品成本支出；将企业对外赞助、捐赠及各种非常损失、赔偿金、违约金等营业外支出列入产品成本支出；将国家有关法律、法规规定以外的各种付费及不属于成本开支范围的开支列入产品成本支出。

一、审查直接材料费用

直接材料费是产品成本的重要组成部分，其真实性、正确性程度对产品成本有决定性影响，应作为产品成本审查的重点。分析比较同一产品不同期间的直接材料费，如果发现重大波动应查明原因。审查直接材料费用的要点如下所示。

（一）审查直接材料耗用量

对直接材料耗用量的审查，通常是以审查材料用途的方式进行的。企业产品生产、基本建设、生活福利部门往往都会因各自的需要领用材料。按领发料制度规定，领用单位必须在领料单上写明用途，以便在编制“材料费用汇总表”时分类汇总，分别记入有关账户。审查时除对耗用量大的原材料和价值昂贵的材料可用详查法外，可抽取部分“领料单”，检查其“用途”一项填写是否明晰，经汇总后再与“材料费用汇总表”核对，验证其一致性。按规定，材料一经领出即作为消耗，车间已领未用的材料应于期末填写“退库单”办理退库，或填写红色“领料单”办理假退库。审查中应注意领料单是否经授权批准、材料耗用量是否真实、是否存在多领未用材料未办理上述手续而虚增本期材料耗用量的问题。生产中的废料、边角料也应办理退库，从本期材料消耗量中冲减，故应审查是否存在废料退库或变卖、收入不予扣除导致成本虚增的现象。

（二）审查直接材料计价

企业对原材料计价方法可选用实际成本计价法或计划成本计价法，审计人员审查直接材料计价可分别实际成本计价法和计划成本计价法进行。

（1）企业按照实际成本计价，可选用先进先出法、加权平均法或个别计价法。审计人员首先应审查材料计价方法的合理性和前后期材料计价方法的一贯性,以防止企业利用计价方法的变化人为调节直接材料费,从而使产品成本失实。审查时,可在调查、询问所用计价方法的基础上,抽取本期与上期"材料明细账"进行复算,证实计价方法的一贯性。其次,应进一步审查计价方法的运用及其计算结果的正确性,以防止因工作失误而出现差错。审查时通过将"材料明细账"中某种或某几种材料的期末结存单价同该材料或几种材料的耗用单价相比较,如果有差异,应进行追踪调查,查明错误原因。

【任务案例 2-4】 兴秦有限责任公司在通货膨胀条件下,将发出材料的计价方法由加权平均法改变为先进先出法,作为审计人员试对此种做法的合理性进行分析评价。

【案例分析】公司这种做法从本质上讲不合理。

(1) 利润不实。由于计价方法的改变,使得发出材料成本减少,利润虚增,导致在通货膨胀条件下本已十分严重的经济效益状况更趋严重。

(2) 虚增储备资金占用。因为改变计价方法造成少结转发料成本,虚增库存材料占用的资金。

(3) 不符合一贯性、真实性会计原则。从一个较合理可行的方法变为另一个不合理方法的企图,主要是为了虚降成本,虚增利润。

(4) 不符合谨慎性原则。由于发料方法的改变,造成虚增库存材料占用资金、虚增利润,不符合谨慎性原则。

(2) 企业按照计划成本计价,除进行实际成本计价审查外,还应审查材料成本差异的计算与分配的真实性和正确性。为了防止利用材料成本差异人为调节产品成本,审查中尤其应注意期末结转入库材料的成本差异的正确性,成本差异率计算的正确性,发出材料应负担的成本差异是否按当月成本差异率计算,成本差异率是否依规定按材料类别或品种计算等。

【任务案例 2-5】 在审查兴秦有限责任公司 2013 年决算资料时,审计人员发现,该公司将出售的废旧包装物的收入共 50 万元,在计算缴纳流转税后,列入了材料成本差异账户,用以抵减该账户超支差额,从而使当年年末在产品与库存商品分别少摊 2 万元差异,而销售成本中少计 15 万元差异。作为审计人员试述此行为对公司财务成本状况的影响,并指出如何编制调账分录。

【案例分析】

1. 按会计准则规定,废旧包装物收入应作为"其他业务收入"入账,而该公司抵减了超支差异,对公司财务状况的影响包括以下几个方面。

(1) 由于在产品和库存商品成本少计超支差异,导致虚减存货。

(2) 因冲减超支差异使而导致销售成本虚减,造成虚增利润 15 万元。

(3) 由于"其他业务收入"的虚减造成利润虚减15万元。

(4) 因销售成本虚减造成虚增利润15万元,与"其他业务收入"的虚减造成利润虚减15万元金额相对,对利润总额不产生影响。

2. 该公司的做法表面看来属于技术水平性错误,但客观上造成调节成本及产品销售成本结果。

3. 调整账项分录应是:

借:材料成本差异　　310 000

　　生产成本　　20 000

　　库存商品　　20 000

　　贷:以前年度损益调整　　350 000

(三) 审查直接材料费用分配

直接材料费分配正确性的审查,是通过审阅、复算、核对等方法,对"材料耗用分配表"、有关记账凭证、"生产成本明细账"等进行审查,证实其分配依据、分配方法和分配结果的正确性。

1. 审查直接材料费用分配依据

直接材料费用分配的依据是"材料费用分配表"。"材料费用分配表"是根据领料单按使用部门的用途和材料类别汇总编制而成,其真实性、正确性是直接材料费用分配正确性的重要前提。由于领料单数量大,宜用抽查法,抽取消耗量大、价值高、多种用途共用且易出现问题的材料类别的领料单,审查其"用途"、"单价"的真实性、完整性,进行汇总,并与分配表内有关数据相核对。

2. 审查直接材料费分配方法

审查直接材料费分配方法的核心是分配方法的合理性。用于产品生产的原料及主要材料通常按产品品种分别领用,可根据领料单直接计入该产品的成本。一批材料为多种产品共用,则需采用简单合理的方法,例如按照定额消耗量比例、材料定额成本比例、产品重量比例等进行分配。审查中应注意分析所选用方法是否符合材料消耗的内在规律性和企业的实际情况,以及分配方法在一定会计期间内是否有变动,如果有变动还须进一步分析该变动的必要性和合理性。

3. 审查直接材料费分配结果

直接材料费分配结果的正确性审查应涉及两方面内容,一方面在上述审查的基础上对"材料费用分配表"进行复算,证实计算结果的正确性;另一个方面将"材料费用分配表"与有关记账凭证、"生产成本"明细账等进行核对,证实其账务处理的正确性。

知识拓展　**直接材料费用业务中常见的弊端**

1. 领料单中"用途"一项不填或填写不明确,从而造成生产用料与非生产用料、各种产品生产用料界限不清。

2. 不按材料消耗定额或实际需要领料，缺乏严格的审批手续，从而造成材料的浪费，甚至公料私用。

3. 期末已领未用材料不退库也不作“假退库”而留作下月使用，导致两个会计期间直接材料费失真。

4. 生产车间的边角料和废料不退库，或者退库后不作记录，造成直接材料费和产品成本虚增。

5. 在采用实际成本计价时，任意变动发出材料的计价方法，人为调节产品成本。

6. 在采用计划成本计价时，常采用以下手法人为调节成本：不依照规定按材料类别或品种计算成本差异率，而用综合成本差异率；不依照规定按本月成本差异率计算分配成本差异而根据调节成本的需要任意分配成本差异等。

7. 对不能直接计入某种产品成本的材料费用未按规定的原则选用合理的分配方法进行分配，而是根据需要任意分配。

8. 分配方法选用不当，分配结果不正确。

9. 任意改变材料费的分配方法，造成前后期产品成本不可比、不真实等。

二、审查直接人工费用

直接人工费用是指直接从事产品生产人员的工资、奖金、津贴及补贴，以及按照工资总额的一定比率计提的职工福利费。直接人工费用的审查要点主要包括以下各项。

(1) 抽查产品成本计算单，审查直接人工费计算的正确性，查明人工费分配标准与计算方法的适当性，核对是否与工薪费用分配表中该产品分配的直接人工费用相一致。

(2) 分析比较各期人工费用变动有无异常，如果发现有异常波动须查明原因。

(3) 结合对工薪业务循环的审查，抽查直接人工费用会计记录及处理的正确性。

(4) 采用定额成本或标准成本的企业，抽查直接人工费用差异的计算、分配及账务处理的正确性，同时审查直接人工标准成本在年度内有无变更。

三、审查制造费用

制造费用是一种由多种费用项目组成的综合费用项目，其发生的频率较高，而且易与管理费用和其他费用项目混淆，故应在审查中予以重视。审查制造费用的主要内容包括以下各项。

(一) 审查制造费用的真实性

制造费用是各生产单位为组织和管理生产所发生的费用。根据其项目繁多的特点，审查工作可有针对性地对数额较大、易与其他费用支出混淆的项目，例如折旧费、修理费、工资及福利费、水电费以及规定有提取或开支标准的项目等，重点审查其是否为实际发生，支出或提取标准是否符合有关规定。

(二) 审查制造费用项目的合规性

审查时应以《企业会计准则》中关于制造费用的项目组成的规定为依据，通过审阅“制造费用”明细账和相应记账凭证，查明有无非本部门、本单位的制造费用混入，有无属于管理费用等期间费用、福利性支出、其他业务成本、营业外支出的费用混入。

(三) 审查制造费用会计处理的正确性及合理性

审计人员审查时取得或编制制造费用明细表，并与明细账、总账核对相符。

1. 审查制造费用归集的正确性

审查中可有针对性地审阅“制造费用”明细账并与记账凭证、原始凭证核对，查核有无错记、重记、漏记的账项，复核其本期发生额，验证制造费用总额的正确性。

2. 审查制造费用分配的合理性

审查制造费用分配合理性的内容包括审查是否根据本企业所属生产类型、生产组织特点和工艺流程，选用科学、合理的分配方法，有无因选择方法不当而导致制造费用分配不合理的现象；审查分配方法在一定会计期间有无变动，是否存在以变动分配方法人为调节产品成本的问题；审查选作分配标准的资料是否真实、正确，有无以计划数或估计数代替实际数进行分配的情况；用复算法验证分配率及分配结果。

(四) 审查制造费用分配账务处理的正确性

通过将“制造费用分配表”与有关记账凭证、相关明细账核对，确认其分配方法、分配金额正确无误。

四、审查辅助生产费用

根据辅助生产费用发生后先在“生产成本——辅助生产成本”归集，月末选取一定分配方法计入各受益对象这一特点，审查的内容和方法包括审查辅助生产费用归集和分配两个方面。

(一) 审查辅助生产费用归集

审阅各辅助车间的“生产成本——辅助生产成本”并与有关费用分配表、记账凭证核对，确认“辅助生产成本”中所列直接材料费、直接人工费及其他各项费用是否属本车间为基本生产车间和企业管理部门提供产品或劳务而发生。复核各个成本项目及费用总额，证实其正确无误。审查中应注意辅助生产费用同其他费用支出的界限划分是否清楚，其中容易发生的错误是将应计入在建工程支出的自制设备发生的料、工、费计入辅助生产费用，从而影响产品成本的真实、正确。

(二) 审查辅助生产费用分配

审查辅助生产费用分配的重点包括：

(1) 审查所选择的辅助生产费用分配方法是否符合企业及该辅助生产车间生产

特点，在一定会计期间内有无人为调节产品成本而任意改变分配方法。如果发现异常，应做进一步深入调查、分析。

(2) 审查辅助生产费用分配依据是否可靠，分配结果是否正确。审查时应在核实各项依据的基础上，复核“辅助生产费用分配表”中各项计算结果并予以确认。

(3) 审查辅助生产费用分配账务处理的正确性。审查有关辅助生产费用分配的记账凭证并与“辅助生产费用分配表”核对，审阅“生产成本——辅助生产成本”并与“生产成本——基本生产”明细账、“管理费用”明细账等有关明细账核对，证实账务处理的正确性。

(4) 审查时还应注意是否存在将辅助生产车间为福利部门、基建部门提供的产品和劳务混入基本生产车间和管理部门，或者不参加分配，而直接冲减辅助生产费用的问题。

任务四　审查在产品和产成品成本

一、审查在产品成本

企业在产品成本的真实性和正确性对产成品成本的真实、正确有着直接影响，而决定在产成品成本的主要因素是在产品数量及其计价，因此对在产品成本的审查应从以下两方面进行。

(一) 审查在产品的结存量

在产品是指企业已经投入生产过程，但尚未全部完工入库的产品，反映在月末“生产成本”账户的借方。在产品的真实性与正确性，不仅影响企业的资产，而且直接影响产品成本与当期利润。由于工业产品的结构一般比较复杂，在产品的种类较多，全面审查的工作量很大，所以一般采用抽查法进行审查。审查时，应深入生产车间了解在产品盘存情况，检查盘存记录是否完整、正确，核实盘存数量，查明有无多盘、漏盘，以估计数代替盘点，以及其他弄虚作假的情况。由于审计期与在产品盘点期的不一致，在产品的数量已发生了变化。为了确认在产品盘存的数量是否真实、正确，应作如下调整计算：

$$\begin{matrix}\text{盘存期在产}\\\text{品应存数量}\end{matrix}=\begin{matrix}\text{审计期在产}\\\text{品实存数量}\end{matrix}+\begin{matrix}\text{盘存期至审计期}\\\text{产品完工数量}\end{matrix}-\begin{matrix}\text{盘存期至审计期}\\\text{产品投产数量}\end{matrix}$$

然后将计算出的盘存期在产品应存数量，同期末计算在产品成本时的盘存记录进行比较，如果基本一致，即可确认盘存期在产品数量基本正确；反之，即可推断存在一定错误或弊端。在产品结存量审查的常见错误和弊端主要有以估计数作为盘存数，为调节产品成本有意多计或少计在产品数量，以期末账面结存数作为实际结存数等。

（二）审查在产品的计价方法

在产品的计价方法有多种，而且每种计价方法均有其适用条件。计价方法选用不当或任意改变都会影响在产品成本和完工产品成本。审查的重点在于计价方法的合理性。

（1）对采用按年初在产品成本固定计算在产品成本的，应着重审查企业在产品数量是否较多，而且期初期末在产品数量是否较均衡；年终是否对在产品数量进行实地盘点和重新计算成本，是否调整本年完工产品的成本，有无长期不调整完工产品成本从而影响成本计算正确性的情况。

（2）对采用按耗用材料费用计算在产品成本的，应审查其产品成本中直接材料费比重是否较大，而且材料是否一次投入。

（3）对采用约当产量法计算在产品成本的，应审查是否符合使用这种方法的条件，是否根据在产品的数量按其完工程度计算约当产量，完工程度的确定是否合理。

（4）对采用按定额成本法计算在产品成本的，应审查每个工序的在产品是否制订有定额成本，定额成本是否合理，实际成本与定额成本的差异是否进行了调整，有无不调整而任意多计或少计在产品成本的情况。

（5）除审查在产品计价方法外，还应当审查计价方法在一定期间有无变化。

二、审查产成品成本

产成品是指企业已经完成全部生产过程并已验收入库，合乎标准规格和技术条件，可以按照合同规定的条件送交订货单位，或者可以作为商品对外销售的产品。产成品价值一般在存货中占比重较大，构成企业资产的一个主要部分，应对其加以认真审查。

（一）审查产成品数量

审阅生产部门提供的“产量统计表”和财会部门提供的“产品成本计算单”并进行核对，确认产品数量的一致性。审阅“库存商品”明细账，并与“产品成本计算单”相核对，验证其中产品数量是否相符。将成品库的“产品入库单”与生产车间的完工产品记录进行核对，查明产品完工数与入库数是否一致。审阅“产品收发结存汇总表”，证实本期产品数量的正确性。审查中应注意有无下列现象存在：无视产品质量标准或产品质量检验不严格，将不合格产品混入合格产品；有意将废品充当合格产品虚报产量或隐瞒不报等。

审查产成品时，有必要进行实物监盘。监盘的方法和要点与材料的监盘相同。在监盘时，应注意以下问题：

（1）产成品的所有权。审计人员要验证有无已办理了销售手续，但未提货、暂存在企业的产成品。

(2) 产成品的等级与质量。审计人员应鉴定,必要时请专家鉴定库存产成品的等级和质量与账面记录是否一致,有无以次充好,以废充正或陈旧、失效、腐烂变质等情况。

(3) 账实是否相符。对于产成品盘盈与盘亏,等级与质量有问题的都应调整账面记录。

(二) 审查产品成本计算

审查产品成本计算应从选用计算方法的合理性和成本计算的正确性两个方面进行。

(1) 审查所选用计算方法的合理性。审查时应以企业生产特点和管理要求为依据,判明企业产品成本计算方法的合理性。

对采用品种法的,应了解和确认该种产品是否为大量大批单步骤生产,或虽系多步骤生产,但因生产规模较小,不要求按生产步骤计算成本。

对采用分步法的,应了解并确认该种产品是否为大量多步骤生产。对采用分批法的,应了解并确认该种产品是否为按订单组织。

审查中还应注意查明有无任意改变成本计算方法的情况。

(2) 审查产品成本计算的正确性。审查产品成本计算的正确性可综合采用审阅、核对、复算、函证等方法进行。

品种法是以产品品种为成本计算对象,可通过对“生产成本——基本生产明细账”进行审阅、复算,证实其总成本正确无误,然后按核实后的产品产量计算其单位成本,经与“产品成本计算单”核对给予确认。

分批法是以“批别”为对象计算成本,审查时应将完工“批号”产品与生产车间最后生产阶段完工产品入库数量相核对,分清全部完工与未完工的“批号”产品,再与财会部门所结转的“批号”产品相核对,查明有无将未完工的“批号”产品按已完工“批号”产品结转生产成本,从而人为减少在产品成本,虚增产成品成本的情况。

如果企业采用分步法,审计人员应先了解产品生产费用的结转是逐步结转或平行结转,然后审阅并核对“期末在产品盘存表”和“产品成本计算单”复算其产品成本计算是否正确,是否按各道工序在产品成本之间计算,验证在产品成本计算的正确性,是否只按最后一道工序计算等。

如果企业采用定额法,审计人员应审查产品成本是否按合理的料、工、费定额计算,有无任意估算成本的情况,应审查实际成本与定额成本的差额是否进行了调整,有无以定额成本代替实际成本,导致多计或少计完工产品成本的情况。

如果企业采用分类法,审计人员应审查产品分类是否合理,是否根据产品的特点分别采用不同的标准制订分配系数,系数的确定是否正确、合理。

表 2-13　　生产成本审计目标与会计报表认定关系表

审计目标	会计报表认定				
	存在	完整性	权利和义务	计价和分摊	列报
1. 资产负债表中记录的生产成本确实存在	√				
2. 应当记录的生产成本均已记录		√			
3. 记录的生产成本由公司拥有或控制			√		
4. 生产成本以恰当的金额包括在会计报表中，与之相关的计价调整已恰当记录				√	
5. 生产成本已按照会计准则的规定在会计报表中作出恰当列报					√

模块四　审 查 存 货

《企业会计准则》所规定的产品成本开支范围是此项审查的基本依据，存货成本包括采购成本、加工成本和其他成本。企业的存货种类繁多，其核算与管理各具特点，故其审查的内容和方法也有一定区别，在此重点介绍对材料类存货审查。

任务一　运用分析性复核方法检查存货总体合理性

审计人员通常运用存货周转率衡量销售能力、存货有无积压，分析存货余额存在错弊的可能性。将被审计单位不同会计期间的存货周转率比较并与同行业其他企业比较，分析存货周转率变动是否存在以下情况：存货成本项目发生变动、存货核算方法变动、存货储备减少、存货控制程序变动、存货跌价准备计提基础变动、销售变动等。

任务二　监 盘 存 货

审查存货主要应核实存货真实性、完整性，鉴别其所有权，与存货账核对，证实账实是否相符，发现在管理上存在的问题。

按照内部控制的要求，企业应定期进行材料的盘点，但审计人员仍需在年终进行必要的核实。监盘时间可安排在决算日附近，监盘范围视企业内部控制评价结果而定，一般是有针对性的抽查盘点。监盘存货具体工作要点包括以下各项。

（1）要求企业成立材料盘点小组，审计人员参与制订盘点计划。企业的材料往往品种规格很多，审计人员应要求企业成立材料盘点小组，将要盘存材料的已发生经济业务全部入账，并结出余额。为保证材料盘点工作的独立性和能够有条不紊地进行，审计人员应参与盘点计划的制订，包括确定盘点的范围、重点、方法与时间安排。

（2）监督盘点工作的进行。在材料盘点时，审计人员必须到现场，自始至终地监督盘点的进行，以保证盘点工作按计划进行。

（3）抽查材料盘点记录。审计人员可随时抽查盘点记录，对各种材料的数量、单价、金额进行复核，必要时可直接复点一部分材料，以验证盘点记录的正确性。

（4）鉴定材料的所有权。盘点材料时，应对各种材料的所有权加以鉴定，剔除一些代管、代销、代加工的材料，对于产权不明确的，应加以必要的函证和核实。

（5）验证材料明细账余额的正确性。材料明细账余额的正确性要依盘点的结果来证实，如果材料明细账记录不正确，将失去核对的意义。因此在账实进行核对之前，应先将材料明细账所记录的收、发、存的计算加以核实，然后与总账核对，如果发现记录错误，应予以调整。

（6）核对盘点结果与材料明细账余额。在材料盘点与材料明细账验证的基础上，将盘点结果与材料明细账余额加以核对，证实账实是否相符，如果出现不符，应作出盘盈、盘亏记录，并建议查找原因。

（7）查验存货质量。审计人员在监督盘点过程中，还应注意存货质量，有无过期、失效、毁损或材质下降的情况，必要时应聘请专家对存货的质量与价值加以鉴定，作出必要的调整记录，以合理地反映决算日存货的价值。

任务三　审查存货计价

对存货计价应从采购存货、发出存货和截止期三方面进行审查。

一、审查材料采购

（一）审查材料计价

按实际成本计价的材料，审计人员应审查其成本构成项目是否真实、正确，计价方法是否保持前后期一致；按计划成本计价的材料，审计人员应审查材料成本差异处理是否正确。

（二）审查材料采购成本

审查材料采购成本内容包括以下各项。

（1）审查材料采购成本的构成项目是否完整。材料采购成本包括买价和采购费用两部分，买价即为发票价格。存货的采购费用包括购买价款、相关税费、运输费、装卸费、保险费以及其他可归属于存货采购成本的费用等。从国外进口的材料，其发生的进口环节的各种价内税金也应列入材料采购成本。

（2）审查材料采购费用分配比例是否合理。企业所购材料的采购费用，其中能分清由哪种材料负担的，可直接记入该种材料的采购成本，否则应按所购各种材料的买价或重量进行分摊。审计人员应注意审查其分摊是否合理。

（3）审查材料采购成本是否合规、正确。审计人员应审查应由材料采购成本负担的费用是否全部计入材料成本，有无将材料采购成本挤入管理费用或多记进项税额的现象；有无将不该由材料采购成本负担的费用挤入材料采购成本，例如加班费、招待费的问题，或通过将费用计入存货从而虚增当期利润等问题。

（4）审查材料采购成本的计算方法是否符合有关规定。

【任务案例 2-6】 审计人员在审查兴秦有限责任公司 2013 年 5 月份尚未结账的材料采购明细账时，发现下列情况：

（1）向上海油漆厂购入油漆 800 桶，每桶 200 元，运杂费 3 000 元，据审计人员了解此种油漆西安也有同等质量和相当价格的供应。

（2）上述油漆实收 198 桶，短缺 2 桶计 400 元，公司记入材料成本差异账户。

（3）采购员报销差旅费 1 500 元。

作为审计人员，分析上述业务可能存在什么问题，应做如何处理？

【案例分析】

（1）西安有同等质量和相当价格的供应，而向上海采购，表面现象是舍近求远，可能是采购人员接受销货单位的某些好处，亦可能是采购人员借机旅游等。

（2）桶装油漆短缺，不属于自然损耗，应由有关责任人赔偿作为“其他应收款”处理，更不应该记入“材料成本差异”账户，调整分录为：

借：其他应收款　　400

　　贷：材料成本差异　　400

（3）采购员的差旅费应记入“管理费用”账户，不应记入“材料采购”账户，调整分录为：

借：管理费用　　1 500

　　贷：材料采购　　1 500

（三）审查在途材料

审计人员应通过有关账、证的核对，确定在途材料的真实性。对超过正常期限的在途材料，审计人员应加以审查，主要应核实供货方是否已发货，超期限的原因是什么，有无丢失的可能，以便加强管理。

（四）审查材料采购的账务处理

企业材料采购收发的日常核算，可以采用按实际成本计价的方法，也可以采用按计划成本计价的方法，两种方法在账务处理上虽有不同，但都需设置材料总分类账与明细分类账，并根据有关的记账凭证及时登记入账。审计人员对材料采购账务处理审查的内容包括以下各项。

(1) 抽查复核发票上的价格、数量、金额的正确性。

(2) 抽查验证记账凭证所示金额与原始凭证是否一致，会计科目使用和账务处理是否正确。

(3) 抽查总分类账与明细账所记金额是否相等。

(4) 按计划价格核算的企业，其材料成本差异计算与结转是否正确。

二、审查存货发出

企业的存货出库主要是生产部门领用，有时也发生对外出售材料的情况。

(一) 审查生产领用材料

对生产领用材料审查的内容包括以下各项。

(1) 核实生产计划。对材料明细账上所记录的各项生产领用材料，其领用的品种、规格、数量是否符合生产计划的安排，特别是使用限额领料单的企业，应核查有无超限额的情况；超计划或超限额的领料是否经过了授权批准。

(2) 核查发出材料的计价。审计人员应首先了解企业所采用的材料计价方法，是否属于规定的先进先出、加权平均、个别计价等几种方法之一，所选用的方法与企业的实际情况是否相适应；其次，应注意企业在选用计价方法时，是否遵循了一贯性原则，如果有变动则应注意是否符合有关规定，并作了必要说明；最后，应复核发出材料的计价是否正确。对按计划成本计价的企业，还应审查其材料成本差异的分摊是否正确。

(3) 揭露弄虚作假行为。审计人员在审查生产领用的材料时，应特别注意企业虚增或虚减发出材料成本，虚减或虚增企业盈利等弄虚作假行为，以及利用多转或少转材料成本进行贪污舞弊等行为。

【任务案例 2-7】 审计人员在审查兴秦有限责任公司时发现，被审计单位在2013 年 12 月摊入“生产成本”、“制造费用”及“管理费用”的材料成本超支差异数额分别为 46 000 元、3 100 元和 1 300 元，当月企业采用在产品只计原材料成本的方法。经检查验算，该单位向上述三个账户的应摊数额分别为 24 000 元、1 500 元和 300 元。已知该企业当月所产产品全部销售，而期末的在产品为 300 件，完工交库产品为 700 件。试计算企业错误摊配材料成本差异对企业利润的影响。

【案例分析】

(1) 多摊超支差异对完工产品成本的影响＝多摊“生产成本”＋多摊“制造费用”

＝(46 000－24 000)×700÷(700＋300)＋(3 100－1 500)

＝17 000(元)。

完工产品成本虚增 17 000 元，由于当月完工产品全部销售，产品成本增加 17 000元，利润虚减 17 000 元，应调增利润 17 000 元。

(2) 管理费用项目多摊超支差异额＝1 300－300＝1 000(元)，即虚减利润 1 000 元。应调增利润 1 000 元。

(3) 多摊材料成本超支差异减少利润总额＝17 000＋1 000＝18 000(元)。

(二) 核实产成品出库的成本结转

企业销售的产成品，在月份终了，应通过“库存商品”账户，结转其销售成本。审计人员应首先分析产成品销售与销售收入的变动趋势，如果某些种类的产成品销售收入增长了，其销售成本的结转是否相应加大了；其次，在分析趋势的基础上，对一些主要种类的产成品，核实其销售数量与产成品成本结转数量，并根据企业所采用的不同计价方法，验证其结转额的正确性。

(三) 审查材料销售

企业一般不销售材料，但是由于企业在生产工艺上或产品性能结构上发生变化，早期购入的某些材料不适用了，或者企业存在着一些长期呆滞的材料，一些不能使用的边角余料等，可以对外销售。审计人员在审查时应注意，企业销售材料是否属于上述一些特殊情况，是否经过企业领导批准，出售的价格是否合理。

(四) 审查低值易耗品

低值易耗品是指不作为固定资产核算的各种用具物品，例如工具、管理用具、玻璃器皿，以及在经营过程中周转使用的包装容器等。从其性质看，低值易耗品与材料不同，它属于劳动资料，可以多次参加周转而不改变其原有的实物形态。但由于低值易耗品较之固定资产，其价值较低，且易于损坏，在会计上把它归入存货进行核算与管理。因此在进行存货审计时，应包括对低值易耗品的审查。

低值易耗品与材料的一个最大区别，就是可以在生产过程中多次周转使用，其实物损耗和价值转移是逐步进行的。根据有关规定，低值易耗品的价值采用摊销的方式摊入成本，其摊销是否合理，直接影响企业资产的价值以及成本和利润的真实性，因此审计人员要加以认真审查。

(1) 对于采用一次转销法的企业，应检查在领用低值易耗品时，是否将全部价值摊入到有关成本费用科目中去，例如借记“制造费用”、“管理费用”、“其他业务成本”等账户；报废时是否将低值易耗品的残料价值作为当月低值易耗品摊销额的减少，冲减相应账户。

(2) 对于采用五五摊销法的企业，应检查其是否根据低值易耗品的原值和预计使用的期限，将低值易耗品的价值分次摊入到有关成本费用中去。分次摊入时，是否借记“制造费用”、“管理费用”、“其他业务成本”等账户；报废时是否将收回残料价值作为当期低值易耗品摊销额的减少，冲减相关账户。

(3) 对于按计划成本核算的企业，应检查其在月份终了时，是否正确结转了当月领用低值易耗品应分摊的材料成本差异，并记入到有关的成本费用账户中去。

三、审查存货截止期

检查截止到12月31日所购入并已包括在12月31日存货盘点范围内的存货。抽查存货盘点日前后的购货发票和验收单或入库单，凡是12月31日前附有验收单或入库单的发票，表明货物已收到，并包括在本期的实地盘点存货范围之内；审阅验收部门的记录，凡是决算日或决算日前购进的货物，应检查其相应采购发票是否在同期入账，对于未收到采购发票的入库存货，应检查是否单独存放并暂估入账，查明材料有无提前入账或延期入账的问题。

对于发出和销售产成品计价的审查，审计人员可参照材料发出计价的审查。首先，要确定企业所使用的计价方法的合理性，包括先进先出法、加权平均法或个别计价法；其次，要审查企业有无随意变动计价方法的情况。

审计人员必须审查决算日前后若干日的产成品入库单与验收单和产成品的销货发票副联与提货单，以验证决算日产成品截止数的正确性，揭露截止期业务处理不当，人为调剂库存产成品的情况。例如，决算日虚报入库和销售，决算日后再转出，或作相反处理，以调剂利润。

任务四　审查存货跌价准备

根据谨慎性原则，对存货可能的跌价损失进行备抵。存货成本高于其可变现净值的，应当计提存货跌价准备，计入当期损益。通过对存货跌价准备进行审查，查明存货跌价准备的真实性、转销的合理性、会计记录的完整性、期末跌价准备余额的正确性及披露的正确性。

一、取得或编制存货跌价准备及跌价损失明细表

复核加计存货跌价准备及跌价损失明细表的正确性，并与报表、总账、明细账核对相符。

二、审查存货跌价准备计提的合理性

通常应当按照单个存货项目计提存货跌价准备，对于数量繁多、单价较低的存货，可以按照存货类别提存货跌价准备。了解被审计单位期末是否对存货进行系统分析，存货跌价准备计提的依据、方法是否合理，各个期间采用的方法是否一致，计算及账务处理是否正确、跌价准备余额是否符合规定。存在下列迹象的，表明存货可能发生了减值，审计人员应予以重点关注。

(1) 存货的市价当期大幅度下跌，其跌幅明显高于因时间的推移或者正常使用而预计的下跌。

(2) 企业经营所处的经济、技术或者法律等环境以及资产所处的市场在当期或

者将在近期发生重大变化,从而对企业产生不利影响。

(3) 有证据表明存货已经陈旧过时或者其实体已经损坏。

(4) 存货已经或者将被闲置、终止使用或者计划提前处置。

(5) 其他表明存货可能已经发生减值的迹象。

寻找潜在过时存货的审计程序包括:按照产品类别分析产品周转率或产品的寿命,并将周转率与过去的执行情况和当前的预期进行比较;分析引进新技术对产品的影响;比较当期销售额与预算销售额;按照产品类别对目前存货的销售天数进行分析;分析降价销售产品的金额,定期对存货的可变现净值与成本进行比较;根据新产品的开发计划评价当前的存货构成。

三、分析性复核存货跌价准备

审查前后各期存货跌价准备有无异常变动,是否存在利用跌价准备人为调节成本费用的情况。

四、核对相关会计科目

将存货跌价损失发生额与"存货跌价准备"账户相结合进行核对,检查存货跌价准备和跌价损失的账务处理是否正确。

五、审查存货在会计报表中披露的正确性

审查企业是否在附注中披露与存货有关的下列信息:各类存货的期初和期末账面价值,确定发出存货成本所采用的方法;用于担保的存货账面价值。在资产负债表日,存货应当按照成本与可变现净值孰低计量。检查存货跌价准备和存货在会计报表的披露是否适当;是否披露了存货可变现净值的确定依据,存货跌价准备的计提方法,当期计提的存货跌价准备的金额,当期转回的存货跌价准备的金额,以及计提和转回的有关情况等。

表 2-14 存货审计目标与会计报表认定关系表

审计目标	会计报表认定				
	存在	完整性	权利和义务	计价和分摊	列报
1. 资产负债表中记录的存货确实存在	√				
2. 应当记录的存货均已记录		√			
3. 记录的存货由公司拥有或控制			√		
4. 存货以恰当的金额包括在会计报表中,与之相关的计价调整已恰当记录				√	
5. 存货已按照会计准则的规定在会计报表中作出恰当列报					√

工作能力测试

一、单项选择题(下列答案中有一项是正确的,请将正确答案前的英文字母填入括号内)

1. 抽查被审计单位日常盘点记录的目的是为了确定(　　)。

A. 存货账实是否相符　　B. 存货内部控制有效性

C. 存货计价方法一致性　　D. 存货的真实性

2. 产成品生产与质量检验相互独立,是为了防止(　　)。

A. 购入不合理材料　　B. 不合格产品入库

C. 篡改会计记录　　D. 经营预算调整

3. 采用分析性复核方法审查存货总体合理性时,审计人员经常采用的指标是(　　)。

A. 毛利率　　B. 存货周转率

C. 成本利润率　　D. 产品成本差异率

4. 对存货进行实地监盘时,审计人员应当(　　)。

A. 安排盘点计划,对盘点的结果负责　　B. 作为盘点成员参加盘点

C. 收集盘点单,编辑盘点表　　D. 根据监盘情况进行抽查

5. 有关存货审查的下列表述中,正确的是(　　)。

A. 存货监盘是证实存货完整性和所有权的重要方法

B. 存货计价审查的样本主要选择余额较小且价格变动不大的项目

C. 存货截止期测试的方法是抽查决算日前后购货发票与验收单或入库单,并比较发票、验收单或入库单日期及存货入账日期

D. 对盘点难度大的存货,应根据被审计单位存货收发制度确认存货数量

6. 审计人员对被审计单位存货进行监盘,可以达到的审计目标是证实(　　)。

A. 存货计价正确性　　B. 存货账务处理正确性

C. 存货采购成本的正确性　　D. 存货的真实性

7. 下列各项中,属于生产成本审计实质性测试程序的是(　　)。

A. 审查有关凭证是否经过适当审批

B. 对成本项目进行分析性复核

C. 审查有关记账凭证是否附有顺序编号的原始凭证

D. 观察存货盘点及审批程序

8. 某被审计单位2013年3月20日产成品M的实际盘存数量为220件,2013年1月1日至2013年3月20日盘点时止,产成品M的完工数量为400件,销售发出

数量为 300 件，可以确认该企业 2012 年 12 月 31 日产成品 M 的实际数量为(　　)。

A. 220 件　　B. 320 件　　C. 120 件　　D. 520 件

9. 审查材料采购成本构成时，应检查其构成项目是否正确。以下项目中应计入材料采购成本的是(　　)。

A. 入库前整理费用　　B. 材料保管费用

C. 招待费　　D. 仓库人员加班费

10. 被审计单位将以下开支计入生产成本，错误的是(　　)。

A. 生产工人工资　　B. 生产车间领用材料

C. 存货盘亏损失　　D. 季节性停工损失

11. 被审计单位在分配材料成本差异时，有一少记贷方额，这一做法必然导致(　)。

A. 利润虚减　　B. 资产虚减　　C. 存货虚增　　D. 存货虚减

12. 审查 KH002 原材料发现数量为零，而金额为 89 万元，可能的原因是(　　)。

A. 少计成本　　B. 多计成本　　C. 材料盘亏　　D. 材料盘盈

13. 兴秦有限责任公司辅助生产成本明细账期末记录账面余额为零，审计人员核对凭证并复核，发现期末累积借方余额为 210 万元，被审计单位这一处理会导致(　　)。

A. 生产成本虚增　　B. 负债增加

C. 存货虚增　　D. 生产成本虚减

14. 兴秦有限责任公司制造费用期末记录余额为零，经审计人员审核，发现期末累积贷方余额为 180 万元，被审计单位这一处理会导致(　　)。

A. 生产成本虚减　　B. 生产成本虚增

C. 负债虚增　　D. 利润虚增

15. 审查 KH002 材料成本差异，月初借方余额 30 万元，本月借方和贷方发生额分别是 270 万元、100 万元，月初和当月 KH002 材料计划成本合计为 1 000 万元，该材料成本差异率应为(　　)。

A. 借差 20%　　B. 借差 30%　　C. 贷差 20%　　D. 贷差 30%

16. 审计人员审查决算日前后产品入库单、验收单，发现产成品账面记录与原始凭证日期不符，决算日后验收产品计入决算日产成品账户，此项处理(　　)。

A. 将产成品延期处理　　B. 将产成品提前入账

C. 处理正确　　C. 导致利润虚减

17. 检查存货盘点表，发现材料盘亏 450 万元，账面记录未作调整，审计人员应要求被审计单位调整借记“管理费用”，贷记(　　)。

A. “存货”　　B. “原材料”

C. “待处理财产损溢”　　D. “营业外收入”

18. 审计人员在存货审查过程中,应采取措施防止被审计单位虚增存货,以下措施最为有效的是( )。

A. 明细账与总账核对　　B. 抽查被审计单位盘点结果

C. 询问保管人员　　D. 审查材料收发凭证

19. 审查企业MX001产品,账面库存为2 000吨,实地检查结果为1 300吨,保管人员提供一份由某单位出具的收条抵顶库存,而业务部门则解释为因企业仓库容量有限,委托其他单位保存。对此,审计人员应采取的措施为( )。

A. 认定账实不符

B. 认定为赊销

C. 请被审计单位提供合法有效的文件再做认定

D. 请被审计单位冲销账面记录

20. 审查材料等存货时,首要的审计目标是( )。

A. 摊销正确性　　B. 分类正确性

C. 计价正确性　　D. 资产真实性

21. 审计人员对本年度营业收入变动给予关注,同时调查了产品耗用情况,将材料成本变动与物价指数变动相比较,发现账面材料成本明显低于按照物件指数变动估计的成本。以下陈述中最不足以解释上述问题的是( )。

A. 被审计单位提高了材料利用效率

B. 领用材料未作记录

C. 被审计单位年初高估了材料成本,年末合并子公司会计报表时加以调整

D. 被审计单位高估了期末材料成本

22. 被审计单位存货内部控制目的之一是准确发货并恰当开票,以下控制程序最为有效的是( )。

A. 严格控制产品价格,只有经授权的销售人员可以调价

B. 由销售代理商核实订单数量、价格、总金额

C. 客户必须按照产品目录中的产品代码订货

D. 由销售人员与销售代理商核对产品数量、价格

23. 被审计单位有大量闲置材料及边角余料,这些材料预先都进行了记录,分别包装出售,为防范材料处理过程失去控制,应采取的控制措施是( )。

A. 对外出售前单位内部职工有权优先购买

B. 出售材料要由管理部门批准

C. 向销售人员支付固定报酬而非比例提成

D. 只能将材料出售给预先批准的购买方

24. 被审计单位生产车间主任一直订购多余的原材料,篡改验收凭证并付款,将部分原材料运到自己经营的一家公司。为了查明这一舞弊问题,以下审计程序效果

最好的是(　　)。

A. 分析比较原材料入库、发出、库存数量和产品数量,追查产生差异的原因

B. 清点收到的原材料,观察材料验收过程

C. 抽查货币资金支出,核对采购价格、数量、日期

D. 抽查货币资金支出,核对订货单、验收单、发票

二、多项选择题(下列答案中有一项或多项是正确的,请将正确答案前的英文字母填入括号内)

1. 下列属于存货控制措施的有(　　)。

A. 限制非授权人员接近存货

B. 请购单必须经过适当的授权批准

C. 定期盘点存货

D. 生产计划制订与审批相互独立

E. 存货保管与会计记录相互独立

2. 下列程序中,属于对被审计单位生产与存货循环内部控制测评的有(　　)。

A. 实地观察采购与存货验收、保管等职责是否分离

B. 运用分析性复核方法检查产品成本总体合理性

C. 检查存货出库单是否经过审批

D. 询问存货盘点程序,并抽查盘点记录

E. 复算制造费用分配率和分配结果正确性

3. 下列生产与存货循环内部控制中存在的缺陷有(　　)。

A. 材料采购、验收、保管和使用由生产部门统一负责

B. 生产部门制订生产计划后,由生产部门以外的的机构或人员审批

C. 产成品的生产和检验由不同部门负责

D. 由仓库保管人员定期对存货进行实地盘点

E. 由仓库保管人员批准发货计划

4. 下列文件中,属于在生产与存货循环审计中应该审查的文件有(　　)。

A. 现金日记账

B. 银行对账单

C. 生产通知单

D. 成本计算单

E. 存货明细账

5. 审计人员评价内部控制制度时,认为被审计单位以下部门或职务应相互独立的有(　　)。

A. 存货部门与材料使用部门

B. 存货计划制订与实施

C. 存货保管与会计记录

D. 成本计算与复核

E. 保管与盘点检查

6. 生产与存货循环信息传递程序的控制措施包括(　　)。

A. 业务活动授权

B. 成本会计控制

C. 永续盘存制

D. 关键职务分离

E. 限制非授权人员接近存货

7. 生产业务审计目标包括证实(　　)。

A. 生产成本会计处理正确性　　B. 生产成本真实性

C. 成本形成合规性　　D. 成本计算正确性

E. 成本截止期正确性

8. 存货审计的目标包括证实(　　)。

A. 存货真实性　　B. 存货的所有权

C. 存货记录正确性　　D. 存货计价正确性

E. 存货实行分类管理

9. 对生产成本变动合理性进行分析性复核的主要指标及措施有(　　)。

A. 分析各年度和本年各月份产品成本总额变动

B. 分析生产成本构成项目变动

C. 分析存货周转率

D. 分析比较各月材料和产品成本差异率

E. 分析流动比率

10. 存货周转率波动意味着被审计单位可能存在的情况有(　　)。

A. 存货储备增加或减少　　B. 存货成本发生变动

C. 存货核算方法发生变动　　D. 资产负债率发生变动

E. 销售额发生大幅度变动

11. 为了检查决算日产成品的数量,审计人员可以采取的审计程序有(　　)。

A. 核对产成品总账与明细账的余额是否一致

B. 核对计入"库存商品"借方金额与计入"生产成本"贷方的相应金额是否一致

C. 抽查决算日前后若干日的产成品入库单与验收单

D. 抽查决算日前后若干日的产成品销售发票副联与提货单

E. 审阅生产部门"产量统计表"和财会部门"产成品成本计算表"并核对一致性

12. 审计人员对被审计单位存货实施监盘时,做法正确的有(　　)。

A. 采取突击盘点方式　　B. 现场监督盘点过程

C. 随时抽查盘点记录　　D. 鉴定存货质量

E. 由审计人员对全部存货亲自点数

13. 审计人员审查标准成本系统时涉及的主要内容包括(　　)。

A. 审核以前年度工作底稿对标准成本系统的描述以及本年度发生的主要变化

B. 确定由标准成本会计系统确认的差异额

C. 询问更新标准成本的程序,以确定其在本年度的修正程度

D. 随机抽取产品标准成本构成,审查成本构成、工资记录及间接费用分配合理性

E. 审查采购成本的截止期

14. 审计人员对M公司实施财务审计，通过开展存货截止期测试程序可能查明(　　)。

A. 多计年末存货和应付账款　　B. 少计年末存货和应付账款

C. 存货所有权　　D. 虚增当年利润

E. 虚减当年利润

15. 审查规模较大的生产单位直接材料费用，一般审查程序包括(　　)。

A. 材料计价方法一致性　　B. 抽查成本计算单

C. 复核材料费用分配表　　D. 逐笔检查每张材料领用单

E. 详细检查材料入库单

16. 审计人员判断以下应列入材料采购成本的有(　　)。

A. 材料买价(不含增值税)　　B. 运杂费

C. 储存保管费　　D. 入库前加工整理费

E. 所付的消费税

17. 被审计单位按计划成本核算材料收发，其发出材料应分摊的成本差异按照(　　)。

A. 本月材料类别成本差异率计算　　B. 本月材料综合成本差异率计算

C. 本月材料品种成本差异率计算　　D. 年初材料综合成本差异率计算

E. 全年加权平均差异率计算

18. 制造费用真实性审查的重点项目包括(　　)。

A. 全部制造费用　　B. 数额大的

C. 制度规定有提取标准的　　D. 制度规定有开支标准的

E. 容易与其他开支混淆的

19. 审查“存货——原材料”项目，发现W材料期末库存平均价格为每吨300元，库存量为1 000吨。近期进价为240～260元，材料价格近几年一直比较平稳，以此推断非正常差价为40 000～60 000元。可能的情况有(　　)。

A. 以前材料发出成本少转　　B. 以前材料发出成本多转

C. 补转以前费用　　D. 冲转以前费用

E. 补转以前差价

20. 审计时发现下列项目计入生产成本，属于违反规定的有(　　)。

A. 无形资产支出　　B. 对外投资支出

C. 按车间人员工资提取的职工福利费　　D. 罚款及被没收财产损失

E. 非常损失、赔偿金

21. 审查产成品时，审计人员应特别注意的问题包括(　　)。

A. 产成品真实性　　B. 产成品所有权

C. 产成品等级和质量　　D. 在产品账实是否相符

E. 产成品计价正确性

22. 审查某企业在产品，发现在产品单位成本高于现行售价，审计人员采取的措施有(　　)。

A. 认定在产品成本虚假

B. 检查在产品与产成品成本划分正确与否

C. 对在产品数量逐月进行比较

D. 核对有关会计凭证

E. 认定在产品盘点错误

23. 审查某股份有限公司存货，发现有部分库存材料实际成本高于市场价格，被审计单位未按有关制度计提“存货跌价准备”，审计人员应(　　)。

A. 提请被审计单位按规定计提“存货跌价准备”

B. 审查被审计单位“存货跌价准备”的真实性

C. 审查被审计单位转销“存货跌价准备”的合理性

D. 将计提情况和账务调整事项记录于审计工作底稿

E. 认定处理正确

24. 监督盘点存货过程中，审计人员采取的措施有(　　)。

A. 参与盘点计划制订　　B. 抽查盘点记录

C. 现场盘点　　D. 验证明细账

E. 查验存货质量

25. 对于被审计单位存货的披露，审计人员应关注其是否做到(　　)。

A. 主要存活种类与估价基础已揭示　　B. 存货抵押已做揭示

C. 全部存货及销售成本准确无误　　D. 内部控制健全

E. 存货盘亏责任明确

26. 被审计单位存货中有大量贵重金属，对此类存货进行内部控制测评时，主要程序包括(　　)。

A. 抽查请购单，判断授权适当性

B. 观察存货收发流程，判断失窃可能性

C. 分析比较贵重金属标准耗用量与实际耗用量之间的差异

D. 复核记录正确性，确保计价正确性

E. 函询供应商，了解供货稳定性

项目五

销售与收款业务循环审计

任务导入

销售与收款业务循环指企业销售货物、货款结算、计算与缴纳销售税金、核算销售成本等的业务循环。销售与收款业务具有发生频次多、对企业影响大等特点，是企业经营活动的主要业务循环之一，在企业整个经营活动中占有重要地位。

销售与收款业务循环审计既涉及资产负债表项目，又涉及利润表项目。涉及的资产负债表项目主要包括应收票据、应收账款、长期应收款、预收款项、应交税费；涉及的利润表项目主要包括营业收入、营业税金及附加、销售费用等。

销售与收款业务循环审计是企业财务审计的重要组成部分，审计风险较高，审计人员通过调查熟悉销售与收款业务，分析审计固有风险；通过了解销售与收款业务内部控制，测评内部控制风险；通过拟定审计方案，审查销售与收款业务各项目，控制审计风险。

模块一　调查熟悉销售与收款业务循环

销售与收款业务循环涉及收入业务、应收款项业务等，审计人员必须评估被审计单位业务循环特征，以帮助确定收入循环账户金额实质性测试的性质、时间和范围。

任务一　销售与收款业务循环综述

销售与收款业务循环涉及可供销售的商品和劳务的所有权转让的各项业务和过程，销售与收款由客户提出订货要求开始，将商品或劳务转化为应收账款，并最终收回货币资金。销售可以分为现销和赊销两种基本方式，现代经营中商业信用的广泛使用使得赊销成为各企业较为普遍采用的销售方式。在赊销方式下，销售与收款业务流程主要包括处理客户订单、批准赊销信用、发送货物、开具销售发票、记录销售与收款业务、定期对账和催收账款、审批销售退回与折让、审批坏账的注销等。

企业销售与收款业务循环一般包括以下各项。

一、处理客户订货

客户提出订货要求是整个销售与收款业务循环的起点，也是企业销售货物或提供劳务的依据。企业在收到客户订单之后，应立即编制销货单，列示客户订购的商品或劳务的名称、规格、数量等，以此作为处理订货的依据。

二、批准赊销

对于赊销业务，在发出商品或提供劳务之前，必须按照赊销政策调查每个客户的信用状况，经过合法授权人员批准客户的赊销额。赊销的审批必须严格，否则常常会使坏账损失超过正常水平，导致信用风险。因为对企业来说，批准赊销的同时也就批准了发货。

三、发运商品

发运商品是销售与收款业务循环中出让资产的起点，商品的发出往往是确认销售成立的标志之一，发出商品时要编制发运凭证，这种凭证往往是一式多联、连续编号的提货单，它是向客户开出账单所必不可少的凭据。如果企业采用永续盘存记录，发运凭证是逐日登记存货记录的依据。

四、向客户开出账单并登记销货业务

开具账单包括编制和向顾客寄送事先连续编号的销售发票。因此，应正确、及时地开出账单，开出账单时要注意不漏开、不重开和不错开。开出恰当数额账单的关键是根据实际发货数量和批准的价格确定向客户收取的货款，在销货日记账和应收账款明细账中恰当地记录销售业务，也是会计处理的一个重要部分，应由独立人员检查账单开具情况。

五、定期对账和催收账款

财务部门应定期编制并向客户寄送应收账款对账单，与客户核对账面记录，保证所有的收款、折扣、折让都能正确地记录，如果存在差异，应及时查明原因并调整。财会部门还要编制应收账款账龄分析表，对已超过正常信用期限、长期拖欠货款的客户还要以各种方式催收货款，并通知信用管理人员。

六、收取货款并记录现金、银行存款账簿

企业在办理和记录现金、银行存款时，应关注货币资金失窃的可能性。货币资金的失窃可能发生在货币资金登记入账之前，也可能发生在登记入账之后。处理货币资金时最重要的是要保证全部货币资金都必须如数、及时地记入现金、银行存款日记账和应收账款明细账，并如数及时地将现金存入银行，为保证内部控制，要注意将不相容职务分离，退货和折让要进行审批。

七、审批销售退回与折让

客户对不符合其订货要求的货物提出退货请求，应由负责收款和记录应收账款

以外的销售部门主管，根据退货验收单和入库单批准退货。销售折让由具有审批权的销售主管批准后执行，并据此编制贷项通知单，财会部门根据销售退回与折让业务凭证及时、正确地记录。

八、注销坏账

因客户宣告破产、死亡等原因确认应收账款无法收回时，经管理当局批准后将其注销，由财会人员冲减相应应收账款总账和明细账。为了加强对注销应收账款的管理，财会部门应设置已注销应收账款备查簿，防止以后收回已注销的应收账款时出现漏记、错记或被贪污。

九、提取坏账准备

按照谨慎性会计原则，企业应当定期或者至少于每年年度终了对应收款项进行全面检查，预计各项应收款项可能发生的坏账，计提坏账准备。

任务二　销售与收款业务循环中的主要文件

销售与收款业务循环的审计涉及一系列凭证和记录，一般的销售与收款业务循环中所使用的重要凭证和记录有以下几种。

一、客户订货单

客户订货单是客户提出的书面购货要求，企业可以通过营销人员或其他途径，采用电话、传真、信函、计算机网络等方式接受现有的或潜在的客户订货。控制程序包括销售订单预先编号，核准文件编制，正式的赊销批准，部分编号、销售价格、订购产品的货运条款的描述，以及经批准的账单。

二、销货单

销货单是记录顾客所订商品的名称、规格、数量和其他情况的凭证，常用于赊销的批准或者发货的审批。

三、销货合同

销货合同是供需双方所签订的具有法律效力的文件，需明确双方的责任，包括所订货物的品种、规格、数量、质量、价格、付款方式，以及供货时间等，要经双方签章后生效。

四、发运凭证

发运凭证是发运货物时编制的，用以反映发出货物的名称、规格、数量和其他有关数据的凭证。这种凭证可作为向客户开票收款的依据，一联交给客户，企业保留一联或几联。提货单是发运凭证的一种形式，它是运输企业和销货企业之间有关商品收发业务的书面凭证。

五、销货发票

销货发票是一种用来证明已销商品的名称、规格、数量、价格、金额、运费和保险费的价格、付款条件和其他有关数据的凭证,它是向客户说明货款数额和付款期限的凭证。销货发票的一联寄送给顾客,其余联由企业保留。销货发票也是在账簿中登记销货业务的基本凭证。

六、贷项通知单

贷项通知单是一种用来表示由于销售退回或经批准折让而引起的应收账款减少的凭证,其格式与销售发票相同。

七、销货日记账或明细账

销货日记账是用来记录销货业务的日记账,它通常记载不同类别的销货总额、应收账款分录、其他各项明细记录等。销货日记账常常只汇总记入每天的合计数,再将有关明细记录汇总记入总账。企业也可以设立销售收入明细账用来记录销货业务详细情况,按销售商品品种、规格等反映不同类别的销货总额。

八、销售退回及折让日记账或明细账

销售退回及折让日记账或明细账是一种与销货日记账基本相同,用来记录销售退回与折让、现金折扣的日记账。

九、汇款通知书

汇款通知书应注明客户名称、销售发票号码、金额、销货单位开户银行账户等相关内容。它是一种与销货发票一并交给客户,并可以随同付款支票一并交回销货单位的凭证,采用汇款通知书可以使收到的货款立即存入银行,并且可以改善资产的管理控制。

十、现金和银行存款日记账

现金和银行存款日记账是用来记录应收账款的收回、现销收入和其他各种现金、银行存款收入和支出的日记账,以收付款凭证为记账依据。

十一、坏账审批表

坏账审批表是仅在企业内部使用的、用来批准将某些应收款项注销作为坏账的凭证。

十二、应收账款明细账

应收账款明细账用来记录每个客户各项赊销、货款收回、销售退回及折让的明细账,各个应收账款明细账的余额合计数与应收账款的总账余额相等。

十三、收款凭证

收款凭证是指用来记录现金和银行存款收入业务的会计凭证。

任务三 销售与收款业务循环中的内部控制

由于内部控制能起到相互牵制、防止发生错误和弊端，或大大减少错弊发生概率的作用，因此内部控制在业务循环中是必不可少的组成部分，销售与收款业务循环中的内部控制主要包括以下几项。

一、职责分工控制

适当的职责分工是内部控制中一项重要的控制措施。为了保证销售与收款业务控制系统的有效性，应按各业务环节进行明确分工，处理客户订单、调查信用、批准信用、发送商品、结算开单、办理销售退回与折让、收取货款、会计记录和核对账目等工作，要分别由不同的职能部门与人员负责，相互制约，避免发生舞弊行为。

销售与收款业务的主要职责分工包括：批准赊销信用与销售相互独立，防止销售部门为增加业绩而放宽信用标准，导致企业信用风险增大；批准赊销信用与发货开票相互独立，防止向不符合信用标准的客户进行赊销，增加坏账风险；发送货物与开票相互独立，防止发货未经批准，销售业务没有被记录或商品被盗窃；发送货物与记账相互独立，防止商品被盗窃并通过篡改记录加以掩饰；收取货款与销售收入、应收账款记录相互独立，防止客户所付款项被贪污并篡改加以掩饰；批准销售退回与折让业务和记账业务相互独立，防止收到的货款被贪污；批准坏账与收款业务、记账业务相互独立，防止不符合规定的坏账被批准，收到的款项被贪污；编制和寄送客户对账单与收款业务、记账业务相互独立，以检查销售收款业务中的错弊；执行内部检查与业务办理、记录相互独立，保证内部检查的独立性和有效性等。

二、信息传递控制

建立健全销售与收款业务循环相关内部控制，要求管理当局对于相关的信息传递程序实施严格有效的控制。

（一）授权程序控制

有效的控制要求销售与收款业务各环节要经过适当的授权批准。向客户提供信用前要进行调查并经授权批准，以控制信用风险；发送货物只有在授权批准后才能进行，以防止向虚构的客户发货；销售价格、销售条件、运费、退货和折让要经过授权批准，以防止销售价格、退货和折让背离企业经营管理政策；由保管票据以外的主管人员批准应收票据承兑、违约票据冲销。

（二）文件记录控制

为健全业务审批、财产保管和便于记录，要合理设计并使用各种文件和记录。关键性的销货单、销售发票、发运凭证等都应事前按顺序编号使用，以防止遗漏开票或记录销售业务，防止重复开票或记账。例如，收到订货单之后，立即编制一式几联的销货单，分别用于批准赊销、批准发货、记录发货数量、向客户开具发票账单；定期编制并向客户寄送对账单；对每个客户建立应收账款明细账。以应收票据结算时，需设置登记簿详细记录票据种类、编号、出票人、票面金额、利率、到期日等情况。

（三）独立检查控制

对销售与收款业务进行独立检查，防止各环节发生差错和舞弊。由内部审计人员或其他独立人员检查销货单、销售发票、提货单，确保其一致性和正确性；核对汇款通知单、收款单、存款单等，保证每笔收到的货款都进行了登记；检查已批准的销售业务是否编制了销货单；定期检查销售日记账和总账、应收账款明细账和总账、现金及银行存款日记账和总账的一致性。

三、实物控制

实物控制包括以下两个方面：

一方面限制非授权人员接近存货，货物的发出必须有经批准的销货单；对于退货也要加强实物控制，由收货部门进行验收并填写验收报告和入库单。

另一方面限制非授权人员接近各种记录和文件，防止伪造和篡改记录。赊销方式下，企业与客户之间的货款结算还包括应收票据，要加强对应收票据的实物控制，保管票据及经管现金与一般会计记录职责要分离。

四、定期寄出对账单

由出纳、销售及应收账款记录以外的人员按月向客户寄发对账单，督促客户履行合约。对于核对中发现的不符账项，由不负责资金管理、不记录收入和应收账款的专人来处理。在现销方式下，可以省略赊销信用的批准环节，其他各环节与赊销方式相似。应注意现金收取环节的控制，防止现金在记录之前或之后被贪污或挪用。收到现金应立即填制有关凭证，收取现金的职责与记账职责分离。在分期收款方式下，企业也要严格调查客户的信用。经过主管人员批准后才能进行销售；对每一笔分期收款销售业务进行连续记录，密切关注各期货款的收回情况；对逾期未收到的货款积极催收；单独设置“分期收款发出商品”账户，对发出的商品进行记录。

模块二　测评销售与收款业务循环内部控制

通过了解内部控制，并进行内部控制测试，审计人员收集一定证据，对内部控制健全性、有效性作出评价。在进行销售与收款业务循环内部控制测试之后，审计人员应确定审计目标，围绕审计目标收集充分可靠的审计证据。

任务一　了解并描述销售与收款业务循环的内部控制

审计人员在测试时，要通过收集和审阅与该循环有关的资料、文件，结合实地观察采用适当的方法，包括调查表法、流程图法、文字描述法加以描述，纳入审计工作底稿。

任务二　检查不相容职责的划分

走访、观察信用部门与应收款项处理部门是否独立，或分别由不同的人员负责；抽取销售退回或折让发票，审查其是否由业务记录以外的人员批准；验证坏账冲销是否经过收款业务、记账业务以外的人员批准；了解应收款项账簿记录人员与出纳员的职责分工。

任务三　测试制度执行情况

向有关人员调查、询问、实地观察、抽验有关文件资料，测试检查有关发票制度、发货制度、结算制度的实际执行情况。例如，抽查销售发票副联是否附有发运凭证、订货单，销售发票是否经授权审批，评价内部控制的健全性和有效性，揭示违反规定的作法。

任务四　审查销售合同

采用抽查法对销售合同签订的必要性、签约的程序和形式的合法性、合同内容的完整性、合同中有关双方权利和义务条款的明确性以及合同的履行情况等进行审查和评价。

任务五　观察对账单是否按期寄出

审计人员通过观察对账单寄出情况，掌握该环节控制的执行情况。

任务六　审查有关凭证上内部核查的标记

审查销售业务记录的会计凭证及明细账，评价内部核查的有效性。

任务七　抽查账龄分析表

在测试时应抽查账龄分析表，检查其是否按期编制，对于超过还款期限，且金额较大的客户，应追查有无信用调查报告与批准文件，是否由独立部门或人员进行。

任务八　审查销货折扣与收款的合理性

审计人员需通过查阅制度与询问方式，了解被审计单位销货折扣事项，同时抽验部分应收款项账簿记录和销货发票，与相应的银行存款日记账或现金日记账核对，揭露不符合折扣政策的项目。

任务九　审核坏账损失的账簿记录及相应手续

审计人员对于数额较大的坏账损失要加以验证，查明有无经过正式的批准，是否由企业的主管人员授权批准，批准的原因是什么，坏账损失的计算根据是什么，揭露某些人员利用记录坏账损失、坏账准备账户的方式贪污现金的行为。必要时，对已注销的应收款项可采取函证方式加以证实。

任务十　评价销售与收款业务循环内部控制

通过对销售与收款业务循环的了解测试，包括企业经营环境与业务性质、营销业务管理、应收账款及现金、银行存款管理、相关会计科目、以前审计中发现的重大错弊等，评价固有风险，包括管理层道德风险、被审计单位面临的财务压力、实现财务目标后对管理层可能产生的激励等。审计人员确定对内部控制信赖程度，指出存在的薄弱环节与失控点，评价控制风险，明确实质性测试的范围与重点，必要时调整或修订审计计划。

知识拓展　　**销售与收款业务循环审计目标**

一、营业收入的审计目标

（一）证实营业收入的真实性

企业营业收入的确认关系到企业经营成果的实现和纳税义务的发生。根据权责发生制原则审查、证实企业营业收入的确认是否符合会计准则及有关规定，根据实际发生金额进行记录。虚假的营业收入主要包括尚未发货却已记作收入；营业收入重复记账；向虚构的客户发货，并作为营业收入入账。

（二）证实营业收入计价与分类的正确性

营业收入项目核算企业在销售商品、提供劳务等主营业务活动中所产生的收入，以及企业确认的除主营业务活动以外的其他经营活动实现的收入，包括出租固定资产、出租无形资产、出租包装物和商品、销售材料、用材料进行非货币性交换或债务重组等实现的收入。对企业营业收入进行审查时，应严格审查各项收入的分类是否合规、合理，查明有无相互混淆、影响应纳税额及利润正确性的情况。

（三）证实营业收入的完整性

企业所取得的营业收入应及时、完整地记入有关账户，并按规定进行账务结转，确保发生的金额已经记录。对销售中发生的销售退回、销售折扣和折让业务，也应按规定进行相应的账务处理，查明有无混淆不同会计期间营业收入的界限，人为调节企业营业收入的现象等。

二、应收款项的审计目标

（一）证实应收款项的真实性

企业的应收款项与其他业务不同，其真实性不仅取决于企业内部账务处理和记录是否正确，而且取决于债务方所确认的承担债务的义务。因此，审计人员要在充分取证的基础上，证实应收款项账面余额是否真实存在，记录的金额是否是实际发生的金额，有无虚挂账面的情况。

（二）证实应收款项计价与分类的正确性

企业的应收款项是因为销货业务而发生，而在销货中可能会由于某些原因发生销售退回、折让和折扣等情况。这些情况的发生应抵减企业的营业收入，相应地抵减应收款项。审计人员要在充分取证，确定销货业务发生的真实性、金额计算的正确性以及销售退回、折让和折扣真实性的基础上，证实账面记录的正确性。

（三）证实销售退回、折让与折扣的合法性

销售退回、折让与折扣记录的金额要符合会计准则的规定。审计人员应对抵减企业营业收入与应收款项的这几种情况予以查明，证实其是否合法，手续是否齐备，要注意从中揭露营私舞弊行为。

（四）证实应收款项记录截止期的正确性

审计人员通过对决算日前后发生的应收款项业务的审查，确认其是否记录于正确的会计期间。

（五）确认坏账损失的真实性

企业无论是否采用提取坏账准备的方式，发生的坏账损失都使企业资产减少。企业坏账准备的提取与坏账损失处理的恰当与否，直接影响企业费用的真实性与利润的正确性。审计人员通过审查要证实计提的坏账准备金是否合理，坏账损失的核销是否真实、合法，是否确实属于收不回来的应收款项，有无贪污舞弊行为，使在该会计期间账面记录的金额与实际发生的金额相同。

（六）证实应收款项过账和汇总的正确性

在会计报表中记录的应收款项的金额应经过正确的过账和汇总，审计人员应确认企业应收款项的明细账记录是否正确，总账记录是否正确，总账与明细账记录是否一致。同时，确认各种应收款项的冲销及坏账准备等账务处理是否正确。

模块三　审查营业收入

营业收入包括销售商品收入、提供劳务收入和让渡资产使用权收入等。营业收入审计是指对企业在生产经营活动中，因销售商品、提供劳务等而取得的收入的真实性、完整性和合法性的审查。对营业收入的审查主要是在内部控制测试的基础上进行发生额细节测试，即实质性测试。主营业务收入和其他经营活动实现的收入的内容、性质和核算要求不同，因而各自发生额测试的内容和方法也有所区别。审查时，先取得或编制营业收入项目明细表，复核加计其正确性，并与报表数、总账数、明细账数核对，确定其一致性。

常见企业虚增收入的情况包括：确认从未发生送货的收入；将委托他人销售的商品记录为实现收入；发生在会计期间以后的销售提早确认；发送在产品确认为收入；在顾客需要或同意发货之前发送产品；虚构发票；向没有下订单的顾客发货或发送货物的数量多于顾客订购的数量；把发送给本企业仓库的货物记录为销售；退回商品记录为商品销售等。

任务一　运用分析性复核方法及监盘方法检查营业收入的完整性

分析性复核方法是将相关账户或项目进行研究、对比和分析。审计人员在评价被审计单位风险时有许多因素值得注意，包括管理层对外报告及这些报告对其绩效评价的影响；企业经营业绩与行业内整体经营形势不一致；会计处理过于复杂；接近季度末或年末时，销售发生大幅度增加等。

一、分析性复核方法

审计人员常用比率分析、趋势分析和合理性测试三种分析方法进行审查。

（一）比率分析

进行比率分析目的在于判断财务指标是否存在异常变化。将企业年度内各期营业收入的实际数与计划数进行比较、分析，了解完成计划情况；比较本期各月营业收入的波动情况，了解有无异常；将行业平均毛利和以前年度平均值比较，分析年末最后一个月销售额占总销售额的比例；销售折扣占赊销收入的比例；销售退回及折让占销售的百分比等。

（二）趋势分析

企业在没有发生异常事项时，其经营业绩将会与以前业绩或行业趋势保持一致，除非企业开发出新产品或业务流程改革，否则其营业收入状况保持稳定。趋势分析应包括将被审计单位的营业收入趋势与经济状况、行业趋势相比较；毛利率是否高于行业平均毛利率；与上年同期的实际数相比较，了解变动趋势；计算本期重要产品和重要客户的销售额和毛利率，分析本期与上期有无明显变化；月销售分析与以前年度及同期预算相比；是否存在季度末或年末销售异常增加的现象；是否超出经验及行业平均趋势所给予客户的折扣等。如果审计人员注意到6月下旬和12月份销售收入异常增加，就需要对相关业务进行调查。如单独分析生产部门或其他一些具体部门，趋势分析的意义更大。

（三）合理性测试

审计人员通过审查账户与某些因素的相关关系，收集关于这一账户的相关信息，可以使用回归分析，评价与以前结果之间关系。例如，依据销售额和销售成本、销售费用或行业总销售额增长之间的关系，来估计生产线的月销售额。

【任务案例2-8】 审计人员在审查兴秦有限责任公司2013年12月利润表时发现，该公司当年的主营业务收入与以前各期相比明显偏低，而主营业务成本没有明显的变化，决定进一步审查。经审查发现一笔暂存款468 000元，对方账户为“应付账款”，其记账凭证的内容为：

借：银行存款　　　　468 000

　贷：应付账款　　　　468 000

审计人员进一步审查原始凭证附件得知，在销售发票存根中有一张销售金额400 000元的销售发票，其增值税发票与该记账凭证所记录的单位名称相同。后经询问了解，该单位将正常销售收入作为“应付账款”处理。作为审计人员试分析此笔经济业务。

【案例分析】

(1) 审计人员取得销售合同、增值税专用发票、银行记账单等原始凭证。

(2) 审计人员根据《企业会计准则第14号——收入》的有关规定，作出判断。销售发票存根中有一张销售金额400 000元的销售发票，其增值税发票与该记账凭证所记录的单位名称相同，此笔业务应该记“主营业务收入”账户。

(3) 这种问题属于隐瞒收入借以偷税的行为。建议公司会计人员作如下账项调整：

借：应付账款　　　　468 000

　贷：主营业务收入　　　　400 000

　　应交税费——应交增值税（销项税额）　　　　68 000

二、监盘法

如果被审计单位利润表中有净利润，但经营活动现金流量却是负值，审计人员应查找应收账款和存货虚增的可能性。通过监盘原材料、在产品、产成品等存货，对收入记录的完整性进行分析。通过比较分析和存货监盘，审计人员可获得被审计单位营业收入在整体上是否合理的证据。对于一些异常或有重大差异的项目，确定进一步审查的范围与方法，以便查明有无故意漏记收入或人为虚增收入以及分类划分不当等情况。

任务二　验证营业收入入账的正确性

实质性测试应关注异常情况包括：正好在会计年度截止期前后出现大额销售或销售账户的异常调整；年度截止期前后的交易；会计年度最后一个月的销售条件比以前月份对顾客更有利等。因此，审计人员应分析所有接近年末发生的大额销售或异常销售，核对原始凭证，或直接向顾客确认交易条件。

1）索取产品出库存根、销售发票副本和各种收入明细账，相互核对，检查有无混淆营业收入与其他营业收入、营业外收入界限的现象。取得或编制营业收入项目明细表，复核其正确性，并与明细账、总账、报表数核对相符。

2）审阅一定数量的产品发运单、销售发票副本、各种结算单据、有关明细账以及大型产品的生产进度表，核实企业是否遵循了权责发生制原则，并根据生产经营与结算方式的不同特点，真实完整地计入营业收入、结转营业成本。

(1) 审查企业销售商品收入是否同时满足下列确认条件：企业已将商品所有权上的主要风险和报酬转移给购货方；企业既没有保留通常与所有权相联系的继续管理权，也没有对已售出的商品实施有效控制；收入的金额能够可靠地计量；相关的经济利益很可能流入企业；相关的已发生或将发生的成本能够可靠地计量，企业应当按照从购货方已收或应收的合同或协议价款确定销售商品收入金额。

(2) 审查企业提供劳务获得的收入，是否同时满足下列确认条件：收入的金额能够可靠地计量；相关的经济利益流入企业；交易的完工进度能够可靠地确定；交易中已发生和将发生的成本能够可靠地计量。企业应当按照从接受劳务方已收或应收的合同或协议价款确定提供劳务收入总额，但已收或应收的合同或协议价款不公允的除外。

(3) 审查企业按完工进度确认收入的方法的合理性。企业在资产负债表日提供劳务交易的结果能够可靠估计的，是否采用完工百分比法确认提供劳务收入。企业确定提供劳务交易的完工进度，可以选用下列方法：已完工工作的测量、已经提供的劳务占应提供劳务总量的比例、已经发生的成本占估计总成本的比例，审查企业完工进度确认的方法是否合理。

(4) 审查企业收入确认和成本结转的正确性。审查是否遵循了配比原则，结转销售商品的营业成本；企业应当在资产负债表日按照提供劳务收入总额乘以完工进度扣除以前会计期间累计已确认提供劳务收入后的金额，确认当期提供劳务收入；同时，按照提供劳务估计总成本乘以完工进度扣除以前会计期间累计已确认劳务成本后的金额，结转当期劳务成本。

(5) 对于售后回购、售后租回、以旧换新销售，审计人员应特别注意审查其收入的确认、计算是否符合规定，关注是否存在附有回购协议或日后租回协议的销售按照收到货款记入收入，从而虚增收入和利润的问题。

【任务案例 2-9】 兴秦有限责任公司为外单位加工产品一批，签订的合同中规定，完工后所结余的材料归兴秦有限责任公司所有。在实际完工后，该加工公司结余原材料 58 500 元。在记账时，借记“原材料”，贷记“其他应付款”。作为审计人员，这种账务处理是否正确？这种问题属于什么性质？如果在当年查出这种问题，你认为应如何调整账项并作出调整分录。

【案例分析】

(1) 审计人员取得加工合同，“原材料”、“其他应付款”、“主营业务收入”、“主营业务成本”等账户。

(2) 审计人员根据《企业会计准则第 14 号——收入》的有关规定，作出判断。既然合同规定结余的材料归加工公司所有，就不应该将该材料款作为“其他应付款”处理，而应贷记“主营业务收入”，作为加工收入的一部分记账。

(3) 这种问题属于隐瞒收入借以偷税的行为。建议公司会计人员作如下账项调整：

借：其他应付款	58 500	
贷：主营业务收入		50 000
应交税费——应交增值税（销项税额）		8 500

任务三　核查营业收入真实性和账务处理的正确性

在审查企业营业收入时，应核查其收入的真实情况及账务处理过程。审计人员应抽取部分销售发票，追查销货合同、营业收入明细账、分类账，检查其记录、过账、加总是否正确一致，并与“应收账款”、“应收票据”以及“银行存款”等账户核对是否相符。

一、审查发票和销货合同

发票和销货合同是审查营业收入的主要原始依据，但因其数量大，一般采用抽查。审查发票时应注意审查发票的真伪、发票簿的连续编号是否完整无缺；发票是否按规定顺序使用、填制，有无刮、改、涂、擦；作废发票是否加盖“作废”章并全联保存，是否与销货合同相符。抽查一部分发票，审查其购货单位、商品名称、销售单价、数量、金额与销货合同的一致性。抽取部分发票与发货记录相核对，检查仓库发出商品的品名、规格、数量、购货单位等与发票的相符性。应注意售给关联方或关系密切的客户产品计价是否合理，有无以高价或低价结算转移利润的问题。重点审查分期收款销售、以旧换新、委托代销、售后回购、产品销货合同及其履行情况。

二、审查营业收入记账的正确性

实施审查时可采用时间抽样，即选取审计期内某几个时间段落，对全部产品的营业收入账表进行检查。对营业收入账目进行检查时，可按结算方式的不同选用不同的方法与相关账户进行对比、核查。例如，以现金或支票结算方式销售产品时，可将销货发票存根与“营业收入明细账”、“现金日记账”、“银行存款日记账”相核对；以分期收款方式销售产品时，先核查是否按期转入“营业收入明细账”，然后按银行对账单收款项目检查已收货款是否转入“银行存款日记账”；以商业汇票结算方式销售产品时，根据“银行对账单”或银行收款通知单及结算凭证与“营业收入明细账”与“应收票据”、“应收票据备查簿”、“应收账款”等账簿进行核对。审查中还应核对“业务收支明细表”中“营业收入”栏金额与“营业收入明细账”贷方发生额中各种产品的金额及总额是否相符。

由于销售收入发生数取决于销售数量和销售单价两个因素，应进一步审查销售数量与发货数量的一致性，查明有无退货；审查销售单价是否符合有关规定。取得产品价格目录，抽查销售价格是否符合价格政策，并且注意售给关联单位的产品价格是否合理，有无高价或低价结算以转移利润的问题，审计人员还要注意有无下列问题：只计算营业收入，不计算关联产品、副产品的营业收入；只计算合格产品营业收入，不计算残次品营业收入；只计算基准价部分收入，不计算附加价部分收入；将营业收入列入往来账户长期挂账，不通过“营业收入”账户核算；违背配比原则，只记收入、不转成本；或少记、不记收入，只转成本。

【任务案例 2-10】 注册会计师在审查兴秦有限责任公司销售业务时，发现该公司于 2013 年 12 月向华文有限责任公司采用分期收款方式销售 KH001 产品 100 件，每件 KH001 产品生产成本 800 元，每件售价 1 000 元。双方约定，2013 年 12 月华文有限责任公司收到货物时先付货款 40%，在以后 6 个月内再各付货款的 10%。注册会计师在审查该公司“主营业务收入”、“主营业务成本”等账户时，发现该公司于 2013 年 12 月将销售给华文有限责任公司的 100 件 KH001 产品全部确认为销售收入，并同时结转产品销售成本。作为审计人员请指出该公司在销售业务处理中存在的问题，并提出审计意见。

【案例分析】

(1) 审计人员取得销售合同，“主营业务收入”、“主营业务成本”等账户。

(2) 审计人员根据《企业会计准则》的有关规定，作出判断。分期收款销售按规定只有在合同约定日期或收到款项时以所收款项确认销售，并结转相应成本，该公司于2013年12月将销售给华文有限责任公司100件KH001产品全部确认为销售收入是错误的，相应所结转的产品销售成本也是错误的，这将导致12月份虚增利润，虚增税金。

(3) 审计人员建议公司会计人员作如下账项调整：

借：应收账款　　71 200(红字)

　　贷：主营业务收入　　60 000(红字)

　　　　应交税费——应交增值税(销项税额)　　11 200(红字)

借：主营业务成本　　48 000(红字)

　　贷：分期收款发出商品　　48 000(红字)

三、核实营业收入交易的截止期

截止期核实在收入、存货、对外投资、期间费用、货币资金等审查中被广泛应用，尤其在营业收入审查中更为重要。检查决算日前后一周或10天的有关收入记录，核对、比较有关的发票、运单以及收据，确认收入的截止期是否正确。审计中注意关键日期：发票开具日期、记账日期、发货日期或提供劳务的日期，这3个日期在同一会计期间则表明记录是正确的。如果发货运单显示货物是在本报告期发运的，而相应的收入计入下一报告期，属于低估收入；相反，如果已计入本期的收入是"应收账款"账户的日期，而相应的产品出库单存根与运单或提货单日期在下一会计期间，表明高估了收入。对不正当的收入记录要进行调整，在确定了正确的截止期基础上再进行有关方面的进一步审查。审查时可从明细账为起点追查决算日前后会计凭证，也可以从决算日前后销售发票为起点追查发运单和明细账，或者从发运单为起点追查销售发票和明细账。

任务四　审查销售退回、销售折让及销售折扣

销售退回、销售折让和销售折扣在企业的商品销售业务中是经常遇到的，而且又往往被用作调节营业收入和利润水平的手段。例如，企业在第四季度记录大量销售，但年度结束后，接踵而来的是大量销售退回。如果企业把退回的商品重新作为新商品销售，表明存在舞弊可能。

一、审查销售退回

(一) 审查销售退回原因的合理性

如果在市场需求变化或价格波动的情况下，购货单位购入产品后因产品滞销或价格下跌，为转嫁损失而要求退货是不合理的。审计人员在审查中，应对销售退回的

原因及批准手续进行检查分析，特别是注意查明有无内外勾结，营私舞弊，从而给企业带来经济损失等问题的存在。

（二）审查销售退回账务处理的正确性

发生并确认销售退回时，不论属于本年度还是属于以前年度销售的，都应冲减本期营业收入，同时冲减营业成本，增加库存产成品，发生的销售退回费用，应作为期间费用列入管理费用。审查工作可从以下三方面进行。

（1）将"营业收入"明细账与退货凭证、退货入库凭证的核对。如果存在退货凭证，而在"营业收入"明细账中未予以记录，说明有可能存在虚增营业收入，调高利润水平的问题；如果在"营业收入"明细账中有销售退回的记录，而无相关退货的原始凭证，则说明有可能存在隐匿营业收入、虚减利润、偷漏税金的问题。

（2）将"营业收入"明细账、"营业成本"明细账、"库存商品"明细账等有关账目核对，审查销售退回账务处理的正确性，查明有无只冲减当期营业收入，而未相应冲减营业成本；因计算错误多冲营业收入或营业成本等导致当期损益不真实、不正确的问题。

（3）审查期末及下期期初发生的销售退回业务的真实性，有的企业为追求本期销售计划的完成，往往采用期末虚构销售，开出"空头发票"，下期期初再冲回的不当手法弄虚作假。结合应收账款函证程序，检查是否存在未经认可的大额销售。

二、审查销售折让与折扣

销售折让是指产品售出后、购买者发现产品品种、规格、质量不符合要求，不要求退货而提出在价格上给予折让的业务；销售折扣是指企业为了扩大销售和及时收回货款，按照一定条件，给予购买单位一定比例的折扣，从而减少的价款。审计人员应取得或编制折让与折扣明细表，复核加计其正确性，并与报表、总账、明细账核对相符，在此基础上进一步审查。

（一）审查销售折让、折扣业务的真实性

审计人员可以通过审阅有关凭证，检查其审核手续的完备性，进而确认该项业务是否真实存在，重点对折让、折扣额大的项目进行审查。

（二）审查折让、折扣比例的合理性

销售折让和销售折扣均冲减当期营业收入，进而影响企业利润数额，因而折让和折扣的比例应当合理并符合有关规定。审计人员可以通过对折让、折扣原因的调查和分析，进行必要的函证，确定合理的折让、折扣比例。通过对比，发现异常应作进一步研究分析，以判明其合理性。

（三）审查折让、折扣业务账务处理的及时性和正确性

按有关规定，发生销售折让、折扣应作为营业收入的抵减项目处理。审计人员应审查"营业收入"明细账和有关记账凭证，以查明会计处理的正确性，如果发现问题，应进行扩大范围的审查。

表 2-15　营业收入审计目标与会计报表认定关系表

审计目标	会计报表认定				
	存在	完整性	准确性	分类	列报
1. 利润表中记录的营业收入确实发生	√				
2. 应当记录的营业收入均已记录		√			
3. 营业收入以恰当的金额包括在会计报表中，与之相关的计价调整已恰当记录			√		
4. 营业收入已记录于正确的会计期间和账户				√	
5. 营业收入已按照会计准则的规定在会计报表中作出恰当列报					√

模块四　审查应收款项与其他相关账户

对应收款项，审计人员主要审查应收款项的真实性、正确性以及会计报表上余额的公允性。应收款项主要有应收账款与应收票据，既是企业的债权，又是企业的流动资产。因而对应收款项的审查，对于保证会计报表的真实性、促使企业及时收回账款、维护购销双方的合法权益，都是十分重要的。

任务一　审查应收账款

存在以下情况时，应收账款的审计风险会增大：会计年末对应收账款的调整、客户投诉和应收账款函证的差异、应收账款明细账或销售日记账的异常分录、遗失或更改原始凭证或没有在合理期间提供原始凭证、经营活动产生收益但缺少经营现金流、异常调整应收账款明细账与控制账户之间的差异等。

一、取得应收账款明细表

审计人员应要求被审计单位财会部门编制应收账款明细表，明细表上应包括客户名称、欠款金额、拖欠时期等内容。由于应收账款明细表是由企业内部自行编制的，因此对其独立性、可信性要加以证实。审计人员应对明细表总数进行验算，与应收账款总账和报表进行比较，如果金额不一致，则要求财会部门找出差异存在之处及原因。

二、运用分析性复核方法加以分析

审计人员应运用分析性复核程序，分析应收账款、营业收入的变动，验证其是否合理。分析应收账款周转率或应收账款周转天数、每个主要客户的平均余额、应收账款占流动资产的百分比、应收账款账龄、坏账准备占应收账款的百分比、坏账费用占赊销净额的百分比，将本期应收账款的余额与上年度相比，了解其变动趋势；将本期期末应收账款占本期销售金额的比例，与上年度期末应收款项占上年度销售金额的比率相比较；或将本期赊销收入净额占平均应收账款金额的比率与上年相比。通过分析比较，根据其比率及其趋势变化，从中找出不符合正常规律变动的情况，从而确定进一步审核的重点。

三、函证应收账款

审查应收账款是否真实、正确，由审计人员直接向债务单位函证是最重要和具有决定性意义的方法。函证是对客户是否存在，以至资产是否存在的最好证实。函证的范围和对象视应收账款内部控制的可靠性、函证方式、以前函证结果、应收账款的重要性而定。对于金额较大，拖欠时间较长的应收账款要作为必须函证的项目。如果内部控制有缺陷，以前函证发现重大差异或采用否定式函证，则增大函证范围和数量。

向债务单位的函证过程均由审计人员控制，有两种函证方法，一种为肯定式或积极式函证，即向债务单位发函后，请债务单位必须向审计人员回函，答复询证函上所列示的金额是否正确；另一种为否定式或消极式函证，即向债务单位发函后，请债务单位仅在结欠金额有错误的情况下回函审计人员。在审计工作中，两种方式可以结合使用，例如对应收账款金额较大的和有理由相信欠款可能会存在争议、差错等问题的可采用肯定式；对应收账款金额较小、有关内部控制有效、预计差错率较低、审计人员认为被函证人能认真处理询证函的可采用否定式。在采用肯定式函证方法时，如果未能收到对方的回函，则应继续发函或派专人前往调查，如果债务单位的复函与账列欠款额有重大差异的，也应作进一步调查。

当审计人员收到所有调查回函后，应编制应收账款调查汇总表，将表中数字与应收账款明细账、总账核对，以查明应收账款余额的真实性和正确性。对于有些债务单位，由于其单位性质、地点或其他原因不宜函证的，也可以采取其他验证方式。例如审查合同、订货单、货运单据、销货发票以及其他单据，以证实应收账款确因实际销货而发生。

【任务案例 2-11】 华秦会计师事务所注册会计师杨晓敏于 2013 年 1 月 19 日在审查兴秦有限责任公司应收账款时，发现 2012 年 12 月 20 日售给外地长江机械公司 0.5 mm 电缆线 1 000 千克，货款 100 000 元，至今尚未归还。注册会计师杨晓敏准备签发询证函，证明此笔业务的真实性和正确性。

【案例分析】

企业询证函

长江机械公司：

本公司聘请的华秦会计师事务所正在对本公司会计报表进行审计，按照《中华人民共和国注册会计师独立审计准则》的要求，应当询证本公司与贵公司的往来账项等事项。下列数据出自本公司账簿记录，如与贵公司记录相符，请在本函下端“数据证明无误”处签章证明；如有不符，请在“数据不符”处列明不符金额。回函请直接寄至华秦会计师事务所。

（企业盖章）（略）

通信地址：（略）

（日期）2013 年 1 月 19 日

附：

1. 本公司与贵公司的往来账项列示如下：

截止日期	贵公司欠	欠贵公司	备注
2013 年 1 月 19 日	100 000.00		2012 年 12 月 20 日购买 0.5 mm 电缆线 1 000 千克

2. 其他事项：

说明：本函仅为复核账目之用，并非催款结算。若款项在上述日期之后已经付清，仍请及时函复为盼。

函复结论

1. 数据证明无误　　　　（公司签章）　　（日期）
2. 数据不符（请列明不符金额）　（公司签章）　　（日期）

四、分析询证函及应收账款余额

审计人员函证后，必须编制函证汇总分析表，注明被函证客户名称、金额、询证函签发日期、收回日期、认可金额、原因分析等内容，作为审计工作底稿。审计人员分析不同函证结果并做相应处理。

1）函证回函认可函证金额，说明原账面记录的应收账款期末余额是真实、正确的，将函证回函编入审计工作底稿，作为审计证据。

2）函证回函认可的金额与函证金额有差异的，审计人员应对此进行分析，并查明产生差异的原因。产生差异的原因可能有以下三种情况。

（1）购销双方登记入账的时间不同。其表现形式，一是询证函发出时，债务人已经付款，而被审计单位尚未收到货款；二是询证函发出时，被审计单位的货物已发出并已做销售记录，但货物仍在途中，债务人尚未收到货物；三是债务人由于某种原因将货物退回，而被审计单位尚未收到；四是债务人对收到货物的数量、质量或价格等有异议而全部或部分拒付货款。审计人员要针对不同情况，审核期后的现金日记账、银行存款日记账或相关销售退回的明细账记录，查明相关款项或退回的货物是否已经收到。

(2) 一方或双方记账错误。审计人员应核实相关货运单据、销售发票和其他单据，查实被审计单位的账面记录是否正确。

(3) 存在弄虚作假或舞弊行为。被审计单位通过虚增应收账款从而达到虚增营业收入和虚增利润的目的，或低估应收账款以达到低估营业收入、低估利润和少交税金的目的，审计人员应核实销货合同、发票和发货单位等并加以证实。

3) 如果肯定式询证函未能在规定时期内收到回复，应再寄出第二次询证函。二次发出后仍一直不回复，要做具体分析与调查，可能有以下几种情况。

(1) 账款已还，不愿再回复。审计人员要核查决算日后一至两个月的现金日记账与银行存款日记账。注意账款是否收回，收回的金额与期末应收账款账面余额是否一致，揭露收回货款不入账，从中贪污或故意高估、低估决算日应收款的行为。

(2) 坏账损失发生，即顾客发生重大财务困难或已破产清算。审计人员要向工商行政管理部门、财政金融机构、信用部门了解顾客的正确地址、财务状况与信用情况，确定应收账款还可收回金额，如果确属坏账，建议企业按正常审批手续，报经批准后冲减坏账准备，调整有关账户。

(3) 根本不存在该顾客，即企业虚构应收账款户名，捏造应收款项，凭空记入。此种舞弊的目的一般是为了虚增营业收入，虚增利润，审计人员要予以揭露，并调整账户。

(4) 询证函邮寄丢失。限于审计时间，审计人员可以不再补寄询证函，而是查阅年终有关销货合同、销货发票、发货单和订单等，验证应收账款的真实性。

如果经过数次函证，仍没有回复，审计人员可考虑实施替代审计程序来验证这些应收账款的真实性与正确性。例如，审查相关合同、订单、销售发票副本、发运单、现金收入和客户与其顾客之间的书信往来，证实应收账款真实性。

【任务案例 2-12】 华秦会计师事务所注册会计师杨晓敏于 2013 年 1 月 19 日在审查兴秦有限责任公司 2012 年应收账款时，对截至 2012 年 11 月 30 日的应收账款实施了函证程序，有 5 家客户在复函中分别作出了如下答复：

(1) 甲公司：本公司资料处理系统无法复核贵公司的往来账单。

(2) 乙公司：本公司所欠贵公司 200 000 元货款已于 2012 年 11 月 19 日付讫。

(3) 丙公司：经查，贵公司 11 月 30 日的第 30566 号发票(金额为 234 000 元)系目的地交货，本公司收货日期应为 12 月 6 日。故询证函所称 11 月 30 日欠贵公司账款之事与事实不符。

(4) 丁公司：贵公司对账单中所列货款 80 000 元，系本公司于 10 月份向贵公司预付的货款 100 000 元中的一部分，故不存在本公司欠款一事。

(5) 戊公司：所购货物从未收到。

作为审计人员，请分析兴秦有限责任公司在该项审计事项中可能存在的问题及审计人员应采取的措施。

【案例分析】

注册会计师杨晓敏分析函证回函，分别作出如下处理：

(1) 这种情况应采取替代程序，通过审查与甲公司的订货单、购销合同、发票副本、货运文件、收款凭证等原始资料，验证该项销售业务是否确实发生。

(2) 这种情况可能是由于时间差异造成。审计人员应进一步审查相关收款凭证，查清款项是否收到及收到的日期。如款项确已收到，则也应注意是否发生记串账户的情况，并对误记账户进行函证。

(3) 这很可能是被审计单位在货物所有权尚未转移前就确认销售实现。审计人员应审查销货发票的副本和有关的销货合同、协议，并进一步查明原因。

(4) 审计人员应审查是否有相应预收账款收到并入账，如查明确系预收账款，应提请客户调账。

(5) 应审核货运文件等相关资料以查明货物是否确已运出。如已运出，应将货运文件复印件送请客户重新查证；如未运出，应提请该公司作调账处理。

五、取得或编制应收账款账龄分析表，确定应收账款的可实现价值

审计人员应向财会部门索取或自己编制应收账款账龄分析表，除了查明应收账款占用的资金数额以外，还要审查应收账款可能收回和不能收回的情况。账龄越长，可能发生坏账的百分比越大，据此确定应收账款可实现价值。对于账龄较长，超过一定时间的，应建议被审计单位一方面要加以催收，另一方面经确认确实无法收回的，应及时转为坏账处理，以便确定资产估价的正确性，促进企业加速资金的周转和进行经营决策。

应收账款账龄分析表的一般格式如下所示。

表 2-16　　应收账款账龄分析表

年　月　日　　单位：

顾客名称	期末余额	账　龄			
		1年以内	1～2年	2～3年	3年以上
合计					

六、审查坏账准备的提取与使用

根据有关规定，企业应当定期或至少于年度终了，按照备抵法计提坏账准备，计入当期损益。企业发生的坏账损失，冲减坏账准备；收回已经核销的坏账，增加坏账准备，审计人员必须了解管理层估计和注销坏账的方法，了解管理层如何运用一种或

多种方法评价坏账估计的合理性；复核并测试管理层提高估计所运用的过程。

坏账准备是应收账款的对冲项目，坏账准备提取和使用的是否合理、正确，不仅影响着会计报表的正确性，而且影响着利润表利润计算的真实性。审计人员应首先采用将坏账准备账户与应收账款账户核对的方法，验证企业坏账准备计提方法和计提比例的恰当性，计算的金额是否正确；其次，应严格审查坏账的注销，各项坏账的处理有无申请核销坏账的申请报告和领导的审批文件，如果有疑问，应派人到债务人处调查，以查明坏账注销的正确性。特别是金额巨大的坏账，应加以验证核实，防止盗用资金。已经作为坏账损失处理的应收账款重新收回的，应审查其账务处理是否符合规定。分析计算坏账准备余额占应收款项余额的比例，并与以前期间的比例核对，分析检查有无重大差异。审查长期挂账的应收款项明细账和原始凭证，查明被审计单位账务处理的适当性，属于坏账的，应提请予以冲销。检查坏账准备提取方法是否符合一致性原则。

【任务案例 2-13】 审计人员在审查时发现，兴秦有限责任公司采用应收账款余额百分比法计提坏账准备，计提比例为5‰。坏账准备账户年初贷方余额为40 000元，本期借方发生额为20 000元。另，收回去年已注销的坏账10 000元，其会计分录为：

借：银行存款　　10 000

　　贷：其他应付款　　10 000

年末应收账款余额为800 000元，会计人员计提坏账准备的会计分录为：

借：管理费用　　4 000

　　贷：坏账准备　　4 000

作为审计人员，请分析兴秦有限责任公司该项业务中可能存在的问题及审计人员应采取的措施。

【案例分析】

(1) 审计人员取得兴秦有限责任公司计提坏账准备方法和计提比例的相关规定。

(2) 审查应收账款、坏账准备等相关账户，发现该公司在收回已注销坏账应增加坏账准备时，记入“其他应付款”，从而为私设小金库或贪污舞弊提供了条件。因为，根据现行财经法规规定，该公司年末应计提坏账准备为－26 000元[800 000×5‰－(40 000－20 000＋10 000)]，即该公司应冲销坏账准备26 000元。但该公司反而又计提4 000元，从而造成管理费用虚增30 000元。

(3) 审计人员应提请公司作调账处理。如问题在本年年终结账前发现，应作如下调整：

借：其他应付款　　10 000

　　坏账准备　　20 000

　　贷：管理费用　　30 000

七、审查应收账款账务处理的正确性

重点审查应收账款与其他应收款分类是否正确，有无将其他应收款混淆记入"应收账款"，并对其他应收款进行检查。

八、审查应收账款在会计报表上披露的正确性

审计人员应向管理当局询问那些后续期间仍未收回的，尤其是那些金额大、逾期时间长的客户余额的可收回程度。应收账款应以可变现净值报告在会计报表上，如果审计人员认为余额不合理，可以要求被审计单位进行调整。重点审查应收账款是否按减去已计提坏账准备的净额列示。坏账准备的会计政策是否已在会计报表附注中予以披露。

表 2-17 应收账款与坏账准备审计目标与会计报表认定关系表

审计目标	会计报表认定				
	存在	完整性	权利和义务	计价和分摊	列报
1. 资产负债表中记录的应收账款与坏账准备确实存在	√				
2. 应当记录的应收账款与坏账准备均已记录		√			
3. 记录的应收账款与坏账准备由公司拥有或控制			√		
4. 应收账款与坏账准备以恰当的金额包括在会计报表中，与之相关的计价调整已恰当记录				√	
5. 应收账款与坏账准备已按照会计准则的规定在会计报表中作出恰当列报					√

任务二 审查应收票据

票据是载明债务人在规定日期内向债权人无条件支付一定金额款项的书面凭证，包括汇票、本票、支票等。企业会计核算中所设立的应收票据账户，主要用于核算企业因销售产品等而收到的商业汇票。商业汇票包括银行承兑汇票与商业承兑汇票两种。票据与货币资金一样，具有流动性强，风险性大的特点，是审计中的重要内容。

一、取得应收票据明细表

审计人员应要求企业编制并提供应收票据明细表，作为应收票据总分类账与明细分类账的具体说明。分析表中应列明出票单位名称、出票日、到期日、金额和利率、交易合同号、承兑人等。审计人员将分析表与有关账户加以核对，验证账账之间、账

表之间是否一致。在此基础上，审计人员应抽查部分票据，并追查相关文件，以判断其内容是否正确及有无应结转应收账款的逾期应收票据，计息的应收票据还应查明计息是否正确。

二、监盘库存应收票据

库存应收票据的清点工作与库存现金的监盘工作基本相同，应同时进行。监盘后，应将监盘结果填入“应收票据监盘表”，并与应收票据明细账核对是否相符。在监盘时，审计人员对应收票据内容填写事项是否齐全、签章有无疑问都要加以注意。对于存放于其他处所的应收票据，例如作为抵押、提交银行贴现、交由律师代收的应收票据也应查实。

三、函证应收票据

应收票据是一种债权凭证，确认其真实价值，须得到出票人或债务人的确认。所以在清点的基础上，应采用函证的方法进行核实，具体做法与应收账款函证基本相同。

四、审查应收票据发生和收回

根据内部控制的要求，企业应设立“应收票据备查簿”，由出纳员以外的专人负责登记。审计人员应将备查簿与应收票据账户核对，检查收到的票据是否及时入账。对于兑现的含息票据，应注意是否将收到的利息收入贷记“财务费用”账户。

五、审查票据贴现

票据贴现是以未到付款期的票据向银行融通资金的一种借款行为。持有未到期商业汇票的企业，为了满足资金的需要，可向银行申请贴现，银行受理后。根据自贴现日到票据付款日的贴现期及规定的贴现率计收贴现息，并以贴现票据的到期价值扣减贴现息后的余额，作为贴现人的贴现收入支付给申请贴现人，审计人员在审查时应注意以下各项。

（一）审查票据贴现的款项是否及时足额入账

票据的贴现应由负责登记和保管票据以外的主管负责人批准后方可办理。审计人员应核查应收票据登记簿，对已贴现的票据，特别是金额较大的票据贴现，逐笔核对银行存款与应收票据账户，检查是否已及时入账，防止利用票据贴现贪污款项。

（二）审查票据贴现的计算是否正确

票据贴现收入应等于到期值减去贴现息。无息票据的到期值就是票据的面值，含息票据的到期值是票据的面值加上利息。贴现息是由到期值乘以贴现率再乘以贴现期，贴现期是指贴现日至到期日的天数，到期日计入，贴现日不计入。审计人员应采用复算的方式，核实票据的贴现收入是否正确。

（三）审查票据拒付是否及时转账

商业承兑汇票到期时承兑付款人有可能无款支付，企业作为贴现申请人，应当负有向贴现银行偿还贴现票据的责任，形成或有负债。审计人员应注意审查企业收到银行退回的应收票据和支款通知时是否按所付本息借记“应收账款”账户，贷记“银行存款”账户。如果企业银行存款账户中余额不足，银行作逾期贷款处理时，企业是否借记“应收账款”账户，贷记“短期借款”账户。

六、分析评价应收票据可兑现程度

应收票据同应收账款一样，存在着一定的风险。审计人员在审查应收票据备查簿的基础上，应结合有关方面的资料，分析评价应收票据的可兑现程度。对于用以抵付逾期应收账款的票据、未按规定支付的票据以及经营状况不好企业所签发的票据应客观地分析评价，正确估计其可兑现程度，以帮助企业正确估价资产，及时采取必要措施，促进资金的正常周转。

七、审查应收票据在会计报表中披露的正确性

审计人员应审查被审计单位会计报表中应收票据项目的数额与审定数的一致性，查明是否剔除了已贴现票据，对于已贴现票据是否按规定在会计报表附注中单独披露。

任务三　审查应交税费

企业销售与收款业务循环过程中伴随着纳税义务的发生，这些应交的税金和应交款项按照权责发生制原则记入“营业税金及附加”、“应交税费”和“其他应交款”等有关账户。企业销售过程中涉及的税金包括增值税、消费税、营业税、城市维护建设税和教育费附加等。这几种税的共同点是其计税依据都是营业收入，但其各自的征税范围、税目、税率、纳税环节、减免税规定条件又各具特点，因此在审查内容及要点方面也有区别，通过审查确定应计税金和已缴纳税金的记录的完整性、确定期末余额正确性、确定在会计报表上反映的正确性。

一、取得或编制应交税费明细表

复核应交税费明细表加计数是否正确，并与报表数、总账数、明细账合计数核对相符。注意印花税、耕地占用税等税金有无错误地记入“应交税费”账户。

二、审查纳税范围和计税依据

审查征收范围、税目、税率、纳税环节和纳税义务发生时间、计税依据、计算结果等的合规性和正确性。

（一）审查应纳税内容

审计人员应取得被审计单位的纳税鉴定或税务机关汇算清缴文件、企业纳税申报以及征、免、减税的批准文件等有关资料，了解被审计单位适用的税种、计税基础，以及征、免、减税的范围与期限，确认其在被审计期间的应纳税内容。

（二）审查计税依据

计税依据是计算应纳税额的基础，审计人员应采用审阅、复核等方法，验证各税种的计税依据的正确性，检查有无虚报、缩小计税基础而少交税金的行为。例如，隐瞒应税销售收入，偷漏流转税等。审查税目、税率，查明企业销售不同产品所使用税率的合规性，有无以低税率计算、偷漏税金的情况。审查时不应只审查各项税金最终能否缴纳，还应当审查计税时间的及时性，以查明有无不按规定时间计税的情况。

三、审查增值税

取得或编制应交增值税明细表，复核其正确性，与明细账核对相符；应交增值税明细表与“增值税纳税申报表”核对，审查进项税额、销项税额的记录与申报期间的一致性，其金额是否相符。

（一）审查进项税额

复核采购货物、购进免税农产品、接受应税劳务、接受投资或捐赠等应计进项税额的项目是否按规定进行了账务处理。审查因为货物改变用途、发生非常损失应计的进项税额转出数是否正确，例如购进货物用于在建工程的增值税是否错误计入进项税额；审查出口货物退税的计算、记录是否正确。

（二）审查销项税额

审查存货销售、存货对外投资、捐赠他人、分配给投资者应计的销项税额，以及将自产、委托加工的产品用于非应税项目的销项税额计算、记录是否正确。例如，将自产的货物用于集体福利却未视同销售计算销项税，以及视同销售处理却以产品成本为基数计算销项税额的问题。审查收入账户，查明有无虚假退货或多冲减营业收入及销项税额的问题。

（三）审查应纳税额

增值税应纳税额为当期销项税额抵扣当期进项税额之后的余额。因此，除了核实当期销项税额和进项税额之外，还应审查应纳增值税额的计算是否正确，是否把不应抵减的项目作了抵扣；进口货物应纳增值税是否按照组成计税价格计算，有无抵扣增值税以外的其他税额，应注意有无将应交增值税错误记入“营业税金及附加”账户核算的问题。对小规模纳税人，检查其是否按主管税务机关核定的征收率计算应纳税额，复核其计算的正确性及会计处理的正确性。

四、审查消费税

结合营业税金及附加等项目，根据审定的应税消费品销售额或销售量，审查消费税的计税依据是否正确，适用税率或单位税额是否符合税法规定，并分项复核本期应交消费税税额。

(1) 审计人员在了解企业生产经营范围的基础上，认真审阅“营业税金及附加”账户的相关记录，并与“应交税费——应交消费税”明细账及有关记账凭证核对，对照

《消费税税目税率(税额)表》,检查企业是否正确地使用了税率,复算应纳消费税额是否正确无误,有无偷漏税行为。

(2) 审查消费税账务处理的正确性。需要缴纳消费税的企业,应在“应交税费”账户下设“应交消费税”明细账户进行核算,但须注意并非所有缴纳的消费税都记入“营业税金及附加”账户,只有企业销售或自用了所生产的应税消费品,出口销售应税消费品按规定不予退税或免税的,企业以生产的应税消费品换取生产资料、生活资料或抵偿债务,以及支付代购手续费视同销售时,应交消费税才记入“营业税金及附加”账户。

五、审查营业税

审计人员在了解企业经营性质、审查纳税范围、适用税目合规性的基础上,应进一步审查企业计算应缴纳营业税额时所用税率是否符合《中华人民共和国营业税税目税率表》的规定,营业额是否真实,尤其是价外费用有无漏列或少计情况,复算应纳税额,验证其正确性。审计人员在对营业税账务处理的正确性审查时,应参照有关记账凭证审阅上述有关账户的明细账,并与“应交税费”明细账核对,审查入账的及时性、完整性和正确性。

六、审查城市维护建设税

审查城市维护建设税的重点在于企业计税依据的真实性、税率的合规性和应纳税额计算的正确性,并通过对有关明细账户、记账凭证的审阅与核对,验证入账的及时性和正确性。审查减免税的合法性,税收的减免是一项政策性很强的工作,它直接影响着国家财政收入的实现。审查中应特别注意:有无不符合减免税规定的情况;企业享受减免税有无相应职能部门的审批文件;企业有无在批准前自行减免税、擅自减免税、期满后仍继续减免税的情况;减免税额计算是否正确等。

七、审查其他应交款

审计人员审查其他应交款可以从以下四个方面进行。

(1) 取得或编制其他应交款明细表,复核其正确性,并与报表、总账、明细账合计数核对,检查其是否相符。

(2) 了解被审计单位其他应交款的种类、计算基础与税率,比较与前期的一致性。

(3) 结合营业税金及附加以及其他业务支出项目,审查教育费附加等应交款的计算是否正确,账务处理是否正确。

(4) 抽查已交款项与付款凭证、税务机关缴款单或其他收款单位收据的一致性,相关账务处理是否正确,检查其他应交款在会计报表上的反映是否恰当。

八、审查营业税金及附加

营业税金及附加是指企业由于销售产品或提供劳务所负担的税金及附加,包括价内税及教育费附加等。审计人员在查明被审计单位应缴纳税种的基础上。结合“营业税金及附加”账户以及与该账户对应的“应交税费”、“其他应交款”等账户进行审查。

(1) 取得或编制营业税金及附加明细表,复核加计其正确性,并与报表、总账、明细账核对相符。

(2) 确定被审计单位的纳税范围与税种是否符合税法规定。

(3) 根据审定的营业收入,按规定的税率,分项计算、复核本期应缴纳的消费税、资源税、城市维护建设税、教育费附加等项目,检查其是否与本期应纳税额相一致。

(4) 根据审定的营业收入,按规定的税率,分项计算、复核本期应纳的营业税额是否正确。

(5) 复核各项税费与应交税费、其他应交款等项目的勾稽关系是否正常。

(6) 确定营业税金及附加在利润表上列示的正确性。

【任务案例 2-14】 审计人员审查兴秦有限责任公司 2013 年 11 月营业税金及附加时发现,兴秦有限责任公司本月的营业税金及附加为 0 元。审计人员查阅了有关账户和资料,证实了本月“应交税费——销项税额”为 300 000 元,本月“应交税费——进项税额”为 200 000 元,除此之外没有与营业税金及附加的相关业务。作为审计人员,请分析兴秦有限责任公司的上述业务处理是否正确。

【案例分析】

(1) 审计人员审查“营业税金及附加”、“应交税费——销项税额”、“应交税费——进项税额”等账户。

(2) 根据《企业会计准则》的相关规定,兴秦有限责任公司根据应缴纳的增值税计算缴纳营业税金及附加。审计人员查阅有关资料,兴秦有限责任公司的城市维护建设税税率为 7%,教育费附加率为 3%,地方教育费附加率为 1%。

(3) 审计人员建议兴秦有限责任公司调整相关账户,计算补缴城市维护建设税、教育费附加、地方教育费附加。

本月应交税费——增值税=300 000-200 000=100 000(元)

城市维护建设税=100 000×7%=7 000(元)

教育费附加=100 000×3%=3 000(元)

地方教育费附加=100 000×1%=1 000(元)

调整分录如下:

计提时:

借:营业税金及附加	11 000	
贷:应交税费——城市维护建设税		7 000
——其他应交款——教育费附加		3 000
——其他应交款——地方教育费附加		1 000

缴税时：

借：应交税费——城市维护建设税　7 000

——其他应交款——教育费附加　3 000

——其他应交款——地方教育费附加　1 000

贷：银行存款　11 000

知识拓展

表 2-18　营业税金及附加审计目标与会计报表认定关系表

审计目标	会计报表认定				
	存在	完整性	准确性	分类	列报
1. 利润表中记录的营业税金及附加确实发生	√				
2. 应当记录的营业税金及附加均已记录		√			
3. 营业税金及附加以恰当的金额包括在会计报表中，与之相关的计价调整已恰当记录			√		
4. 营业税金及附加已记录于正确的会计期间和账户				√	
5. 营业税金及附加已按照会计准则的规定在会计报表中作出恰当列报					√

任务四　审查其他相关账户

其他相关账户审计包括预收账款、营业成本与销售费用、其他业务收入与支出审查。

一、审查预收账款

预收账款是企业销售前预先收取的部分款项。审计人员需要结合销售业务对预收账款审查，查明预收账款发生和记录是否完整，期末余额是否正确，在会计报表上的反映是否正确。

（一）取得或编制预收账款明细表

对预收账款明细表加以复核，确定其正确性，并核对其期末余额合计数与报表数、总账数、明细账合计数是否相符。

（二）检查已转销的预收账款

在预收账款明细表上列出至审计日为止已转销的预收账款，重点对金额大的项目进行检查，核对记账凭证、发运凭证、销售发票等，并注意这些凭证的日期与相应记录的合理性。

（三）抽查有关凭证

抽查预收账款有关的销售合同、发运凭证、收款凭证，查明已实现销售的商品是否及时冲销预收账款，以保证预收账款期末余额的正确性。

（四）函证预收账款

选择金额较大或账龄较长的项目、主要往来客户、关联单位等进行函证，对于回函中出现的不符情况，需查明原因并在审计工作底稿中加以记录，建议作出调整；对于没有回函的，需再次函证或检查决算日后已冲销预收账款是否与发运凭证、销售发票相一致，检查其是否真实、正确。

（五）检查长期挂账的预收账款

对于长期挂账的预收账款，审计人员需查明原因，加以记录。必要时，提请被审计单位进行调整。审计人员还要结合对应交税费的审查，查明应当纳税的预收账款是否及时、足额计缴相关税金。

（六）审查预收账款在会计报表上反映的正确性

对于预收账款存在的借方余额，在会计报表上作为资产列报；其贷方余额则作为负债列报，查明预收账款的反映是否符合会计准则的规定。

二、审查营业成本与销售费用

营业成本是指销售商品或提供服务的成本，销售费用是指企业在商品销售过程中所发生的运输费、装卸费、包装费、保险费、展览费、广告费以及为销售本企业产品而专设销售机构的职工工资、福利费、业务费等经常性费用。通过审查确定营业成本与销售费用的内容是否完整，确定营业成本与销售费用分类、归属和账务处理是否正确。

（一）取得或编制营业成本与销售费用明细表

复核明细表的正确性，并与报表数、总账数、明细账合计数核对相符，检查明细项目的设置是否符合规定的核算范围和内容。

（二）运用分析性复核方法加以分析

有些账户的余额或发生额与其业务量直接相关，例如销货成本和销售收入之间的关系，如果他们之间有矛盾，通过分析可以发现异常差异。如果审计人员有足够的证据认为控制风险较低，且账户之间存在以上的勾稽关系，那么可以使用分析性程序。如果费用在合理的范围内下降，那么审计人员可以认为审计风险较低；如果费用变动的幅度超出了合理的范围，审计人员应该找出变化的原因并调查。

（三）审查营业成本与销售费用分类的正确性

审查营业成本与销售费用分类时，应重点关注是否存在以下问题。

(1) 混淆销售费用与营业成本的界限，把作为生产产品领用的包装物费用和材料采购过程中支付的运输费、装卸费、包装费等计入销售费用或者把应列入销售费用的上述费用计入生产成本或采购成本。

(2) 混淆销售费用与应收账款的界限，把为客户代垫的运杂费计入销售费用。

(3) 混淆销售费用与其他业务收支的界限，例如将应计入其他业务收入的随同产品出售但单独计价的包装物销售收入错误地冲减销售费用。

(4) 混淆销售费用与营业外收支的界限，例如将应计入营业外收入的没收逾期未退包装物押金冲减销售费用。

(5) 混淆销售费用与制造费用、管理费用的界限，例如将应计入制造费用、管理费用的有关人员的工资、福利费、差旅费、办公费等项费用计入销售费用；或者将属于销售部门经常性的上述费用计入管理费用或制造费用。

(四) 审查营业成本的正确性

对商品发出的成本计价方法进行核实，检查不同期间的一致性，结合生产与存货审计业务对营业成本计算的正确性审查。

(五) 审查费用开支的合法性

检查费用项目设置和开支标准是否符合有关规定。将本期销售费用与上期比较，本期各月销售费用进行比较，审查有无重大波动和异常现象。抽查重要的或异常的销售费用，审查原始凭证合法性，注意有无将支付的回扣、提成计入销售费用；以广告样品的名义，变相向职工发放实物；将招待馈赠费用列入展览费用等。

表 2-19　　营业成本与销售费用审计目标与会计报表认定关系表

审计目标	会计报表认定				
	存在	完整性	准确性	分类	列报
1. 利润表中记录的营业成本与销售费用确实发生	√				
2. 应当记录的营业成本与销售费用均已记录		√			
3. 营业成本与销售费用以恰当的金额包括在会计报表中，与之相关的计价调整已恰当记录			√		
4. 营业成本与销售费用已记录于正确的会计期间和账户				√	
5. 营业成本与销售费用已按照会计准则的规定在会计报表中作出恰当列报					√

三、审查其他业务收支

其他业务收入和支出的审查是对企业除商品销售以外的其他业务收入和支出，例如对材料销售、技术转让、让渡资产使用权收入、运输等非工业性劳务收入、支出等真实性、合法性进行的审查。

其他业务收入的审计目标及内部控制环节与主营业务收入基本相同。但由于其他业务收入中有些发生频率低,有些则为不定期收入,因此其控制环节不如主营业务收入那么全面、具体。鉴于其他业务收入项目繁多,其内容各具特点,因此各项目的实质性测试的内容也不完全相同。其他业务收入实质性测试的内容如下所示。

(1) 取得或编制其他业务收入、支出明细表,复核其正确性,并与报表、总账、明细账核对,检查其是否相符。

(2) 将本期其他业务收入、支出及其他业务利润与上期比较,分析有无金额出现大波动,如果发生大变化,查明原因。

(3) 抽查金额较大的其他业务收入和支出项目,审查其原始凭证及相关审批授权手续,查明入账会计期间和账务处理的正确性,重点审查其他业务收入是否真实、合法,是否按照收入确认原则进行账务处理;其他业务成本是否真实,是否符合配比原则。

(4) 审查异常收支项目,查明其真实性与合法性。

(5) 审查让渡资产使用权收入的确认。让渡资产使用权收入同时满足下列条件的,才能予以确认:相关的经济利益很可能流入企业、收入的金额能够可靠地计量,审查收入的确认是否符合以上规定。

(6) 审查企业是否分别下列情况确定让渡资产使用权收入金额:利息收入金额,按照他人使用本企业货币资金的时间和实际利率计算确定;使用费收入金额,按照有关合同或协议约定的收费时间和方法计算确定。

(7) 其他业务收支业务量较大时,要实施截止期审查,对决算日前后的销售发票、收据等进行审查,确定截止期划分的正确性。

工作能力测试

一、单项选择题(下列答案中有一项是正确的,请将正确答案前的英文字母填入括号内)

1. 以下文件中,不属于销售与收款循环审计中应该审查的文件是(　　)。

A. 客户对账单　　B. 发运凭证

C. 销售合同　　D. 生产统计表

2. 以下与销售与收款循环相关的文件中,对销售业务真实性证明力最强的是(　)。

A. 客户订货单　　B. 销货单

C. 发运凭证　　D. 销货日记账

3. 营业收入审计目标包括(　　)。

A. 收入真实性　　B. 收入完整性

C. 收入分类正确性　　D. 收入所有权

4. 以下处理会导致虚增营业收入的有(　　)。
   A. 购销双方以货易货、相互串通不开发票
   B. 在建工程领用本企业产品、直接以成本价冲减产成品成本
   C. 销售收入转入往来账户挂账
   D. 期末开具“空头”发票作销售处理、下期作“假退货”处理
5. 审查销售退回账务处理时,可确认为正确的是(　　)。
   A. 冲减销售确认期的营业收入
   B. 冲减销售退回期的营业收入
   C. 冲减退回期营业收入并同时冲减当期营业成本
   D. 冲减销售确认期营业收入并冲减同期营业成本
6. 应收款项审计目标应包括(　　)。
   A. 证实应收款项真实性
   B. 证实应收款项计价与分类的正确性
   C. 证实应收款项截止期正确性
   D. 确认坏账损失真实性
7. 函证应收账款时,肯定式询证函经二次发出仍不回复,有可能是(　　)。
   A. 账款已还、不愿再回复
   B. 根本不存在该客户
   C. 客户发生重大财务困难或已破产
   D. 被审计单位提供地址错误
8. 审计某企业应收账款,发现一笔款项 300 万元,账龄已超过 2 年,审计人员对此项应收账款采取的进一步审查措施是(　　)。
   A. 向欠款单位发函函证
   B. 认定为坏账
   C. 查阅销售合同
   D. 审查发货凭证
9. 审计人员对于应收账款账龄分析,下列说法中,正确的是(　　)。
   A. 账龄越长,发生坏账的可能性越小
   B. 通过账龄分析可以确定应收账款的存在性
   C. 若审计人员未能取得被审计单位编制的账龄分析表,可以自行编制
   D. 对于账龄超过 3 年的,要立即转作坏账处理
10. 审查某企业坏账准备项目,发现其中一客户已过期 3 年。据调查,对方单位现金流量不足,近期无法改善其财务状况,所欠货款 500 万元。被审计单位按 1%计提坏账准备,审计人员判断此项业务处理(　　)。
   A. 提取过高,应按 0.3%提取,并对有关项目数额调整

B. 提取过高,应按0.5%提取,并对有关项目数额调整

C. 提取过低,应加大提取比例,并对有关项目数额调整

D. 提取正确

11. 路边广告牌费用应记的账户为(　　)。

A. “管理费用”　　B. “销售费用”

C. “财务费用”　　D. “营业税金及附加”

12. 被审计单位“销售费用”明细账记录以下费用项目,应予以确认的是(　　)。

A. 生产车间领用的产品包装费

B. 常设销售机构经费

C. 管理部门人员工资

D. 为购货单位垫付的运杂费

13. 审计人员对某企业销售费用进行分析性审查,发现11月份费用较大,经审查当月预付下年度广告费120万元全部作为当期销售费用处理。此项处理(　　)。

A. 正确　　B. 应计入管理费用

C. 应计入预付账款　　D. 应将其中50%计入管理费用

14. 以下情况中,说明被审计单位营销部门可能舞弊的有(　　)。

A. 为了发挥员工创造力,建立宽松的控制环境

B. 销售合同、销售发票由营销部门签发、开具

C. 营销经理个人消费支出超出了其正常收入

D. 产品经常脱销

15. 审计人员拟使用分析性复核方法检查销售费用合理性,以下情况不适用分析性复核方法的是(　　)。

A. 销售费用变化与营业收入无关但与其他支出有关

B. 销售费用有明显的舞弊行为

C. 审计年度内营业收入相对稳定

D. 通过测试确认异常的营销活动

16. 将销售费用与主营业务收入比较,是为了确定销售费用的(　　)。

A. 合理性　　B. 真实性　　C. 合法性　　D. 有效性

17. 营业税金及附加核算的税种包括(　　)。

A. 营业税　　B. 消费税

C. 城市维护建设税　　D. 资源税

18. 营业税金及附加的审计目标一般包括(　　)。

A. 确定营业税金及附加的记录是否完整

B. 确定营业税金及附加的计算和会计处理是否正确

C. 确定营业税金及附加在会计报表上的披露是否恰当

D. 确定营业税金及附加计算的合法性

19. 审查被审计单位减免营业税金及附加是为了确定减免的(　　)。

A. 项目是否真实　B. 理由是否充分　C. 手续是否完备　D. 合法性

20. 营业税金及附加是一项(　　)。

A. 收入　B. 成本　C. 利得　D. 费用

二、多项选择题(下列答案中有一项或多项是正确的,请将正确答案前的英文字母填入括号内)

1. 销售与收款循环内部控制包括(　　)。

A. 批准赊销与销售互相独立　B. 批准赊销与发货开票互相独立

C. 支付货款与记录互相独立　D. 批准坏账与收款、记账互相独立

E. 编制和寄送对账单与收款、记账业务相互独立

2. 营业收入审计目标包括(　　)。

A. 收入真实性　B. 收入完整性

C. 收入分类正确性　D. 收入所有权

E. 收入增减变动适当性

3. 应收款项审计目标应包括(　　)。

A. 证实应收款项真实性

B. 证实应收款项计价与分类的正确性

C. 证实应收款项截止期正确性

D. 确认坏账损失真实性

E. 证实营业收入过账和汇总正确性

4. 对营业收入分析性复核的内容包括(　　)。

A. 将本年度内营业收入的实际数与计划数比较

B. 将本年度营业外收入与上年同期实际数比较

C. 比较本期各月营业收入波动情况

D. 计算本期重要产品的销售额和毛利率,并分析上期与本期有无明显变化

E. 计算本期重要客户的销售额和毛利率,并分析上期与本期有无明显变化

5. 对营业收入截止期的审查有3条线索,即(　　)。

A. 从明细账为起点追查决算日前后会计凭证

B. 从决算日前后销售发票为起点追查发运单和明细账

C. 从发货单位起点追查销售发票和明细账

D. 从销售合同追查明细账

E. 从总账追查至明细账

6. 审查中发现"主营业务收入明细账"记有销售退回业务,单位查到退货凭证,可能存在的问题包括(　　)。

A. 隐匿营业收入　　B. 虚增营业收入

C. 偷税漏税　　D. 虚增利润

E. 资产虚减

7. 以下处理会导致虚增营业收入的有(　　)。

A. 购销双方以货易货、互相串通不开发票

B. 在建工程领用本企业产品,直接以成本价冲减产品成本价

C. 销售收入做入往来账户挂账

D. 期末开具“空头”发票做销售处理、下期作“假退货”处理

E. 委托其他单位代销产品、商品一经发出作为销售实现

8. 审查营业收入计算的正确性,应采取的方法(　　)。

A. 一般采用详查法

B. 一般采用抽查法

C. 根据结算方式不同选用不同方法与有关账户核对

D. 审查销售数量与发货数量一致

E. 审查销售定价是否符合规定

9. 对应收账款余额变动合理性进行分析性复核,主要的方法有(　　)。

A. 将本期应收账款余额与上年比较

B. 将本期期末应收账款占本期销售额的比率与上年该指标比较

C. 将本期赊销收入占平均应收账款的比率与上年该指标比较

D. 将不同期间速动比率比较

E. 将不同期间流动比率比较

10. 以下属于应收账款实质性测试程序的有(　　)。

A. 取得或编制应收账款账龄分析表　　B. 函证应收账款

C. 检查应收账款不相容职务的划分　　D. 审查坏账准备的提取

E. 审查销售折扣比例的合理性

11. 审查 W 公司应收账款关联方欠款情况时,发现有母公司欠款余额 2 800 万元,W 公司尚未取得母公司关于欠款的确认回函,审计人员应实施的程序是(　　)。

A. 认定为虚假应收账款

B. 提请被审计单位与欠款母公司核对账目,取得并分析确认回函

C. 审阅分析被审计单位详细资料,判断此款项是否属于正常往来欠款

D. 查阅股东会议筹资决议

E. 审查会计报表附属的披露是否充分

12. 采取函证方法审查某企业应收账款,对其 N 公司所欠 30 万元账款进行函证,若收到对方函证回函称所购货物从未收到,审计应采取的措施是(　　)。

A. 认定为虚假交易

B. 审查发货文件查明货物是否已发出

C. 查明货物确已运出时，应将发运文件复印并交顾客证实

D. 查明尚未发货时，则要求被审计单位调整会计记录

E. 不必再予以核实

13. 应收票据审查要点包括（　　）。

A. 取得或编制应收票据明细表　　B. 清点库存应收票据

C. 函证应收账款　　D. 审查应收票据的发生和收回

E. 审查贴现应收票据

14. 对预收账款审查的程序包括（　　）。

A. 审阅原始凭证，判断预收账款真实性

B. 函证债权人

C. 取得或编制预收账款明细表

D. 审查长期挂账的预收账款

E. 审查预收账款的管理

15. 审查某公司应交税费时，将应税"库存商品明细账"的贷方发出数量合计，对照应税"主营业务收入明细账"的已销量，发现应销量大于已销量，可能存在的问题有（　　）。

A. 自产产品用于在建工程　　B. 以产品交换材料

C. 以产品抵债　　D. 产品用于集体福利

E. 此项差额正常

16. 对某企业 2012 年度销售收入进行分析性复核，发现本年度收入明显比上年减少，而在前期了解到被审计单位销售情况是历史最好的。抽查了 11、12 两个月的会计凭证，其中附有销售发票的记账凭证记入"应付账款"计 230 万元。审计人员应采取的程序是（　）。

A. 询问当事人　　B. 向应付账款对方单位函证

C. 扩大审查会计凭证的范围　　D. 提请被审计单位调整账项

E. 函证所有应收应付账户

17. 如果审计人员怀疑被审计单位虚增营业收入，以下审计程序中有效的有（　　）。

A. 实施监督盘点

B. 对年末购销业务进行截止期测试

C. 复核坏账准备计提合理性

D. 分析营业收入变动，检查异常月份的营业收入和毛利

E. 编制每月存货清单，检查存货异常变动

18. 下列销售与收款循环内部控制中存在缺陷的有（　　）。

A. 信用部门负责调查信用，经授权批准是否赊销及信用额度

B. 销售单、销售发票、发运凭证等一式数联，预先连续编号
C. 一般只与业务发生频繁的少数客户对证
D. 记录应收账款的会计人员负责批准并转销坏账
E. 因人员有限，应收账款账簿记录人员与出纳员由一人担任

19. 对被审计单位已发生的销售业务是否均已登记入账进行审查，常用的内部控制测试程序有（　　）。
A. 审查出库凭证连续编号的完整性
B. 审查寄出的对账单是否完整
C. 审查销售发票连续编号的完整性
D. 抽查赊销业务是否经过适当的授权审批
E. 审查发运凭证连续编号的完整性

20. 审查营业收入计算的正确性时，如果被审计单位以现金或支票结算方式销售产品，则应与销货发票存根相核对的账户有（　　）。
A. 应收账款明细账　　B. 银行存款日记账
C. 营业收入明细账　　D. 应收票据明细账
E. 现金日记账

项目六

薪酬业务循环审计

任务导入

薪酬业务循环包括对企业职工工资总额内的各种工资、奖金、津贴等进行汇总、分配、支付及账务处理等一系列业务处理过程。由于工资费用是企业的一项重要费用,直接影响损益的计算,而且人工费用是企业存货估价的重要因素,工资费用计价直接影响企业资产计量。薪酬业务中往往存在成本不实、现金流失等问题,使得薪酬业务循环审计中存在一定的审计风险。

根据会计报表项目与业务循环的相关程度,薪酬业务循环所涉及的资产负债表项目主要是应付职工薪酬,涉及利润表项目较少。

薪酬业务循环审计是企业财务审计的重要组成部分,审计风险较高,审计人员通过调查熟悉薪酬业务,分析审计固有风险;通过了解薪酬业务内部控制,测评内部控制风险;通过拟定审计方案,审查薪酬业务各项目,控制审计风险。

模块一　调查熟悉薪酬业务循环

薪酬业务循环涉及工资结算、发放、费用分配、账务处理等,调查熟悉薪酬业务循环对于审计人员进行固有风险评价、内部控制测试以及开展实质性测试具有重要作用。

任务一　薪酬业务循环综述

企业职工薪酬包括职工工资、奖金、津贴和补贴;职工福利费;医疗保险费、养老保险费、失业保险费、工伤保险费和生育保险费等社会保险费;住房公积金;工会经费和职工教育经费,非货币性福利;因解除与职工的劳动关系给予的补偿;其他与获得职工提供的服务相关的支出,包括以权益结算的股份支付换取职工提供的服务。

一、聘用员工

企业人力资源管理部门根据需要制订聘用职工的条件和聘用计划,录用符合条件的职工，签发人员调配单，向用工部门分配员工。

二、考勤及工时统计

工资领取部门利用考勤系统或考勤卡，对员工工作时间及劳动成果的数量、质量进行考核，这些原始凭证记录的正确与否直接关系着工资结算和产品成本的正确性。

三、结算工资

工资管理部门根据人员调配单、考勤记录，依据工资管理制度计算应发放的工资总额、编制工资单；财会部门根据扣款通知单等编制工资结算汇总表计算实发工资。

四、提现和支付

财会部门根据工资结算汇总表实发工资额，领取现金支票并据以到开户银行提取现金发放工资或通过开户银行转发工资。

五、分配工资费用

财会部门以工资结算汇总表为依据，按照工资的用途，编制工资费用分配汇总表，将应付工资总额及相应计提的职工福利费分配计入各有关成本、费用。

六、账务处理

薪酬业务循环账务处理主要涉及现金或银行存款支付记录、应付职工薪酬明细账和总账记录、工资费用分配记录等。

任务二　薪酬业务循环中的主要文件

薪酬业务循环内部控制过程中使用的主要文件包括记录内部控制执行过程的原始凭证、记账凭证和会计账簿等。

一、员工录用和调配单

员工录用和调配单是企业人力资源管理部门所作的有关企业员工录用或调整级别等变动情况的记录，是进行工资管理和工资结算的主要依据。员工录用和调配单一般一式两份，一份由人力资源管理部门归档，一份交工资部门编制工资单。

二、考勤系统或考勤卡

考勤记录反映了员工的出勤情况及缺勤原因，这些记录经核实后是计算工资的原始资料。

三、工资标准和计价单价

工资标准是实行计时工资制时，计算工资的依据；计价单价是实行计件工资时，计算工资的依据。

四、产量和工时记录

产量和工时记录由生产部门编制并经主管人员审核签字，关于产量与工时的凭证，一般一式两份，一份由生产部门保存，一份送交统计部门编制生产统计表。

五、生产统计表

由统计部门编制并经主管审核，关于产量与工时的统计资料，一般一式两份，一份由统计部门保存，一份交财会部门编制工资费用分配表。

六、扣款通知单

由扣款单位转来并由财会部门主管审核签字的扣款凭证。扣款内容包括保险费、住房公积金、由企业代扣代缴的个人所得税等。

七、工资单

工资单是工资结算、复核、审核的记录，一般一式三份，一份由工资部门保存，一份交财会部门保存，一份经财会部门随同工资交员工。

八、工资结算汇总表

由工资部门根据本月考勤、产量、工资标准、工资等级、计件单价等编制的，计算职工应付工资的凭证。

九、工资分配表

工资分配表是每月末由财会部门根据工资结算汇总表，并按工资用途将应付工资总额及计提的职工福利费分配计入各有关成本、费用账户的凭证。

十、记账凭证

记账凭证是工资业务处理过程中，根据原始凭证编制的，有关会计科目填制、复核、审核的记录。

十一、应付职工薪酬总账

应付职工薪酬总账是总括反映工资支付与分配业务的账簿。

十二、应付职工薪酬明细账

应付职工薪酬明细账是详细记录工资支付与分配业务的账簿。

任务三　薪酬业务循环中的内部控制

预防、检查、纠正薪酬业务和账务处理的错弊的内部控制包括职责分工控制、信息传递控制和实物控制。

一、职责分工控制

人力资源管理、工资结算、工资领取、工资发放等职能分别由不同的部门，按照规定流程和手续共同完成，各部门和部门内部各有关岗位应有明确的分工。

（1）人力资源管理、工资领取、统计和财会部门相互独立，防止虚列支出和习惯性错误。

(2) 人员调配单的编制与审批相互独立,防止虚增人数和工资级别。

(3) 考勤记录与审批相互独立,防止多计和错计出勤天数。

(4) 工资单的编制与审核相互独立,防止多计和错计应发工资。

(5) 工资结算汇总表的编制与审核相互独立,防止多计和错计总人数和应发工资。

(6) 产量和工时记录与审核相互独立,防止多计、少计产量和工时。

(7) 生产统计报表编制与审核相互独立,防止虚报、错报产品产量和质量。

(8) 工资费用分配表编制与审核相互独立,防止工资分配发生错误。

(9) 工资保管与记录相互独立,防止篡改记录,冒领工资。

二、信息传递控制

完善的薪酬业务循环内部控制,需要对与此有关的信息传递程序实施严格的控制。信息传递程序控制包括授权程序控制、文件记录控制和审核制度控制。

(一) 授权程序控制

授权程序控制涉及工资业务,包括编制用工计划、人员调配、考勤及工时统计、工资结算和分配、签发支票提取现金等业务,都必须经企业授权或经主管人员审查批准后方可进行下一步处理。

(二) 文件记录控制

为了有效控制薪酬业务,设计一式多联、预先连续编号的原始凭证,由不同的部门进行分权管理。例如,产量与工时记录、工资单等一式几联,分别由不同部门参与控制。

财会部门必须及时记账,每月月末,根据工资结算汇总表,按照工资的用途编制工资费用分配表,据以及时填制记账凭证,登记应付职工薪酬及相关成本、费用账簿,并对人工费用进行分析,及时向管理部门反馈相关信息。

(三) 审核制度控制

工资业务经授权后实施,还要经有关主管审核签章以及内部审计人员或稽核人员进行审查。人员调配单、考勤记录、工资结算汇总表、记账凭证等,需经专人审核,保证业务处理的真实性和正确性。此外,内部审计人员应该定期测试和评价薪酬业务内部控制,将设置和执行中存在的缺陷及时向管理当局反馈,以便管理层作相关调整。

三、实物控制

实物控制包括两方面内容,一方面限制非授权人员接近待领工资,并设置保管设施,防止现金被盗;另一方面限制非授权人员接近薪酬业务会计资料,防止这些资料被篡改、伪造和销毁。

模块二　测评薪酬业务循环内部控制

审计人员在薪酬业务循环内部控制测评的基础上，明确审计目标，围绕审计目标收集充分、可靠的审计证据。

任务一　调查了解薪酬业务内部控制

审计人员通过阅读文件资料、观察和询问等方式，调查了解企业薪酬业务控制环境，调查控制程序、会计制度等设置情况，并以调查表、流程图或文字报告等形式描述出来，整理到审计工作底稿。

任务二　检查工资汇总环节

抽查人员调配单，检查是否经人力资源管理部门主管签发、是否连续编号；抽查考勤单，检查有无职工所在部门主管签字；抽查工资单，了解是否连续编号，有无工资主管审签；检查工资单上工资计算的正确性；核对调配单与考勤单记录的人员及工资是否相符；检查加班加点记录与主管签署的加班费汇总表是否相符；抽查若干月份工资汇总表，复核工资汇总表是否正确，检查工资汇总表是否经授权审批，检查应付工资总额与工资费用分配表数字的一致性，实地抽查部分员工，查明其是否确实在本企业工作，例如已离开本企业的则需要管理部门证实；观察考勤、调配、工资结算、工资发放是否由相互独立部门完成。

任务三　检查工资支付环节

抽查付款凭证，了解工资支付后付款凭证上是否加盖"付讫"戳记；检查待领工资明细表送交前，是否经职工所在部门主管审核；检查实发工资总额与银行付款凭证及银行对账单是否相符；待领工资明细表编制与审核是否相互独立；待领工资保管与待领工资明细表编制是否相互独立。

任务四　检查工资费用分配表

抽查产量与工时记录，检查是否经编制人和生产部门主管签字、审核；检查生产统计报表送交前，是否经编制人和统计部门主管签字、审核；工资费用分配表编制后，是否经财会部门主管审核；产量和工时记录与审核是否相互独立；生产统计报表编制与审核是否独立。

任务五 抽查账务处理

抽查工资费用分配转账凭证是否连续编号、是否经财会部门主管审核；抽查记账凭证，查明有无编制人员、审核人员的签字，观察稽核人员实施稽核业务过程；检查扣款依据是否正确，代扣款项的账务处理是否正确；抽查部分应付工资明细记录，与记账凭证核对是否相符；抽查应付福利费的提取是否正确。

任务六 评价薪酬业务内部控制

通过对薪酬业务循环的了解测试，从总体上评价其固有风险；评价控制风险，确定其可依赖程度，明确实质性测试的范围和重点。如果内部控制存在明显缺陷，例如不相容职责划分不明确、授权审核不严格，在这种情况下，工资和相关福利费用的处理存在错误或舞弊的可能性就很大，需要在大范围内进行实质性测试。

知识拓展 **薪酬业务循环的审计目标**

1. 证实薪酬业务的真实性和完整性

审计人员通过审核凭证、账目和实际调查，确认账面反映的工资及相关福利费用是否真实、完整地存在，记录的金额是否实际发生，且已经全部记录，查明有无账实不符的情况；应付工资和应付福利费是否完整入账。

2. 证实薪酬业务的合法性

通过审查确定企业员工的录用、解聘、工资等级、工资标准是否符合国家有关法律、法规和企业规章，工资总额的组成内容是否符合有关的规定。

3. 证实工资结算的完整性

通过审查，确定应付工资各部分结算的可靠性、完整性，确定应付工资、实发工资、计提职工福利费发生的金额已经记录。

4. 证实工资分配的正确性

通过审查证实企业是否依据会计准则，按工资用途进行工资和职工福利费的分配，查明有无混淆收益性支出与资本性支出、生产成本与期间费用、生产成本与营业外支出的界限，查明企业是否存在任意调节成本、损益的现象。

5. 证实账务处理的正确性

确定企业有关工资结算、工资的提现与支付、应付福利费等业务是否按规定进行账务处理，并及时记入各有关账户，真实、正确地反映于会计报表上，应付职工薪酬期末余额是否正确。

模块三　审查应付职工薪酬

审查应付职工薪酬应首先取得或编制应付职工薪酬明细表，复核其正确性，再与相关报表数、总账数、明细账合计数核对相符。其次，运用分析性复核方法检查应付工资总体合理性，分析比较近期各年度和本年度各个月份职工薪酬变动情况，判断其变动有无异常，如果有异常情况应要求被审计单位解释增减变动原因；将本年度产品生产成本中直接人工费用与前期比较，查明其异常波动原因；将本年度管理费用中人工费用与前期比较，取得管理当局有关员工工薪变动的决议文件。

任务一　审查工资总额的真实性

根据国家有关规定，工资总额包括计时工资、计件工资、奖金、津贴和补贴、加班加点工资和特殊情况下支付的工资等。审查工资总额的要点有以下两项。

一、审查在册员工总数的真实性

审查时可根据企业的员工名册，人力资源管理统计报表，职工调动、录用、解聘等原始资料，查明职工增减变动情况。特别注意是否存在虚列员工名额，人为调节成本、费用，隐匿利润，偷漏企业所得税的现象。同时，注意各类人员分类的正确性，查核有无故意混淆各类人员界限，影响工资分配正确性的问题。

二、审查工资总额各组成项目的真实性

检查各种奖金的发放范围和规定标准，查明其是否真实、合法。注意是否存在各种巧立名目，滥发奖金、实物的现象；检查各种津贴、补贴的开支的真实性，包括夜班津贴、加班津贴、井下津贴、夜航津贴、野外津贴、高空津贴、冬煤津贴、副食品价格补贴等各种津贴和补贴。在检查时，可抽查各类津贴、补贴发放名单，检查有无主管审批，原始凭证反映的相关业务是否真实。

任务二　审查工资结算与分配

通过审阅、复核工资结算表和工资结算汇总表，逐级审查工资计算及汇总的正确性。审查中如果发现各月份间应付工资总额波动大，产品成本中直接人工费比例升降幅度大，“应付职工薪酬——工资”账户有较大余额，但没有结算户主，或者虽有户主但不按户主结算等异常情况，应进一步分析审查工资总额、产品成本中的直接人工

费、产品成本和利润总额的升降变化情况，核对职工名册和工资结算户，结合“应付职工薪酬——工资”账户的借方发生额及其对应账户，查证核实。

一、审查计时工资

应付职工的计时工资应根据职工每月的出勤、缺勤日数，按照各个员工的工资等级和工资标准计算。审查计时工资正确性的内容和方法有以下两点。

(1) 抽查出勤、缺勤日数，重点检查考勤记录中缺勤较多的员工的缺勤原因及日数，并与工资结算表核对相符。

(2) 根据每位职工的工资等级和工资标准，复核日工资率的正确性，并验算计算结果。

二、审查计件工资

应付职工的计件工资应根据每人完成的合格产品的数量乘以计件单价计算。计件工资审查的内容和方法有以下两点。

(一) 审查合格产品的产量

抽查生产统计表上所载车间、班组和个人完成合格产品的数量，或完成的定额工时或实际工时数，并与产品入库验收单和工资结算表的产品数量核对，用来核实完工产品数量和计算计件工资的产品数量的一致性。检查中要注意有无任意改变工资形式，在生产任务充足时采用计件工资，在生产任务不足时则用计时工资，虚报产品或将废品计入合格产品数量之中。具体审查时，可采用查核生产车间原始记录，调查询问产量统计程序，了解入库验收制度的执行情况，以及采用核对法核对工资结算表与所依据资料相符与否等措施。

(二) 审查计件工资单价

计件单价有产品定额计件单价和工时定额计件单价两种。计件单价的正确、合理与否取决于工时定额或产量定额的正确与合理。在工资标准不变的条件下，工时定额或产品定额是影响工资水平高低和工资总额多少的决定性因素。因此劳动定额的合理程度应作为计件单价审查的重点。在检查时，应审查制订定额所依据的资料，查明是否存在定额偏高或偏低的情况及其原因；查明有无弄虚作假，压低定额，提高计价单价的问题。

三、审查奖金、津贴和补贴

奖金、津贴和补贴的发放范围和标准是薪酬业务审计的重点。对于加班加点津贴应高度重视，有的企业以加班加点津贴为名，变相增加工资或用以支付不符合规定的补助。在检查中应注意与人力资源管理部门和工资主管部门相配合，查明加班加点是否确属必要、合理；加班加点工资的标准是否符合国家有关法律、法规的规定等。审查中还须注意是否将发放给员工的不属于工资总额的福利补助费、医药费等列入应付工资之中。

四、审查标准工资

对于采用标准成本法的企业，审计人员应检查根据产量和单位标准工时计算的标准工时总量与标准工时工资率的乘积，是否与成本计算单中直接人工费用相符。

五、审查代扣代缴款项的正确性

抽查代扣代缴款项凭证，查明各种扣款通知的真实性和合规性，并与工资结算表中各项代扣代缴款的数额核对相符。

六、审查应付工资和实发工资的正确性

审计人员运用复算方法，验证工资结算表中应付工资和实发工资数额及工资结算汇总表中各项数额的正确性。

七、审查工资费用分配的正确性

企业每月的应付工资必须于月末按员工所从事的工作性质和工资用途，分配计入有关成本、费用。工资的分配直接关系到产品成本和损益的真实性，需要查明是否划清收益性支出与资本性支出的界限、生产经营性支出与营业外支出的界限以及生产成本与期间费用的界限。审查有无把从事自制设备制造和在建工程人员的工资、企业管理部门、福利部门等部门人员的工资计入产品成本或者相反，从而导致生产成本及损益失实的情况。抽查工资结算汇总表与工资费用分配表的一致性，并复核工资费用分配表中各项数据的正确性。

八、审查直接人工费

抽查产品成本计算单，检查人工费用的计算是否正确，人工费用分配标准与计算方法是否合理，是否与工资费用分配表中该产品分摊的直接人工费用相符。

（一）审查直接人工费用范围的合规性

在了解企业工资管理形式的基础上，审计人员通过审阅、核对、分析有关劳动人事资料、工资结算表、工资及职工福利费分配表，查明是否存在混淆生产工人与其他人员的界限、生产工人从事产品生产与非产品生产工作的界限的问题，证实直接人工费用范围的合规性。

（二）审查直接人工费用分配的正确性

在审查企业应付工资分配正确性的基础上，应进一步审查直接人工费在产品间分配的正确性。了解企业采用的工资形式，结合所掌握的企业在审计期内生产经营业务和其他业务的内容，核实生产工人分类的正确性。

（1）采用计时工资制的企业，审计人员应检查工时统计记录、工资率及工资费用分配表，检查实际工时统计记录与工资费用分配表中的记录是否相符；抽取生产部门若干天的工时台账与统计记录核对是否相符；如果没有统计记录，可根据工资手册中的工资率，计算复核工资费用分配表中的直接人工费用是否合理。

（2）采用计件工资制的企业，审计人员应在核实实际完成工作量和计件单价的基础上，抽查成本计算单，审查工资结算凭证和工资费用分配表，查明产量统计数与单位工资标准计算的人工费用与成本计算单中直接人工费是否相符，计入有关产品的直接人工费项目是否正确。

（3）采用标准成本制的企业，审计人员应取得生产通知单、产量统计表、工时统计表、单位标准工时、标准工时工资率、直接人工的工资汇总表等资料，复核直接人工成本计算的正确性、检查直接人工成本差异的计算与账务处理是否正确，并检查直接人工的标准成本在会计年度内有无变更。

查明企业是否严格划分直接与间接计入产品成本的工资的界限。如果生产多种产品支付的计时工资则应选用适当方法分配计入各种产品的成本，重点审查分配标准的合理性，分配比例和分配计算的正确性。审查中对下述情况应给予必要的关注：企业所选择的分配标准是否符合实际情况，合理性如何；分配标准在一定会计期间内有无变动，如果有变动，其必要性和合理性如何；实耗工时或定额工时的统计是否正确，有无人为调整；分配过程及结果是否正确等。

表 2-20　应付职工薪酬审计目标与会计报表认定关系表

审计目标	会计报表认定				
	存在	完整性	权利和义务	计价和分摊	列报
1. 资产负债表中记录的应付职工薪酬确实存在	√				
2. 应当记录的应付职工薪酬均已记录		√			
3. 记录的应付职工薪酬由公司拥有或控制			√		
4. 应付职工薪酬以恰当的金额包括在会计报表中，与之相关的计价调整已恰当记录				√	
5. 应付职工薪酬已按照会计准则的规定在会计报表中作出恰当列报					√

九、审查工资费用账务处理的正确性

按照会计准则和有关规定，企业的生产工人、车间管理人员、企业管理人员、福利部门人员、在建工程人员、销售机构人员的应付工资应分别分配借记“生产成本”、“制造费用”、“管理费用”、“应付职工薪酬——职工福利”、“在建工程”和“销售费用”账户，贷记“应付职工薪酬——工资”账户。结合审查应付工资，抽查人工费用会计记录及会计处理的正确性，或者将审核无误的工资分配表与有关记账凭证和明细账相核对，证实账务处理的正确性。审查中还应注意待领工资是否按规定存入银行，并从

"应付职工薪酬——工资"账户转出；按本月应付工资分配工资费用的企业，"应付职工薪酬——工资"账户的借方与贷方不相等，其借方余额表示多付工资，贷方余额表示少付工资，应将贷方余额作为负债反映于会计报表上。

知识拓展　审查以权益结算的股份支付换取职工提供服务的业务

审查以权益结算的股份支付换取职工提供服务，是否以授予职工权益工具的公允价值计量。权益工具的公允价值，是否符合《企业会计准则》规定的要求。授予后立即可行权的换取职工服务的以权益结算的股份支付，是否按照规定在授予日以权益工具的公允价值计入相关成本或费用，相应增加资本公积。

完成等待期内的服务或达到规定业绩条件才可行权的换取职工服务的以权益结算的股份支付，审查企业是否在等待期内的资产负债表日，以对可行权权益工具数量的最佳估计为基础，按照权益工具授予日的公允价值，将当期取得的服务计入相关成本或费用和资本公积。在资产负债表日，后续信息表明可行权权益工具的数量与以前估计不同的，是否进行了调整，并在可行权日调整至实际可行权的权益工具数量。

以权益结算的股份支付换取其他方服务的，是否分别下列情况处理：其他方服务的公允价值能够可靠计量的，按照其他方服务在取得日的公允价值，计入相关成本或费用，相应增加所有者权益；其他方服务的公允价值不能可靠计量但权益工具公允价值能够可靠计量的，按照权益工具在服务取得日的公允价值，计入相关成本或费用，相应增加所有者权益。

审查以现金结算的股份支付，是否按照企业承担的以股份或其他权益工具为基础计算确定的负债的公允价值计量。授予后立即可行权的以现金结算的股份支付，是否在授予日以企业承担负债的公允价值计入相关成本或费用。相应增加负债完成等待期内的服务或达到规定业绩条件以后才可行权的以现金结算的股份支付。在等待期内的每个资产负债表日，是否以可行权情况的最佳估计为基础，按照企业承担负债的公允价值金额，将当期取得的服务计入成本或费用和相应的负债。

在资产负债表日，后续信息表明企业当期承担债务的公允价值与以前估计不同的，是否进行了调整，并在可行权日调整至实际可行权水平；是否在相关负债结算前的每个资产负债表日以及结算日，对负债的公允价值重新计量，其变动计入了当期损益。

任务三　审查职工福利费和其他相关账户

职工福利费是企业按工资总额提取的、用于职工福利方面的开支。审查职工福利费的要点包括以下各项。

一、审查计提职工福利费依据

按有关规定，工资总额是计提职工福利费的依据。审查中应核实计提职工福利费的工资总额构成与会计上的口径是否一致，是否存在人为调整并导致多提的情况。

二、审查计提职工福利费的比例

按有关规定，企业不得擅自变更计提职工福利费的比例，审计人员可采用复算法予以查核计提比例的合规性。

三、审查职工福利费计提的结果

在审查计提职工福利费的依据和比例的基础上，通过复算法验证各类人员职工福利费的计提结果是否正确无误。

四、审查职工福利费的分配及账务处理

由于职工福利费的分配方向与应付工资相同，所以实际账务处理中职工福利费的分配纳入应付工资分配表中，其分配及账务处理正确性的审查，可以结合应付工资的审查一并进行。重点审查职工福利费的分配方向是否与应付工资分配的方向一致。

五、审阅职工福利费明细账

抽查职工福利费原始凭证，审查职工福利费使用的合规性和合法性。

六、审查其他相关账户

审查企业为职工缴纳的医疗保险费、养老保险费、失业保险费、工伤保险费、生育保险费等社会保险费和住房公积金，是否在职工为其提供服务的会计期间。根据工资总额的一定比例计算，并根据职工提供服务的受益对象，分别不同情况处理：应由生产产品、提供劳务负担的职工薪酬，计入产品成本或劳务成本；应由在建工程、无形资产负担的职工薪酬，计入建造固定资产或无形资产成本；上述之外的其他职工薪酬，计入当期损益。查明其他相关账户的业务处理是否符合规定。

任务四　审查职工薪酬在会计报表中披露的正确性

一、查明职工薪酬在会计报表中的反映是否完整和正确

审查企业在会计报表附注中是否披露了与职工薪酬有关的下列信息：应当支付给职工的工资、奖金、津贴和补贴，及其期末应付未付金额；应当为职工缴纳的医疗保险费、养老保险费、失业保险费、工伤保险费和生育保险费等社会保险费，及其期末应付未付金额；应当为职工缴存的住房公积金，及其期末应付未付金额；为职工提供的非货币性福利，及其计算依据；应当支付的因解除劳动关系给予的补偿，及其期末应付未付金额；其他职工薪酬。

二、查明股份支付交易在会计报表中的反映是否完整和正确

审查企业是否按照会计准则规定在附注中披露与股份支付有关的下列信息：当期授予、行权和失效的各项权益工具总额。期末发行在外的股份期权或其他权益工具行权价格的范围和合同剩余期限。当期行权的股份期权或其他权益工具以其行权日价格计算的加权平均价格，权益工具公允价值的确定方法。

审查企业是否在附注中披露股份支付交易对当期财务状况和经营成果的影响，包括下列信息：当期因以权益结算的股份支付而确认的费用总额；当期因以现金结算的股份支付而确认的费用总额；当期以股份支付换取的职工服务总额及其他方服务总额。

工作能力测试

一、单项选择题（下列答案中有一项是正确的，请将正确答案前的英文字母填入括号内）

1. 薪酬业务循环信息传递程序控制中，文件使用的关键是（　　）。

   A. 设计一式多联、预先连续编号的原始程序

   B. 设计备查簿

   C. 设计工资标准

   D. 设计应付职工薪酬明细账

2. 审计人员检查应付职工薪酬总体的合理性，可以运用的分析性复核程序有（　　）。

   A. 审查人力资源统计报表及员工名册

   B. 比较近期各年度及各月份工资变动，判断其变动有无异常

   C. 检查津贴、补贴支出的真实性

   D. 检查各类奖金发放范围和规定标准的合法性

3. 限制非授权人员接近待领工资和相关会计资料，属于薪酬业务循环内部控制的（　　）。

   A. 职工分工控制　　B. 信息传递程序控制

   C. 实务控制　　D. 账务处理控制

4. 审查工资等级和工资标准是否符合有关规定，是为了证实薪酬业务的（　　）。

   A. 真实性　　B. 完整性　　C. 披露正确性　　D. 合法性

5. 审查被审计单位工资总额真实性的要点是（　　）。

   A. 比较本年度各个月份工资变动情况

   B. 审查工资总额各组成项目的真实性

C. 审查代扣代缴款项的正确性

D. 核对工资分配的正确性

6. 审查职工福利费，确定被审计单位提取的职工福利费的依据应当是（　　）。

A. 生产成本　　B. 工资总额　　C. 利润总额　　D. 资本总额

7. 被审计单位对工资费用进行的下列分配，应该认为错误的是（　　）。

A. 销售人员工资计入销售费用

B. 车间主任工资计入制造费用

C. 设备维修人员工资计入生产成本

D. 仓库保管人员工资计入管理费用

8. 审查某企业“应付职工薪酬——职工福利”项目，发现其中列支“应交个人所得税”，对此项业务的调整分录应为（　　）。

A. 借记“其他应付款”，贷记“应付职工薪酬——职工福利”

B. 借记“其他应收款——应收个人所得税”，贷记“应付职工薪酬——职工福利”

C. 借记“其他应收款——应收个人所得税”，贷记“应付职工薪酬——工资”

D. 借记“其他应交款”，贷记“应付职工薪酬”

9. 经过复核，发现被审计单位职工福利费开支明显超过规定计提数额，审计人员应该提请将超过部分列支在（　　）。

A. 所得税前　　B. 所得税后　　C. 盈余公积　　D. 管理费用

10. 被审计单位 8 月份工资构成情况为生产工人 10 万元，管理人员 5 万元，营销人员 5 万元，则当期应计入产品成本的职工福利费为（　　）。

A. 28 000 元　　B. 7 000 元　　C. 14 000 元　　D. 21 000 元

11. 被审计单位生产多种产品时，生产人员计时工资的分配应当根据（　　）。

A. 实际产量　　B. 计划产量

C. 产量及单价　　D. 定额工时或实耗工时

12. 年末被审计单位“应付职工薪酬——工资”总账借方余额 5 万元，表示（　　）。

A. 少计工资　　B. 多计工资　　C. 记账错误　　D. 资产减少

二、多项选择题（下列答案中有一项或多项是正确的，请将正确答案前的英文字母填入括号内）

1. 薪酬业务循环内部控制测评中，对工资汇总环节抽查包括（　　）。

A. 抽查人员调配单　　B. 抽查考勤表

C. 抽查工资单　　D. 抽查工资汇总表

E. 抽查应付职工薪酬

2. 薪酬业务循环内部控制中的职责分工主要包括（　　）。

A. 工资保管与记录相互独立

B. 考勤记录与审批相互独立

C. 工资单的编制与审核相互独立

D. 工资结算汇总表的编制与审核相互独立

E. 生产统计表的编制与审核相互独立

3. 薪酬业务循环审计目标包括证实(　　)。

A. 薪酬业务的真实性和完整性　　B. 薪酬业务的合法性

C. 工资结算的正确性　　D. 工资使用的完整性

E. 账务处理的正确性

4. 按照规定,工资总额应包括(　　)。

A. 计时工资　　B. 计件工资

C. 奖金、津贴和补贴　　D. 加班工资

E. 支付的劳务费

5. 运用分析性复核方法检查应付职工薪酬总体合理性的主要内容和方法有(　　)。

A. 分析销售与生产的关系

B. 分析比较近期各年度职工薪酬变动情况

C. 分析比较本年各个月份职工薪酬变动情况

D. 将本年度产品生产成本中人工费与前期比较

E. 将本年度管理费用中薪酬费用与前期比较

6. 审查基建工资时应注意的有(　　)。

A. 任意改变工资形式　　B. 虚报产品产量

C. 将废品计入合格产品数量之中　　D. 审查计件单价正确性

E. 审查出勤情况

7. 审查计件工资时,可采用的方法有(　　)。

A. 查核生产车间原始记录　　B. 调查询问产量统计程序

C. 了解入库验收制度的执行情况　　D. 核对工资结算表与所依据资料

E. 调查工时记录

8. 审查采用标准成本制企业的工资业务时,应取得的资料包括(　　)。

A. 销货单　　B. 产量统计表和工时统计表

C. 单位标准工时　　D. 标准工时工资率

E. 直接人工的工资汇总表

9. 审查薪酬业务时,发现被审计单位把在建工程人员的工资、福利部门人员的工资计入产品成本。审计人员可据此认定(　　)。

A. 工资总额不真实　　B. 生产成本不真实

C. 利润总额不真实　　D. 多计提应付福利费

E. 工资分配的会计处理不正确

10. 对被审计单位职工福利费进行实质性测试时,应重点关注的内容有(　　)。

A. 计提职工福利费依据的工资总额是否正确

B. 集体职工福利费的比例是否正确

C. 职工福利费的账务处理是否正确

D. 职工福利费明细账是否经过定期检查

E. 职工福利费的计提是否经过审批

11. 被审计单位将以下费用支出计入产品成本,应确认为错误的有(　　)。

A. 生产人员工资　　B. 人员工资

C. 管理人员工资　　D. 营销人员工资

E. 研究开发人员工资

项目七

财务报告审计

任务导入

企业按照规定应定期向主管财税机关等政府部门以及其他与企业有关的信息使用者提供财务报告。公开发行股票的股份有限公司还应当向证券交易管理机构提供年度财务报告。企业报送的年度财务报告包括会计报表和会计报表附注等。财务报告审计有利于财务报告使用者作出正确的决策;有利于保护债权人的合法权益;有利于促进企业改善经营管理,提高经济效益。财务报告审计包括资产负债表、利润表、所有者权益变动表、现金流量表和报表附注等的审计。

模块一　测评财务报告内部控制

会计报表是根据日常核算资料进行归集、加工、汇总而形成的一个完整的报告体系,是会计核算的终结。因此整个内部控制系统的健全性、有效性,对财务报告的真实、公允有决定性影响。

知识拓展　　财务报告内部控制主要环节

一、岗位责任控制

为保证会计报表的编制工作有条不紊地进行,应当制订严密的工作程序,明确每一工作环节的工作内容、质量要求、时间限制,明确各岗位人员的责任和职权范围,以及各岗位之间相互制约、相互配合的关系。

二、编制程序控制

虽然在其他财务审计循环中已对各自的内部控制进行了测评,无需进行重复审查,但对直接影响会计报表编制的内部控制还要进行必要的审查,它包括以下各项。

1. 结账控制

期末结账控制主要抓住两个关键,即控制结账程序和结账质量。控制结账程序的主要手段是制订结账日程表,对结账程序进行合理排列,并规定每一程序完成的时限。特别要重视影响结账的关键环节,并对此提出妥善的对策。控制结账质量是指要保证本期发生额的汇总和期末余额计算的正确性。完成这一控制的主要手段是检查本期发生或完成的经济业务是否全部入账,核对账簿记录与记账凭证是否一致,复算发生额和余额计算是否正确。

2. 对账控制

为保证作为编制会计报表依据的日常核算资料尤其是账簿的正确性和可靠性,在编制会计报表前必须在账簿与记账凭证及其所附原始凭证之间、各种有关账簿之间、账簿记录与财产实存数之间进行认真的核对,做到账证、账账、账实相符,以保证会计报表的质量。

3. 试算平衡控制

在手工账务系统中,为保证账簿记录正确无误,在正确结账、认真对账的基础上,还须进行试算平衡工作,即对总分类账户的记录,编制"总分类账户本期发生额及余额试算平衡表";对总分类账户与其所属明细分类账户的记录,编制"明细分类账户本期发生额及余额明细表",并与总分类账户核对。如果发现不符,应查明原因,予以更正。现金流量表编制的主要内部控制环节与前面所述资产负债表的内部控制环节基本相同,除此之外,还要设置与编制现金流量表有关的专门账户控制、调整分录控制、工作底稿控制等。

三、会计稽核控制

会计报表的编制是整个编制程序的中心环节,会计报表的种类不同、项目繁多、编制技术性强、工作量大,故必须加以控制。

1. 报表内容控制

为了满足企业自身及社会各方面报表使用者的需要,企业必须依据有关规定,对报表的种类、格式、项目排列、项目内容作出规定,并严格控制执行。

2. 编制方法控制

编制方法控制是指企业应按规定的各类报表有关项目的编制方法编制会计报表,保证每一报表内、不同报表有数量对应关系的项目之间保持应有的对应关系,从而使得报表内经济指标能如实反映企业某一方面经济活动的会计信息,并相互联系、相互补充,形成一个完整、系统反映企业经济活动全貌的会计信息体系。

3. 审核控制

会计报表编制完毕,必须经财会部门负责人根据编制会计报表的基本原则和要求,对会计报表的真实性、合规性和正确性等进行认真审核并签章。

四、报送时间控制

企业的会计报表应按月或按年在规定的期限内报送当地财税机关、开户银行、主管部门。对此,企业应按报表编制的程序制订具体的进度要求,并严格加以控制。

五、公司治理层面控制

财务报告内部控制的顶层结构主要有股东大会、董事会、监事会,治理结构设计合理、治理机制有效运行，是保证财务报告性可靠的关键。

任务一 测评财务报告内部控制

（1）了解并描述报表编制的内部控制。审计人员在运用各种适当方式对内部控制的程序和主要环节的运作情况进行调查了解的基础上，将其描述出来。

（2）通过审阅有关账簿、报表或进行实地观察，验证企业所设计的报表编制程序的健全性及有效执行情况，并针对重点环节做进一步调查、分析，提出改进的意见和建议。

（3）通过调查、询问、实地观察，检查报表编制的各环节、各岗位责任制的健全性、严密性，分工是否明确，相互间的制约、协调机制是否合理，各项责任制是否得到有效执行等。

（4）运用抽查法检查编制会计报表的准备工作是否充分、有效。例如，是否按规定程序进行结账并保证结账工作的质量；是否认真进行对账工作，发现不符情况是否查明原因并按规定作了调整；期末是否进行财产清查，发现盘盈、盘亏、毁损等问题是否按规定进行报批、处理；是否进行试算平衡工作等。

（5）调查了解有关人员掌握报表编制原则、程序、方法等情况，初步审查编制报表工作的质量。审计人员在对财务报告内部控制进行测试时，还应审查报表编制的基础工作，发现报表编制工作的薄弱环节及可能发生的差错。检查企业所使用的编制方法的合理性，然后针对不同的编制方法追踪检查报表的编制程序，进而了解报表编制内部控制的健全性和有效性。

（6）索取以往年度报表报送工作的资料，了解企业是否在规定期限向有关部门、单位报送规定种类的报表。

（7）评价内部控制。通过对以上内部控制设计和实施情况进行评审，评价财务报告内部控制的有效性。

任务二 识别财务报告舞弊信号

财务报告舞弊是指管理层有意识地操纵财务报告结果，从而伪造企业财务状况、经营成果等。常见的财务报告舞弊有三种方式：操纵、伪造或者篡改会计记录或支持文件；误报或隐瞒事件、交易或其他重要信息；错误运用会计政策。审计人员应关注的关键信号包括以下各项。

（1）年末或季末收入大量增长。收入经常在期末被操纵以达到收入目标，例如未结清账户和提前确认下期收入、虚假销售等。

（2）销售增长超过行业水平，并不能被合理证明。审计人员必须考虑企业竞争优势及其生产能力。若所有竞争者的销售都下降而被审计公司销售处于增长状态，审计人员应提高其对舞弊或错报交易的怀疑。

(3) 毛利率异常增长可能是由于生产能力提高或其他异常变化，例如没有记录所有费用、重复开出发票、虚假销售、产品质量下降等。

(4) 年末之后销售退回增加意味着产品质量问题、单边销售合同或销售途径阻塞。

(5) 应收账款回收天数的显著增加或显著高于行业平均水平，应是高舞弊风险的信号。

(6) 存货经常被用来掩饰问题，存货周转天数增加应是高舞弊风险的信号。

(7) 财务杠杆显著变化。财务困难的企业经常会保持负债与权益比率低于贷款限制合同，财务压力是舞弊风险的信号之一。

(8) 现金流量或流动性问题。企业最终需要现金来支付员工、供应商、债权人和所有者。如果企业销售收入和盈利能力很高，但经营现金流量较低或为负数，则意味着高舞弊风险。

(9) 非财务业绩指标的显著变化。每个行业都有它自己的关键行为信号，例如制造业采购业务变化。审计人员应监督这些关键行为信号与财务结果不一致的显著变化。

模块二　审查会计报表

无论是会计报表中资产的所有权和存在性，负债的完整性，还是所有者权益的合规性，都要有充分的、可靠的、相关的审计证据才能加以证实。

知识拓展　**财务报告审计目标**

1. 证实报表内容的真实性

真实性是编制包括资产负债表在内的所有会计报表的基本原则，是对会计工作的基本要求。只有报表信息可靠，才能如实地反映企业的财务状况、经营成果和现金流量变动等。对报表的真实性审查主要体现在下列内容。

证实企业所拥有资产、所承担债务的真实性，即证实资产负债表上所列资产是企业所拥有或者控制的资产，它们是实际存在的，计价是正确无误的；负债是无一遗漏的全部债务，其数额是真实的。证实企业所有者权益的真实性，即证实企业投资者投入的资本及其共享的权益是实际发生的、合乎国家规定的，金额是真实可靠的，从而证实企业资本的保值和增值情况。

利润表是企业进行利润分配的基础，所以其真实性和公允性尤为重要。审计人员应查核利润表各项目数字来源的真实性和表中有关数字计算的正确性。了解重大经济活动的来龙去脉，通过审查这些经济活动引起的货币资金的应收应付金额、现金的实际收付金额、收付现金的列报情况等，了解经济活动发生的背景、时间和所记录的账户等，为审计人员的进一步审查提供依据。

2. 确认报表编制方法的合规性

报表的结构、项目内容，以及编制方法均由会计准则加以确定。企业财会部门应根据相关性、重要性原则，按照有关规定的要求进行编制。对重要的但在报表规定项目内容中不能容纳的会计信息，则要在相关项目或附表、附注中予以说明。验证报表项目之间的数量关系，可以证实企业报表的合规性。

3. 确认报表编制方法的一贯性

一贯性是指企业编制会计报表时，在会计计量、填报方法上，保持前后会计期间的一致，一经采用的会计方法不得任意改变。当情况发生变化，使得变更会计方法成为必须和合理时，应及时变更并在报表说明中说明改变的原因及改变后的影响。所有涉及一贯性原则的问题，都需要由审计人员采用适当的方法予以证实。

4. 揭示现金收支变化趋势，为确定审计范围和重点提供依据

现金的收入金额和支出金额是与企业的业务经营活动相联系的，从这些联系出发，可以分析现金收支的变化趋势，以及现金收支规模和业务经营规模的比例关系，从而发现收支金额异常或与业务活动规模不相适应的现金收支项目，并以此作为进一步审计的重点。

5. 证实合并会计报表合并范围的正确性

拥有子公司的企业都必须编制合并会计报表。以母公司对其他企业是否拥有控制权作为确定该企业是否纳入合并范围的依据。证实合并范围的正确性，要求审计人员正确理解“控制权”的含义，以证实已纳入和未纳入合并范围的子公司的划分是否正确，并对此作适当披露。

任务一　审查资产负债表

一、复查和评价审计证据

1）审查企业实物资产包括库存现金、固定资产、原材料、在产品、库存产成品等存货，都要有经过监盘核实的证据，才能证实其实际存在；并且对企业为他人寄存代管或已出售收款而未结算转账的资产，以及在外部委托加工、寄存代管的资产，都要取得书面证据，以确定其所有权。

2）审查银行存款和长期借款、短期借款，要经过清查核实，取得银行出具的对账单和对未达账项调节相符的书面证据，才能证实其实际存在。

3）审查往来款项包括应收、应付的票据和账款，要经过函证来加以证实。

4）审查长期股权投资、投资性房地产、交易性金融资产、可供出售金融资产、持有至到期投资，以及非流动负债的应付债券和其他非流动负债，都要以书面凭证或有价证券的实物清点记录，作为审计证据以证实其存在。

5）审查无形资产应从无形资产初始计量、减值准备、附注信息披露和产权凭证四个方面进行。

（1）审查无形资产是否按照成本进行初始计量。外购无形资产的成本，包括购买价款、相关税费及直接归属于使该项资产达到预定用途所发生的其他支出；购买无形资产的价款超过正常信用条件延期支付，具有融资性质的，其成本以购买价款的现值为基础确定；实际支付的价款与购买价款的现值之间的差额，除按照《企业会计准则》的规定应予资本化的以外，应当在信用期间内计入当期损益；自行开发的无形资产，其成本包括达到预定用途前所发生的支出总额，但是对于以前期间已经费用化的支出不再调整；投资者投入无形资产的成本，应当按照投资合同或协议约定的价值确定，但合同或协议约定价值不公允的除外。

（2）审查期末无形资产计提减值准备的情况。审计人员应关注企业无形资产减值准备的计提是否合规，有无利用减值准备调节利润，计提减值准备后，企业是否按照计提减值准备后的无形资产账面价值重新计算摊销额。

（3）审查无形资产的类别在附注中是否按照规定披露以下信息：无形资产的期初和期末账面余额、累计摊销额及减值准备累计金额；使用寿命有限的无形资产，其使用寿命的估计情况；使用寿命不确定的无形资产，其使用寿命不确定的判断依据；无形资产的摊销方法；用于担保的无形资产账面价值、当期摊销额等情况；计入当期损益和确认为无形资产的研究开发支出金额。

（4）除了对无形资产计量审查之外，还要对相关的产权凭证进行核实。

表 2-21　　无形资产审计目标与会计报表认定关系表

审计目标	会计报表认定				
	存在	完整性	权利和义务	计价和分摊	列报
1. 资产负债表中记录的无形资产确实存在	√				
2. 应当记录的无形资产均已记录		√			
3. 记录的无形资产由公司拥有或控制			√		
4. 无形资产以恰当的金额包括在会计报表中，与之相关的计价调整已恰当记录				√	
5. 无形资产已按照会计准则的规定在会计报表中作出恰当列报					√

(5) 审查所有者投入的股本或实收资本，要通过检查公司的章程、协议、合同及其验资报告和有关账目来取得审计证据；公积金和未分配利润应通过检查股东会决议及有关项目来取得审计证据。

二、检查会计原则的遵循性

企业选择会计政策，常常受企业领导人或财务主管人财务决策的影响，从而影响资产和负债项目所列数额的正确性。例如，为了达到企业的盈利目标，发出存货可以采取不同的方法。

(一) 一贯性原则

资产项目的会计处理具有多种方法可供采用，但一经采用，不应随意变更，前后期应保持一致，具有连续性。如果因企业生产经营情况变化发生变更的，应在报表的附注中加以说明，并列明变更对资产数额的影响。

(二) 实际成本计价原则

资产和负债项目都要按照实际成本计价，除国家另有规定者外，不能调整其账面价值。在对资产负债表进行审查时应注意是否有任意调整，或未按实际成本计价的情况。

(三) 谨慎性原则

对于资产项目的应收账款等项，应检查是否已设置坏账准备等备抵项目，以防止因坏账损失过多对资产与损益发生过大影响；对于存货计价在价格变动较大时或固定资产折旧在技术进步较快时，也应采用适当的方法，检查资产价值的真实性，防止企业损益不实。

(四) 重要性原则

对当期财务状况发生重要影响的事项，例如 1 年内到期的长期投资或非流动负债等，是否按规定在报表中单独反映。

三、审查资产负债表编制的正确性和编制方法的合规性

审计人员应结合使用审阅法和核对法，对资产负债表的格式和编制方法进行审查，以保证报表格式、项目排列、项目内容，以及各项目数额的填制方法符合有关规定，对所发现的异常情况或疑点作进一步检查。

四、审查所得税费用会计处理

审查所得税费用会计处理应从以下四个方面进行。

(1) 审查企业是否遵守《企业会计准则》的规定，对所得税业务进行处理，是否将当期和以前期间应交未交的所得税确认为负债，将已支付的所得税超过应支付的部分确认为资产。企业应当确认所有应纳税暂时性差异产生的递延所得税负债；企业对与子公司、联营企业及合营企业投资相关的应纳税暂时性差异，应当确认相应的递延所得税负债，但同时满足以下两个条件的除外：一是投资企业能够控制暂时性差异

转回的时间，二是该暂时性差异在可预见的未来很可能不会转回。

（2）资产负债表日有确凿证据表明未来期间很可能获得足够的应纳税所得额用来抵扣可抵扣暂时性差异的，应当确认以前期间未确认的递延所得税资产。企业对与子公司、联营企业及合营企业投资相关的可抵扣暂时性差异，同时满足两个条件的，应当确认相应的递延所得税资产，一是暂时性差异在可预见的未来很可能转回，二是未来很可能获得用来抵扣可抵扣暂时性差异的应纳税所得额。

（3）企业适用税率发生变化，应对已确认的递延所得税资产和递延所得税负债进行重新计量，除直接在所有者权益中确认的交易或者事项产生的递延所得税资产和递延所得税负债以外，应当将其影响数计入变化当期的所得税费用。递延所得税资产和递延所得税负债的计量，应当反映资产负债表日企业预期收回资产或清偿负债方式的所得税影响，即在计量递延所得税资产和递延所得税负债时，应当采用与收回资产或清偿债务的预期方式相一致的税率和计税基础。

（4）资产负债表日企业应当对递延所得税资产的账面价值进行复核，如果未来期间很可能无法获得足够的应纳税所得额用以抵扣递延所得税资产的利益，应当减记递延所得税资产的账面价值。在很可能获得足够的应纳税所得额时，减记金额应当转回。

表 2-22　　所得税费用审计目标与会计报表认定关系表

审计目标	会计报表认定				
	存在	完整性	准确性	分类	列报
1. 利润表中记录的所得税费用确实发生	√				
2. 应当记录的所得税费用均已记录		√			
3. 所得税费用以恰当的金额包括在会计报表中，与之相关的计价调整已恰当记录			√		
4. 所得税费用已记录于正确的会计期间和账户				√	
5. 所得税费用已按照会计准则的规定在会计报表中作出恰当列报					√

五、审查资产负债表所列主要指标的可信性

资产负债表中偿债能力指标、获利能力的指标、经营能力的指标等，对于分析企业的财务状况非常重要，审计时需要验证其可信性，进一步证实报表所反映的财务状况的真实、正确、合规，所反映的重要财务指标可以依赖，可以为制定决策提供可靠的依据，可以作为评价企业经济责任的依据。

六、审查资产负债表及其附注披露的正确性

审查企业是否按照《企业会计准则》的规定，在报表附注中披露与或有事项有关的下列三个方面的信息。

（1）预计负债。预计负债包括预计负债的种类、形成原因以及经济利益流出不确定性的说明；各类预计负债的期初、期末余额和本期变动情况；与预计负债有关的预期补偿金额和本期已确认的预期补偿金额。

（2）或有负债。或有负债的种类及其形成原因，包括已贴现商业承兑汇票、未决诉讼、未决仲裁、对外提供担保等形成的或有负债；经济利益流出不确定性的说明；或有负债预计产生的财务影响，以及获得补偿的可能性；无法预计的，应当说明原因。

（3）未决诉讼、未决仲裁。在涉及未决诉讼、未决仲裁的情况下，无须披露对企业造成的重大不利影响，但应当披露该未决诉讼、未决仲裁的性质，以及没有披露这些信息的事实和原因。

七、审查资产负债表日后事项

审查资产负债表日后事项应从以下三个方面进行。

（1）审查企业发生的资产负债表日后调整事项是否按规定处理。调整事项包括下列各项：资产负债表日后诉讼案件结案，法院判决证实了企业在资产负债表日已经存在现时义务，需要调整原先确认的与该诉讼案件相关的预计负债，或确认一项新负债；资产负债表日后取得确凿证据，表明某项资产在资产负债表日发生了减值或者需要调整该项资产原先确认的减值金额；资产负债表日后进一步确定了资产负债表日前购入资产的成本或售出资产的收入；资产负债表日后发现了会计报表舞弊或差错。

（2）企业发生的资产负债表日后非调整事项，不应当调整资产负债表日的会计报表。非调整事项包括下列各项：资产负债表日后发生重大诉讼、仲裁、承诺；资产负债表日后资产价格、税收政策、外汇汇率发生重大变化；资产负债表日后因自然灾害导致资产发生重大损失；资产负债表日后发行股票和债券以及其他巨额举债；资产负债表日后资本公积转增资本；资产负债表日后发生巨额亏损；资产负债表日后发生企业合并或处置子公司。

（3）资产负债表日后，企业利润分配方案中拟分配的以及经审议批准宣告发放的股利或利润，不确认为资产负债表日的负债，但应当在附注中单独披露。审查企业是否在附注中披露与资产负债表日后事项有关的下列信息：财务报告的批准报出者和财务报告批准报出日；按照有关法律、行政法规等规定，企业所有者或其他方面有权对报出的财务报告进行修改的，是否披露这一情况；每项重要的资产负债表日后非调整事项的性质、内容，及其对财务状况和经营成果的影响，无法作出估计的，是否说明原因。企业在资产负债表日后取得了影响资产负债表日存在情况的新的或进一步的证据，是否调整与之相关的披露信息。

任务二 审查利润表

对部分收入和费用、支出项目的审查，已在以前相关业务循环审计中阐述，审查利润表主要涉及政府补助收入、管理费用、营业外收入、营业外支出、企业所得税等项目的审查。

一、审查管理费用

管理费用是指企业行政管理部门为组织和管理生产经营活动所发生的各项费用。审查管理费用的内容应从合法性、合规性、真实性、正确性四个方面进行。

（一）审查管理费用组成项目的合法性

国家规定的管理费用明细项目是审查管理费用的依据。审查时应注意那些支出名称相同，但性质不同的费用项目在管理费用、制造费用、销售费用间混列的情况，例如工资费用、折旧费用、材料费用等。

（二）审查管理费用的实际支出数的合规性

允许列入管理费用的有些项目，例如职工福利费、工会经费、职工教育费、业务招待费等在有关规定中均对其提取比例作了明确规定，企业不得擅自改变。

（三）审查管理费用发生额的真实性

审查时应对各项目的发生额及总额，结合其明细账、总账和有关凭证，检查其发生的真实性，查明有无存在开支不实、虚列和人为调节等问题。

（四）审查管理费用结转的正确性

管理费用应于会计期末全部转作当期损益，结转后该账户应无余额。审查时应注意有无将管理费用转入产品成本或任意多转、少转的问题，同时还应有针对性地对主要项目按其特点进行审查。

1. 审查公司经费

公司经费包括工厂总部管理人员的工资、福利费、折旧费等。审查时应注意两个方面内容，第一个方面是工资及职工福利费，不包括医务人员、托幼保教人员、基建人员的工资及职工福利费，以及离退休人员退休金。第二个方面是折旧费的计提应严格执行有关计提范围和计提方法的规定，不得多提或少提折旧。

2. 审查工会经费、职工教育经费、失业保险费和基本养老保险费、医疗保险费

国家明确规定了工会经费、职工教育经费、失业保险费和基本养老保险费、医疗保险费的计提比例，审查中要重点检查计提基数的真实性、计提比例的合规性和计提金额的正确性。

3. 审查劳动保险费

对劳动保险费应按其明细项目逐一审查，例如核实退休金、退职金及价格补贴的人数及支付金额；核实抚恤费、丧葬补助费、6 个月以上病假人员工资的支付标准和

金额。

4．审查无法纳入预算或计划的费用

审查咨询费、审计费、诉讼费、排污费、城镇土地使用费、土地损失补偿费、技术转让费用，这些费用无法纳入预算或计划，可根据有关凭证查证其真实性和合理性。

5．审查技术开发费

通过审阅其明细开支项目，查明有无混淆与产品成本界限的现象。

6．审查业务招待费

根据经核实的企业销售净额并按规定，审查业务招待费的支付比例是否符合规定，并抽查有关凭证，查明有无铺张浪费现象。

7．审查无形资产摊销的合规性

无形资产摊销额正确与否直接影响企业费用和利润的真实性，并影响国家税收。因此，在无形资产计价审查核实的基础上，根据《企业会计准则》的规定，审查其摊销期限和摊销方法的合规性，确认摊销额的合理性，进而确认无形资产期末计价的真实性，审查包括以下两个方面内容。

第一个方面审查无形资产摊销期限，审计人员可按《企业会计准则》和有关规定，审查评价无形资产摊销期的正确性和合规性。第一个方面审查无形资产摊销额，主要应查明摊销额计算的正确性和账务处理的合规性。无形资产摊销额的计算，应当反映与该无形资产有关的经济利益的预期实现方式，无法可靠确定预期实现方式的，采用直线法。审计人员应根据已确认的无形资产成本价值和摊销期限，复核其计算的正确性，并确定是否转入管理费用。

【任务案例 2-15】　在审查兴秦有限责任公司 2013 年 1 月份“管理费用”明细账时，审计人员发现下列问题：

(1) 购买录像机 2 台，配置在公司接待室，每台 3 000 元，预计可用 5 年，无残值；2012 年 12 月购入后于 2013 年 1 月，记入“管理费用”账户。

(2) 按借款合同预提利息支出 4 000 元，但实际提取 34 000 元，列入“管理费用”账户。

(3) 将因意外灾害造成的材料损失 5 000 元，列入“管理费用”账户。

作为审计人员请分别指出上述问题的性质，计算应调整增加或减少 2013 年 1 月份利润总额的数额。

【案例分析】

(1) 固定资产未入账，一次挤入费用，费用虚增，利润虚减。公司应在 2013 年 1 月份计提折旧 3 000×2÷5×12＝100(元)，因而多计费用 3 000×2－100＝5 900(元)，应调增利润 5 900(元)。

(2) 公司的利息支出应列入“财务费用”。多提利息 34 000－4 000＝30 000(元)，费用虚增，利润虚减，应调增利润 30 000 元。

(3) 因意外灾害造成的材料损失 5 000 元，应列入“营业外支出”，但不影响利润总额。

(4) 综合以上内容，公司应调增利润＝5 900＋30 000＝35 900(元)。

二、审查营业外收入

审查营业外收入包括审查营业外收入的合法性、完整性、账务处理的正确性三个方面的内容。

(一) 审查营业外收入的合法性

有关制度明确规定了的营业外收入项目包括固定资产的盘盈和出售净收益、非货币性交易收益、出售无形资产收益、罚款净收入等，企业必须遵照执行，不得擅自增加项目，也不得扩大每项营业外收入的内容。

审计人员可通过审阅“营业外收入明细账”及有关会计凭证，重点审查两个方面内容：一方面审查有无将不属于营业外收入的营业收入等记入营业外收入，以此达到少缴纳销售税金的目的；第二方面审查有无将应属于营业外收入的项目作其他处理。如将固定资产盘盈直接列入资产增加，把因债权人原因确实无法支付的应付款项长期挂账等。

(二) 审查营业外收入的完整性

审查营业外收入的完整性可采用审阅法和复算法，例如固定资产盘盈净收益是指盘盈固定资产的重置价值减去估计折旧后的差额。审查工作应在判断重估和估计折旧的合理性的基础上进行复算并与有关账户核对；出售固定资产净收益是指转让或变卖固定资产的价款收入减去清理费用后的净收入与固定资产账面净值的差额。审查时可审阅“固定资产清理明细账”、相关货币资金账户及有关记账凭证，核对数额的完整性。对罚款收入和教育费附加返还款应通过审阅、核对“营业外收入明细账”及有关原始凭证，并予以证实。

(三) 审查营业外收入账务处理的正确性

审查营业外收入账务处理的正确性，按不同收入项目将“营业外收入明细账”分别与“银行存款”、“固定资产清理”、“应付账款”等账户进行核对，查明入账是否及时，有无错记、漏记、多记等情况。同时，也要检查“营业外收入”账户是否留有余额。

三、审查企业收到的政府补助收入

政府补助为货币性资产的，应当按照收到或应收的金额计量，直接计入当期损益。政府补助为非货币性资产的，应当按照公允价值计量；公允价值不能可靠取得的，按照名义金额计量。与资产相关的政府补助，应当确认为递延收益，并在相关资产使用寿命内平均分配，计入当期损益。

审查与收益相关的政府补助，是否分别不同情况处理：用于补偿企业以后期间的相关费用或损失的，确认为递延收益，并在确认相关费用的期间，计入当期损益；用于补偿企业已发生的相关费用或损失的，直接计入当期损益。

已确认的政府补助需要返还的，是否分别不同情况处理：存在相关递延收益的，冲减相关递延收益账面余额，超出部分计入当期损益；不存在相关递延收益的，直接计入当期损益。

审查企业在附注中披露与政府补助有关的下列信息：政府补助的种类及金额；计入当期损益的政府补助金额；本期返还的政府补助金额及原因。

四、审查营业外支出

审查营业外支出，包括审查营业外支出的合规性、合法性，正确性和账务处理的正确性三个方面的内容。

（一）审查营业外支出的合规性、合法性

按照有关规定，营业外支出包括固定资产盘亏、报废、毁损和出售净损失、非季节性和修理期间的停工损失、非货币性资产交换损失、债务重组损失、职工子弟学校经费、非常损失、公益救济性捐赠、赔偿金、违约金等。由于营业外支出抵减当期利润，在企业会计核算中任意扩大营业外支出范围，擅自增加项目，提高开支标准，截留利润的现象比较常见，应作重点进行审查。此外，还应注意审查各项营业外支出是否经由有关部门审核批准。

在营业外支出中常见的错误和弊端有：在处理固定资产的净损失中列入了应由产品成本、固定资产购建成本负担的费用；将属于制造费用的季节性和修理期间的停工损失混入营业外支出；在非常损失中列入了因自然灾害而停产 1 个月以上的未使用机器设备所计提的折旧费用和应由保险公司支付的赔偿金；在职工子弟学校经费和技工学校经费中混入了扩建校舍、购置固定资产及学生自理费用，虚列教职工人数及学生班级和人数，以虚增开支；将请客送礼、游览支出列入营业外支出等。

（二）审查营业外支出正确性

通过审阅并核对“营业外支出明细账”，有关记账凭证和原始凭证，查明有无违反下列规定的情况：盘亏固定资产净损失应为固定资产原价扣除累计折旧、过失人及保险公司赔偿金后的差额；固定资产毁损、报废的净损失应为固定资产变价收入减去清理费用、保险公司或过失人赔偿后的差额与固定资产账面净值的差额；非常损失应为因自然灾害造成的各项资产的净损失扣除其残值及保险公司赔偿金，以及由此造成的停工损失和善后清理费用。

（三）审查营业外支出账务处理的正确性

企业发生的营业外支出在“营业外支出”账户按支出项目设明细账进行核算。审计人员通过将该账户与其他相关账户，例如“固定资产清理”、“待处理财产损溢”、“银行存款”、“其他应收款”等相对照，并审阅有关记账凭证、原始凭证，查明有关业务是否及时、正确地计入有关账户，金额是否正确，期末是否全部结转“本年利润”账户。

表 2-23　　营业外收支审计目标与会计报表认定关系表

审计目标	会计报表认定				
	存在	完整性	准确性	分类	列报
1. 利润表中记录的营业外收支确实发生	√				
2. 应当记录的营业外收支均已记录		√			
3. 营业外收支以恰当的金额包括在会计报表中，与之相关的计价调整已恰当记录			√		
4. 营业外收支已记录于正确的会计期间和账户				√	
5. 营业外收支已按照会计准则的规定在会计报表中作出恰当列报					√

五、审查所得税

对企业所得税应从征收范围、计税依据、税额计算、减免和信息披露五个方面进行审查。

（一）审查所得税的征收范围

以所得税有关法规为依据，结合构成企业利润总额的各项收入、成本、费用以及应纳税所得额的审查，检查企业对所得税征收范围的执行情况。

（二）审查所得税的计税依据

纳税人的应纳所得税按应纳税所得额计算。企业每一纳税年度的总收入减去准予扣除项目后的余额为其应纳税所得额。

企业一般以税前会计利润为基础来计算确定应纳税所得额。当会计处理方法与国家有关税法的规定不一致时，应在税前会计利润的基础上进行调整，计算确定应纳税所得额。目前的纳税调整项目主要是由于税前会计利润与纳税所得之间计算口径不同而产生的永久性差异和资产或负债的账面价值与其计税基础之间的暂时性差异。

$$应纳税所得额 = 利润总额 \pm 税前会计利润调整项目金额$$

审计人员审查所得税计税依据应关注下列问题。

(1) 对于在会计处理中计入营业外支出的违法经营的罚款支出、被没收财物损失、各种税收滞纳金、罚金和罚款支出、非公益救济性捐赠、各种非广告性质的赞助支出等，未按税法规定核算的在计算纳税所得时应予调增。

(2) 对于在会计处理中计入费用或营业外支出，但按税法规定其中超出规定范围和标准部分应当调增纳税所得的在计算纳税所得时应予调增。例如，向非金融机构借款的利息支出，高于按金融机构同期、同类贷款利率计算数额部分；职工工会经费、职工福利费、职工教育经费高于规定计提比例的部分;公益、救济性捐赠支出超过当年纳税所得3%的部分,业务招待费超过规定标准的部分等。

(3)购买国债的利息收入应调整减少纳税所得。

(4)按某一纳税年度发生的亏损可以在连续5年内用税前利润弥补的规定,弥补亏损部分应调减纳税所得。

(5)从联营企业分得的税后利润可以抵缴所得税,对于未调减者要进行调减;对于被审计企业所得税率高于联营企业,但未按规定计算补缴所得税者,应进行计算和补缴。

(三)审查所得税率和税额的计算

审查中应根据被审计单位所得税的计算过程,查核、验证所采用税率的适当性和应纳所得税额计算结果的正确性。

(四)审查所得税的减免

所得税减免是国家对某些纳税人给予照顾或鼓励的一种政策措施。审查中应着重检查减免税的条件是否真实、正当;批准文件是否合法、有效;审批手续有无越权行为;被审计单位有无超越减免税期限,故意混淆免税项目或期限而偷漏所得税等问题。

(五)审查企业所得税有关信息披露的正确性

审查企业是否在附注中披露与所得税有关的下列信息:所得税费用或收益的主要组成部分;所得税费用或收益与会计利润关系的说明;未确认递延所得税资产的可抵扣暂时性差异、可抵扣亏损的金额;对每一类暂时性差异和可抵扣亏损,在列报期间确认的递延所得税资产或递延所得税负债的金额,确认递延所得税资产的依据;未确认递延所得税负债的,与对子公司、联营企业及合营企业投资相关的暂时性差异金额。

六、复查和评价审计证据

如果已进行全面的财务审计,则以对其中包括的销售收入、成本费用、利润等事项实施审计所取得的审计证据及其评价意见为依据;如果只是审查利润表,则依据其对有关事项检查所取得的审计证据,提出评价意见,然后把这些审计证据和评价意见加以归集、筛选、整理,进行复查并作出综合性的评价意见。

复查和评价的内容包括:营业收入、销售退回、销售折让、销售折扣的审计证据和评价意见;产品成本费用的发生、结转和分配的审计证据和评价意见;营业成本和管理费用与财务费用的审计证据和评价意见;对投资收益、营业外收入、营业外支出的审计证据及其评价意见;企业利润形成的审计证据和评价意见;利润分配依据国家法规、企业章程、合同、协议、决议及其分配顺序与标准进行分配的审计证据。

根据这些审计证据,并对照一定审计依据而形成的评价意见,才足以表明企业实现利润的真实性,分配利润的合规性。

七、检查编制利润表时会计原则的遵循性

各项会计原则都须在利润的形成和分配过程中得以遵循。在审查利润表的过程中,则应着重在以下几个方面加以核实。

(一)权责发生制原则

企业销售收入的实现要根据自身经营特点和结算方式来确认,否则就会影响销售收入的真实性。

(二)配比原则

收入与其相关的成本、费用应相互配比。例如,当期确认实现的营业收入,应当与其销售的产品成本相互配比,不能把应属于下期的成本包括在内,这样才能构成真实的产品销售利润;当期的各项期间费用,包括销售费用、管理费用、财务费用,都应计入当期损益,如果配比不当,企业利润的真实性将受到影响。

(三)划分收益性支出与资本性支出原则

凡支出的效益与几个会计年度相关,应作为资本性支出;凡是支出的效益仅与本会计年度相关的,应当作为收益性支出;资本性支出如果计入了当年的损益,例如购置固定资产的投资全部计入了当期成本,不仅使当年的利润不真实,也使以后若干期的利润不真实。

(四)谨慎性原则

谨慎性原则不仅适用于资产负债表项目,同样也适用于利润表项目,因而也是审查利润表的依据。特别是在市场经济体制下,竞争日趋激烈,如果过低预计损失,过高预计收益,不仅利润不实,还将使企业经营遭受风险。

由此可见,在审查利润表过程中根据以上会计准则进行检查,能够证实企业利润的真实性,能够证实利润表中反映的利润数额的真实性与合规性。

八、审查企业在附注中披露与收入有关信息的正确性

审查企业是否披露了收入确认所采用的会计政策;本期确认的销售商品收入、提供劳务收入、利息收入和使用费收入的金额等。

任务三　审查所有者权益变动表

审计人员对所有者权益变动项目进行审核,查明资产保值和增值情况,并对期初和期末股权结构进行比较。

所有者权益变动表应反映下列信息的项目:净利润直接计入所有者权益的利得和损失项目及其总额;会计政策变更和差错更正的累积影响金额;所有者投入资本和向所有者分配利润等;按照规定提取的盈余公积;实收资本、资本公积、盈余公积、未分配利润的期初和期末余额及其变动情况。

任务四　审查现金流量表

一、实质性测试的内容

审计人员在其他相关审计内容的基础上，还应对企业编制的现金流量表进行一些专门的测试。实质性测试阶段的主要内容包括以下几个方面。

（一）审查现金流量表各要素

《企业会计准则》对现金流量表应反映的信息以及现金流量的分类和各类现金流量的分项都作了明确的规定。审计现金流量表时，应按照准则的要求，检查被审计单位现金流量表所反映的信息的真实性、完整性以及现金流量归类和分项的合规性。

（二）审查现金流量表项目的正确性

对现金流量表主表和补充资料中的相关数据进行相互验证，例如对“经营活动产生的现金流量净额”项目以及“现金及现金等价物净增加额”项目分别在主表中和补充资料中的金额相互验证。对现金流量表有关项目的金额与资产负债表、利润表中的相关数据相互验证，如现金流量表中的“净利润”项目与利润表中的“净利润”项目相互验证，现金流量表中的“现金及现金等价物净增加额”与资产负债表中的“货币资金”等项目调整后的期初、期末差额相互验证等。审计人员必须针对不同的项目和不同的编制方式采用不同的方法进行验证，以检验项目金额的正确性。

二、实质性测试的方法

由于现金流量表的特殊内容，在对其进行审计时必须采用一些专门的审计方法，这些方法主要有以下各项。

（一）检查核对法

使用检查核对法的目的是为了验证报表资料来源的可靠性，具体的检查核对内容主要有：检查编制报表所依据的资料的可靠性；复核调整分录，检查分录的余额和方向的正确性，调整项目与现金流量的性质的一致性；复核工作底稿，检查现金流量分类的正确性，基础数据的可靠性，调整数据与调整分录的一致性；抽查数字资料计算汇总的正确性等。

（二）分析性复核法

由于企业的现金收支活动是伴随着其他经济活动发生的，所以现金收支的数量、结构应与企业业务经营活动规模和结构相适应。审计人员可以通过将现金流量表与其他经济活动资料对照分析，去揭示其可能隐含的错误。采用分析性复核法审查现金流量表的具体做法主要有以下两项：

（1）运用趋势分析法，将本期现金流量表的数据与前期数据进行比较，以提示项目本身及其所反映经济内容的合理性。例如，比较“支付给职工以及为职工支付的现金”,项目的本期数与上期数,在企业经营规模和职工总数没有发生大的变化的条件下,其现金支出的增长幅度应与工资增长的幅度相一致。如果比较的结果差异较大,则可能为报表编制有误,或工资业务本身存在问题。

(2) 运用比率分析法,将现金流量表项目与企业的其他经济指标相比较,看其协调程度。例如,将“偿付利息所支付的现金”与企业的银行借款和应付债券规模进行比较,考察现金回收情况;将“权益性投资所支付的现金”与企业新增的股票投资和其他投资之和进行比较;“债权性投资所支付的现金”与新增债券投资进行比较,可以考察企业对外投资活动支付的现金与投资规模的一致性等。

(三) 金额验证法

要保证报表数字的正确,最可靠的办法还是利用报表的编制原理,通过计算分析去验证各个项目的金额是否正确。验证的方法主要有两种:一是通过检查被审计单位的有关会计账户资料去验证,例如通过检查“其他业务收入”明细账,去验证“收到的租金”项目,通过检查“财务费用”账户,去验证“发生的筹资费用所支付的现金”和“偿付利息所支付的现金”项目等;二是利用其他报表和账户资料,通过公式计算来直接验证现金流量表有关项目金额的正确性。

任务五　审查会计报表附注

企业会计报表的种类、格式和项目内容由《企业会计准则》统一规定,企业不能根据自己的理解和需要任意取舍和改变。对于必须予以反映而会计报表规定的项目内容无法容纳的重要财务信息,要在相关项目或通过附表、附注等形式加以说明。例如,企业所采用的主要会计处理方法、会计报表中有关重要项目的明细资料等。

在会计报表附注需要说明的会计变更包括:重要会计方法、会计估计、会计政策和财务报告个体的变更。

(1) 会计方法一经采用不得随意改变,以便会计报表的使用者根据会计政策和会计方法的一贯性比较企业各个会计期间的财务状况和经营成果。但当会计原则和会计方法的变更成为必须和合理时,也要及时变更,并在会计报表附注中加以揭示。

在对会计报表附注进行审查时,应特别注意以下变更:存货计价的变更,例如从先进先出改为加权平均计价方法;成本计算方法的变更;固定资产折旧方法的变更;长期建筑合同中会计方法的变更等。审计人员对审计的结果进行评价时应表明新的会计原则和会计方法是否符合会计准则,变更是否对外披露。

(2) 审查会计估计变更时,审计人员应取得足够证据表明某些变更的必要性和合理性。同时,还应结合资产负债表、利润表和现金流量表的审计确认这种变更是符合会计原则的。审查企业是否在附注中披露与会计估计变更有关的下列信息:会计估计变更的内容和原因;会计估计变更对当期和未来期间的影响数;会计估计变更的影响数不能确定的，披露这一事实和原因。

(3) 审查会计政策变更能够提供更可靠、更相关的会计信息，是否采用追溯调整法处理，将会计政策变更累积影响数调整列报前期留存收益，其他相关项目的期初余额和列报前期披露的其他比较数据也应当一并调整。审查企业是否在附注中披露与会计政策变更有关的下列信息：会计政策变更的性质、内容和原因；当期和各个列报前期会计报表中受影响的项目名称和调整金额；无法进行追溯调整的，说明该事实和原因以及开始应用变更后的会计政策的时点、具体应用情况。

(4) 审计人员应有针对性地审查核实附属公司或部门的会计报表与母公司的会计报表是否正确，内部往来及资金拨付、商品调拨是否做了恰当调整；查明合并的方针、表述和调整是否符合会计准则。关联方关系及交易是会计报表附注中需要披露的一个重要内容。按照有关规定，当关联方为企业，并且存在控制与被控制关系时，无论关联方有无交易，均应在会计报表中披露关联企业的详细资料，具体资料内容在《企业会计准则》中有明确规定。当存在共同控制、重大影响时，在没有发生交易的情况下，可以不披露关联方关系，在发生交易时，应当披露关联方关系的性质。对于关联方交易的披露内容和原则，《企业会计准则》有详细明确的要求。审计人员应在会计报表项目审计的基础上，确认关联方交易的会计处理是否合规，对照会计准则的要求，确认企业会计报表附注中对关联方关系的披露资料是否真实、充分。

知识拓展　**审查合并报表**

审查企业合并而形成母子公司关系，母公司是否编制了合并日的合并资产负债表、合并利润表和合并现金流量表。

一、审查企业合并

(1) 审查合并方在企业合并中取得的资产和负债，对于同一控制下的企业合并，是否按照合并日被合并方的账面价值计量；审查合并方取得的净资产账面价值与支付的合并对价账面价值(或发行股份面值总额)的差额，是否调整了资本公积；资本公积不足冲减的，调整留存收益。同一控制下的企业合并中，被合并方采用的会计政策与合并方不一致，合并方在合并日应当按照本企业会计政策对被合并方的会计报表相关项目进行调整、确认。对于非同一控制下的企业合并，合并方在企业合并中取得的资产和负债是否按照公允价值计量，公允价值与账面价值的差额，是否计入当期损益；合并方对合并成本大于合并中取得的被合并方可辨认净资产公允价值份额的差额，是否确认为商誉，合并方对合并成本小于合并中取得的被合并方可辨认净资产公允价值份额，其差额是否计入当期损益。

(2) 审查合并方为进行企业合并发生的各项直接相关费用，包括为进行企业合并而支付的审计费用、评估费用、法律服务费用等，是否于发生时计入当期损益；为企业合并发行的债券或承担其他债务支付的手续费、佣金等，应当计入所发行债券及其他债务的初始计量金额；企业合并中发行权益性证券发生的手续费、佣金等费用，应当抵减权益性证券溢价收入，溢价收入不足冲减的，冲减留存收益。

(3) 审查企业合并发生当期的期末，购买方是否在附注中按要求披露与企业合并有关的信息。对于同一控制下的企业合并，合并方应披露参与合并企业的基本情况；属于同一控制下企业合并的判断依据；合并日的确定依据；以支付现金、转让非现金资产以及承担债务作为合并对价的，所支付对价在合并日的账面价值；以发行权益性证券作为合并对价，合并中发行权益性证券的数量及定价原则，以及参与合并各方交换有表决权股份的比例；被合并方的资产、负债在上一会计期间资产负债表日及合并日的账面价值；被合并方自合并当期期初至合并日的收入、净利润、现金流量等情况；合并合同或协议约定将承担被合并方或有负债的情况；被合并方采用的会计政策与合并方不一致所作调整情况的说明；合并后已处置或准备处置被合并方资产、负债的账面价值、处置价格等。

对于非同一控制下的企业合并，合并方应披露参与合并企业的基本情况；购买日的确定依据；合并成本的构成及其账面价值、公允价值及公允价值的确定方法；被购买方各项可辨认资产、负债在上一会计期间资产负债表日及购买日的账面价值和公允价值；合并合同或协议约定将承担被购买方或有负债的情况；被购买方自购买日起至报告期期末的收入、净利润和现金流量等情况；商誉的金额及其确定方法；因合并成本小于合并中取得的被购买方可辨认净资产公允价值的份额计入当期损益的金额；合并后已处置或准备处置被购买方资产、负债的账面价值、处置价格等。

二、审查合并报表

合并资产负债表中被合并方的各项资产、负债，对于同一控制下的企业合并应当按其账面价值计量。因被合并方采用的会计政策与合并方不一致，按照会计准则规定进行调整的，应当以调整后的账面价值计量。合并利润表应当包括参与合并各方自合并当期期初至合并日所发生的收入、费用和利润。被合并方在合并前实现的净利润，应当在合并利润表中单列项目反映。合并现金流量表应当包括参与合并各方自合并当期期初至合并日的现金流量。

编制合并会计报表时，参与合并各方的内部交易等，应当按照《企业会计准则》的规定处理。合并会计报表审查中的实质性测试主要采用核对、询问和鉴证等方法收集证据。与单个会计报表审计不同的是，合并会计报表审计往往需牵涉到其他审计人员的工作，且在更多方面需要不同程度地依赖职业判断，对审计人员的要求较高。

(一) 审查合并会计报表的合并范围

审计人员应按照有关规定，审查集团内公司间的股权关系，审查合并主体范围的正确性，审查有无将纳入合并范围的子公司摒弃在外，将不应纳入合并范围的子公司包含在内；还应关注会计年度中因股权变动，被投资企业不再成为子公司的会计处理方法。

（二）重视审查个别会计报表

在审查合并会计报表的编制之前，审计人员应重视对母公司和子公司个别会计报表的审计，避免搞单纯的合并会计报表审计。审计人员应从个别会计报表的编制是否符合公认会计原则，会计报表在所有重大方面是否公允地反映了资产负债表的财务状况和所审期间的经营成果，现金流动情况和会计处理方法的选用是否符合一贯性原则等方面进行审查评价。在此基础上，才能进行合并报表相关事项的审查。

（三）审查合并工作底稿和抵销分录编制

合并工作底稿和抵销分录为合并会计报表的编制提供基础，审查合并工作底稿和内部抵销分录编制的主要内容包括以下各项。

1. 审查内部投资业务抵销处理

(1) 审查内部股权投资与相对应的所有者权益的抵销处理。母公司对子公司权益性资本投资项目与子公司所有者权益项目、子公司相互之间持有的权益性资本投资应相互抵销。在编制合并资产负债表时，子公司的"实收资本"、"资本公积"、"盈余公积"和"未分配利润"项目应与母公司的"长期股权投资"项目及合并报表中新设的"少数股权"项目抵销。母公司对子公司长期投资数额与子公司所有者权益中母公司所拥有的数额不一致，依具体情况，借记或贷记"商誉"。审计人员应审查母公司在子公司所拥有股份比例，以审查"少数股东权益"和"商誉"项目登记的数额是否正确。

(2) 审查内部投资收益的抵销处理。母公司对子公司权益性资本投资的收益，在全资子公司的情况下，就是子公司本期净利润；在非全资子公司的情况下，是净利润中减去归属于少数股东的本期收益后的部分。由于母公司对子公司的投资采用权益法进行核算，子公司的期初未分配利润已包括在母公司长期投资和母公司期初未分配利润的账面余额之中，因此也必须加以抵销。审查内部投资收益的抵销处理，应审查是否借记母公司的"投资收益"、子公司的"期末未分配利润"、合并利润表的"少数股东本期收益"项目，贷记子公司的"利润分配——提取盈余公积"、"应付股利"、"未分配利润"等项目。

(3) 审查子公司提取盈余公积的调整抵销处理。盈余公积由单个企业按本期净利润计提。子公司当期计提盈余公积作为整个企业集团利润分配的一部分，应当在合并利润分配表中予以反映。同时，子公司计提的盈余公积额也形成整个企业集团内部的积累，应当在合并资产负债表中予以反映，而在合并会计报表中必须再通过抵销分录将已经抵销的盈余公积再调整回来。因此审计人员应审查是否按照子公司当期提取盈余公积中母公司所拥有的数额借记"利润分配——提取盈余公积"，贷记"盈余公积"项目。

2. 审查内部债权债务抵销处理

(1) 审查内部债权项目与债务项目的抵销处理。审计人员应重点审查企业集团内部债权债务的对应关系是否存在，是否完整，在此基础上审查抵销分录编制。

(2) 审查本期内部应收账款坏账准备的抵销处理。母公司和子公司对其所有的应收账款都分别计提坏账准备,并在其个别会计报表中列示。审计人员应审查是否按本期计提的内部应收账款上的坏账准备数借记“坏账准备”,贷记“资产减值损失”等项目。

(3) 审查前期内部应收账款坏账准备的抵销处理。在连续编制合并会计报表时,其将最终影响到本期合并利润分配表中期初未分配利润的增加。必须将前期抵销的内部应收账款计提的坏账准备对本期期初未分配利润的影响予以抵销,调整本期期初未分配利润的数额。审计人员应审查是否按前期抵销的内部应收账款计提的坏账准备,借记“坏账准备”、贷记“期初未分配利润”项目。

3. 审查内部购销业务抵销处理

(1) 审查本期内部购销业务的抵销处理。在企业集团内部销售的情况下,销售企业将产品或商品销售给购买企业可能出现两种情况:一是购买企业内部购入的商品全部实现对外销售时,应审查是否以该笔内销中销售企业的销售收入与购买企业的销售成本,借记“营业收入”,贷记“营业成本”进行抵销处理;二是购买企业内部购入的商品未实现对外销售时,应审查是否以销售企业的销售收入借记“营业收入”,以销售企业的销售成本贷记“营业成本”,同时以该笔销售未实现的内部销售利润贷记“存货”。

(2) 审查前期内部的购销业务的抵销处理。在连续编制合并会计报表的情况下,前期内部购进存货中包含的未实现内部销售利润抵销,使本期合并利润分配表中期初未分配利润数额减少。审计人员应审查是否按前期内部购进存货中包含的未实现内部销售利润借记“期初未分配利润”,贷记“营业成本”。

4. 合并现金流量表应抵销经济内容的审查

审查合并现金流量表的抵销分录,应注意成员企业间经营活动、投资活动、筹资活动项目中现金流入的一方与现金流出的一方同等金额相互抵销(明细项目可不同,有的还需跨类)的情况。

(四) 审查合并会计报表编制格式的正确性

合并会计报表与单个会计报表相比,增添了新的会计科目和内容。因此,应审查合并会计报表上会计科目的分类、排列等编制格式的正确性。合并资产负债表设“商誉”,反映母公司对子公司长期股权投资数额与子公司所有者权益中母公司拥有数额间的差异。“少数股权”反映除母公司以外的其他投资者在子公司中的权益,应在“负债”类项目和“所有者权益”类项目单列一类反映。合并利润表较单个利润表而言,应在“利润总额”中减去“少数股权本期收益”。合并现金流量表较单个现金流量表而言,应在“筹资活动产生的现金流量”类下增设“子公司吸收少数股东权益性投资收到的现金”、“子公司支付少数股东的股利”和“子公司依法减资支付给少数股东的现金”项目。

（五）审查合并会计报表所列指标的可信性

审查合并会计报表所列指标的可信性可参照审查单个会计报表所使用的评价企业偿债能力、获利能力、经营能力、资金流转状况等的指标体系。

（六）审查合并报表附注信息披露

审查企业是否在附注中披露了下列信息。

(1) 子公司的清单，包括企业名称、注册地、业务性质、母公司的持股比例和表决权比例。

(2) 母公司直接或通过子公司间接拥有被投资单位表决权不足半数但能对其形成控制的原因。

(3) 母公司直接或通过其他子公司间接拥有被投资单位半数以上的表决权但未能对其形成控制的原因。

(4) 子公司所采用的与母公司不一致的会计政策，编制合并会计报表的处理方法及其影响。

(5) 子公司与母公司不一致的会计期间，编制合并会计报表的处理方法及其影响。

(6) 本期增加子公司，按照《企业会计准则》的规定进行披露。

(7) 本期不再纳入合并范围的原子公司，说明原子公司的名称、注册地、业务性质、母公司的持股比例和表决权比例，本期不再成为子公司的原因，其在处置日和上一会计期间资产负债表日资产、负债和所有者权益的金额以及本期期初至处置日的收入、费用和利润的金额。

(8) 子公司向母公司转移资金的能力受到严格限制的情况。

(9) 需要在附注中说明的其他事项。

工作能力测试

一、单项选择题（下列答案中有一项是正确的，请将正确答案前的英文字母填入括号内）

1. 对财务报告内部控制测评时，下列属于审计人员应执行的测评程序是（　　）。

   A. 检查董事会制度合理性及实施情况　　B. 审查会计报表编制方法的合规性

   C. 审阅会计报表的格式　　D. 审查会计报表主要指标的可信性

2. 对被审计单位2013年会计报表审查，审计人员应关注其财务危机，以下各种信号中能够反映财务危机的是（　　）。

   A. 失去了重要的供应商

   B. 存在大量不良资产且长期未作处理

C. 财务主管离职后无人接替

D. 会计政策发生变更

3. 现金流量表编制的内部控制环节有别于资产负债的是(　　)。

A. 编制程序控制　　B. 会计稽核控制

C. 调整分录控制　　D. 报送时间控制

4. 下列各项控制方式中不属于报表编制程序控制的是(　　)。

A. 结账控制　　B. 试算平衡控制

C. 对账控制　　D. 编制方法控制

5. 编制资产负债表和利润表应遵循的会计原则中共同的是(　　)。

A. 权责发生制原则　　B. 谨慎性原则

C. 配比原则　　D. 实际成本原则

6. 针对现金流量表内容的特殊性,需采用一些专门的审计方法不包括(　　)。

A. 检查核对法　　B. 分析性复核法　　C. 金额验证法　　D. 审阅法

7. 如果被审计单位利润表中有净利润,但经营活动现金流量却是负值,为了查找应收账款和存货存在错误的可能性,审计人员应当采用的方法是(　　)。

A. 监盘　　B. 询问　　C. 函证　　D. 审阅合同

8. 对关联方交易审查时,审计人员应当重点审查的是(　　)。

A. 确认关联方的权利和义务　　B. 函证关联方的真实性

C. 关联方交易的披露　　D. 证实关联方交易价格的公允性

9. 审查中发现被审计单位将下列子公司纳入了合并范围,其中不正确的是(　　)。

A. 所在国外汇管制资金调度受到限制的境外子公司

B. 根据章程母公司有权控制其财务和经营政策的子公司

C. 母公司以间接方式拥有过半数以上权益性资本的子公司

D. 母公司以直接间接方式共同拥有其半数以上权益性资本的子公司

10. 审计人员进行分析性复核,对被审计单位不同部门的利润进行趋势分析,发现有一个部门的利润增长较大。经过初步测试,了解到该部门管理模式和生产规模都没有变化,根据以上情况,利润增长最有可能源自(　　)。

A. 高估年末存货成本　　B. 低估年末应收账款

C. 产品竞争对手增加　　D. 供货商减少

11. 审计人员发现被审计单位净利润比预算降低,由此判断重点应审查(　　)。

A. 会计政策合理性

B. 会计方法一致性

C. 收入确认和存货计价方法有无变动

D. 应付账款确认合理性

12. 审计人员审查被审计单位管理费用合理性,对费用的相关记录检查后发现明细账与总账相符，而且管理费用比例与上年相近。以下审计程序效果最差的是(　　)。

A. 随机抽查管理费用各明细项目

B. 复核管理费用计算正确性

C. 进行趋势分析

D. 运用货币单位抽样法抽查管理费用

13. 某被审计单位所属子公司数量较多，审计人员决定以一家子公司为典型，分析会计报表的可靠性和正确性，选择典型子公司主要考虑(　　)。

A. 供应商数量　　B. 坏账损失大小　　C. 职工学历　　D. 预算方式

14. 被审计单位KH001产品毛利大幅度下降，该产品是由一家分厂专门生产的，审计人员调查了解毛利下降原因，首先应(　　)。

A. 分析废品损失及材料耗用

B. 检查生产记录及成本预算

C. 营业收入明细账与原始凭证核对

D. 分析产品成本构成并与前期成本比较

二、多项选择题(下列答案中有一项或多项是正确的，请将正确答案前的英文字母填入括号内)

1. 资产负债表审计的目标之一是证实其内容的真实正确性，主要体现于(　　)。

A. 表内所列资产是企业拥有或控制的

B. 表内所列资产是实际存在的

C. 表内所列负债无一遗漏

D. 表内所列未分配利润的计算正确

E. 表内所列所有者权益金额是可靠的

2. 审查编制资产负债表遵循会计原则的情况时，主要侧重(　　)。

A. 权责发生制原则　　B. 一贯性原则

C. 实际成本计价原则　　D. 重要性原则

E. 配比原则

3. 审计人员应关注的会计报表舞弊关键信号包括(　　)。

A. 年末或季末收入大量增长

B. 销售增长超过行业水平，并不能被合理证明

C. 毛利率异常增长或其他异常变化

D. 年末之后销售政策变化

E. 应收账款回收天数显著增加或显著高于行业平均水平

4. 审计人员为了核实被审计单位列示于资产负债表上的固定资产价值的真实性和正确性，需要审查的内容包括(　　)。

A. 固定资产采购的审批手续
B. 固定资产的入账价值
C. 固定资产的增加与减少
D. 固定资产的盘盈与盘亏
E. 固定资产的预算制度

5. 审计人员对合并会计报表进行审查时,应当审查的内容有(　　)。
A. 合并会计报表的合并范围审查
B. 合并工作底稿和抵销分录编制的审查
C. 合并会计报表编制格式正确性的审查
D. 合并会计报表附注的审查
E. 对合并各方进行函证

6. 审计人员对兴秦有限责任公司 2013 年度会计报表审计时发现,该公司当年发生大额非货币性交易,应提请被审计单位在会计报表附注中披露(　　)。
A. 非货币性交易和货币性交易的划分原则　B. 非货币性交易的类型
C. 非货币性交易定价基础　D. 非货币性交易实现的损益
E. 非货币性交易的金额

7. 审查资产负债表编制的正确性和编制方法的合规性主要采用(　　)。
A. 审阅法　B. 核对法
C. 分析性复核法　D. 调节法
E. 监盘法

8. 检查编制利润表遵循会计原则的情况时主要侧重(　　)。
A. 谨慎性原则　B. 权责发生制原则
C. 配比原则　D. 实际成本计价原则
E. 即时性原则

9. 审查利润表所列指标的可信性时涉及的指标是(　　)。
A. 流动比率　B. 存货周转率
C. 净资产增长率　D. 投资报酬率
E. 成本利润率

10. 现金流量表的内部控制环节中除与资产负债表相同者外,还有(　　)。
A. 专门账户控制　B. 调整分录控制
C. 工作底稿控制　D. 抵销分录控制
E. 其他资料控制

11. 会计报表附注审查的重点是其所说明的会计变更,它们包括(　　)。
A. 会计政策变更　B. 会计方法变更
C. 会计估计变更　D. 财务报告个体变更

E. 财务报告种类变更

12. 合并会计报告的实质性测试的主要内容包括(　　)。

A. 审查合并会计报表的合并范围

B. 询问个别会计报表的编制程序

C. 审查合并工作底稿和抵消分录的编制

D. 审查合并会计报表格式的正确性

E. 审查合并会计报表的附注

13. 被审计单位2013年利润总额有较大增长,以下各种情况下利润存在弊端的事项可能有(　　)。

A. 被审计单位利润总额主要取决于子公司利润

B. 被审计单位资产负债率有所下降

C. 结账日后发生大量销售退回

D. 被审计单位的主要竞争对手之一宣布破产

E. 抽查销售发票,并没有找到当年12月份发货业务的运输凭证

参 考 文 献

[1] 审计署,人力资源和社会保障部,审计专业技术资格考试办公室.审计理论与实务[M].北京:中国时代经济出版社,2012.

[2] 中华人民共和国财政部.企业会计准则——应用指南[M].北京:中国财政经济出版社,2006.

[3] 中国注册会计师协会.审计[M].北京:经济科学出版社,2009.

[4] 中国注册会计师协会.中国注册会计师执业指南[M].北京:中国财政经济出版社,2008.

[5] 中国注册会计师协会.会计报表审计工作底稿编制指南[M].北京:经济科学出版社,2007.

[6] 王生根.审计实务[M].北京:清华大学出版社,2008.

[7] 俞校明.审计实务[M].北京:清华大学出版社,2009.